Lieber Luk

Du kennst zwar die Wüste
nur aus unseren Erzählungen
und Bildern – trotzdem wünsche
ich dir viel Freude und Spannung
beim Lesen!

Alles Gute zu Deinem 14. Geburtstag!

Deine
die Wüste liebende
Martina

Den Dünen entgegen

Den Dünen entgegen

Geschichten
für alle,
die die Wüste
lieben

Herausgegeben von
Bettina Feldweg

MALIK

ISBN 3-89029-201-1

Satz: Wirth, München
Druck und Bindung: GGP Media, Pößneck
Printed in Germany

Inhalt

Vorwort

»Niemand kann in der Wüste leben und unverändert daraus hervorgehen. Er wird für immer, mehr oder weniger deutlich, das Zeichen des Nomaden tragen; und er wird immer das Heimweh nach diesem Leben spüren, ob leise oder brennend.«

Wilfred Thesiger, *Die Brunnen der Wüste*

Sanddünen, so weit das Auge reicht, gleißendes Licht, ungebrochene Stille – die Wüste mit ihrer erhabenen Schönheit lädt ein zur Begegnung mit den Extremen. Sie läßt Entfernungen und Zeitbegriffe unwirklich erscheinen, denn sie folgt ihren eigenen Gesetzen. Und sie bietet wie kaum eine andere Landschaftsform Gelegenheit zur Selbsterfahrung, in völliger Abgeschiedenheit und ohne Ablenkung.

Seit jeher üben Wüstenlandschaften, anziehend und abweisend zugleich, auch auf Schriftsteller einen ganz besonderen Zauber aus. Eine Auswahl der schönsten und spannendsten Texte über Wüsten, über endlose Meere aus Sand, karge Steppen und schroffes Ödland versammelt dieser Band. Sie stammen im ersten Teil von Abenteurern, die sich der Herausforderung stellten und die Wüste in all ihrer Lebensfeindlichkeit überwanden: wie Marco Polo und Sven Hedin, die beide in ihrer Zeit den Geheimnissen der sagenumwobenen Wüste trotz aller Entbehrungen selbst auf die Spur kommen wollten; Isabelle Eberhardt, die zu Beginn des 20. Jahrhunderts als Mann verkleidet mutterseelenallein durch die Wüste Nordafrikas streifte; Michael Asher, den es in den Flitterwochen mit seiner jungen Frau ausgerechnet unter die sengende Sonne der Sahara zog; Marlo Morgan, die mit einem Aborigines-Stamm zu Fuß den australischen Busch durchwanderte; Bruno Baumann, der in Zentralasien nur knapp einen Sandsturm überstand; und Rüdiger Nehberg, der seine Survival-Erfahrungen zum Überleben im Outback nutzen konnte. Oder die Somalierin Waris Dirie, die als Fünfzehnjährige aus der Wüste floh, um den brutalen Riten ihres Stammes zu entkommen.

Dem stehen im zweiten Teil literarische Streifzüge durch die Wüste gegenüber, stimmungsvolle Zeugnisse der Faszination, die sie für Erzähler seit dem frühen 20. Jahrhundert bis heute hat: Autoren, die selbst am Rande der Wüste aufgewachsen sind, in ihr oder mit ihr zu leben verstehen, wie Nagib Machfus, Albert Camus oder Nuruddin Farah, und solche, die ihrer Sehnsucht folgten und die Nähe zur Wüste als neue Heimat wählten: Tania Blixen, die in Kenia ihre intensivsten Jahre verbrachte; Kuki Gallman, die in Ostafrika ein neues Zuhause fand, dem sie auch nach dem Verlust ihres Mannes und ihres Sohnes treu blieb; Antoine de Saint-Exupéry, der die Wüste zuerst aus der Luft entdeckte und ihr für immer verfiel.

Eindrucksvolle Prosatexte über Liebe, Leidenschaft und Sterben im Herzen der Wüste, wie »Der englische Patient« von Michael Ondaatje, der auf der Suche nach der legendären Wüstenstadt Zarzura seiner großen Liebe begegnet und damit eine Katastrophe heraufbeschwört, oder die Geschichte von Kit, die sich vom »Himmel über der Wüste« neue Impulse für ihre Ehe erhofft und nach dem Tod ihres Mannes Zuflucht in den Armen eines Beduinen nimmt. Berühmte Romane, die sich dem Leben der Tiere unter außergewöhnlichsten Bedingungen widmen, wie die von Barbara Gowdy und Romain Gary; Reiseimpressionen von Autoren, die der Wüste ihren Besuch abstatteten, wie Paul Theroux, Lieve Joris und Cees Nooteboom, dem eine persische Moschee Unterschlupf in der kahlen Einsamkeit gewährt; und nicht zuletzt Gedichte u.a. von Hermann Hesse, Ingeborg Bachmann und Paul Celan, die das Bedrohliche der Wüsten Afrikas oder Asiens ebenso zu fassen vermögen wie ihre majestätische, unvergängliche Größe.

München, im Januar 2001 Bettina Feldweg

Teil I

Im Meer aus Sand – Auf abenteuerlichen Wegen

Marco Polo

Die Wüste spricht

Die Stadt Lop* liegt gegen Nordosten am Anfang der großen Wüste, welche denselben Namen trägt. Sie gehört zum Reich des Großkhans, und ihre Einwohner sind mohammedanischen Glaubens. Reisende, welche durch die Wüste ziehen wollen, machen gewöhnlich eine beträchtliche Zeit an diesem Platz halt, um sich von den Beschwerden zu erholen, aber auch um die nötigen Vorbereitungen zu ihrer Weiterreise zu treffen. Zu diesem Zweck beladen sie eine Anzahl starker Esel und Kamele mit Mundvorrat und mit ihren Waren. Wird ersterer aufgezehrt, bevor sie die Reise vollendet haben, so töten und essen sie die Lasttiere; man nimmt aber gewöhnlich lieber Kamele zu der Karawane, weil sie schwerere Lasten tragen und mit wenig Futter fürlieb nehmen. Für Proviant muß man wenigstens auf einen Monat sorgen, weil man so viel Zeit braucht, um die Wüste auf dem kürzesten Weg zu durchqueren. Eitle Anstrengung würde es sein, wollte man sie ihrer Länge nach durchwandern, da man nicht viel weniger als ein Jahr dazu brauchen würde und auf so lange Zeit keine Lebensmittel mit sich führen könnte. Während

* Lop existiert nicht mehr, lag aber offenbar am See Lop-nor in der heutigen Provinz Sinkiang.

dieser dreißig Tage geht die Reise unaufhörlich über sandige Flächen und kahle Berge hin; aber nach Verlauf eines jeden Tagesmarsches hält man an einem Platz, wo Wasser zu finden ist, allerdings nicht in hinreichender Menge für eine große Zahl, aber doch genug für fünfzig bis hundert Personen samt ihren Lasttieren. An drei oder vier von diesen Halteplätzen ist das Wasser salzig und bitter, aber an den anderen, deren wohl achtundzwanzig vorhanden sein mögen, ist es süß und gut. Auf diesem Weg trifft man keine vierfüßigen Tiere und keinen Vogel, weil kein Futter für sie zu finden ist.

Es wird als wohlbekannte Tatsache erzählt, daß diese Wüste der Aufenthaltsort vieler böser Geister ist, welche den Reisenden allerlei sonderbares Blendwerk zu ihrem Verderben vorführen. Wenn am Tage Leute auf dem Weg zurückbleiben, oder vom Schlaf überfallen, oder irgendwelcher anderer natürlicher Gründe wegen aufgehalten werden, bis die Karawane über einen Hügel gezogen und nicht länger mehr sichtbar ist, dann hören sie sich ganz unerwartet bei ihrem Namen gerufen, und zwar mit einer Stimme, die ihnen bekannt erscheint. Da sie nun glauben, der Ruf komme von ihren Gefährten, so werden sie von dem rechten Weg abgeführt, und sie müssen, da sie die wahre Richtung nicht finden, zurückbleiben und elendiglich umkommen. In der Nachtzeit glauben sie das Getrappel eines großen Reitertrupps auf der einen oder der anderen Seite des Weges zu hören, und da sie aus dem Geräusch schließen, daß es die Fußtritte ihres Zuges sind, so wenden sie sich nach der Gegend hin, aus der der Lärm kommt; aber bei Anbruch des Tages erkennen sie, daß sie irregeführt und in ihr Verderben gezogen worden sind.

Zuweilen nehmen auch am Tage diese Geister die Gestalt ihrer Reisegefährten an, die sie beim Namen rufen und versuchen, sie vom richtigen Weg abzuleiten. Auch wird erzählt, daß einige Personen bei ihrem Zug durch die Wüste etwas gesehen haben, das ihnen wie ein Trupp bewaffneter Leute erschienen sei, der auf sie losrückte, und aus Furcht, angegriffen und geplündert zu werden, hätten sie die Flucht ergriffen. Da sie nun auf diese Weise den rechten Pfad verloren und nicht gewußt hätten, in welcher Richtung sie ihn wieder aufsuchen sollten, wären sie vor Hunger elendiglich umgekommen.

Wunderbar in der Tat und kaum glaublich sind die Geschichten, die von diesen Geistern der Wüste berichtet werden; sie sollen auch zuweilen die Luft mit den Klängen von Musik erfüllen und mit dem Lärm von Trommeln und mit Waffengeklirr, wodurch sie die Reisenden nötigen, sich enger zusammenzuhalten und in strengerer Ordnung zu marschieren. Deswegen halten es die Reisenden auch für nötig, die Vorsicht zu gebrauchen, bevor sie sich der Nachtruhe überlassen, weit vorn ein Signal aufzustellen, welches den Weg zeigt, den sie am anderen Tag weiterziehen wollen, ferner auch jedem Lasttier eine Glocke umzuhängen, damit sie sich nicht so leicht zerstreuen.

Das sind die außerordentlichen Gefahren, denen man unvermeidlich begegnet, wenn man durch diese Wüste zieht.

Sven Hedin

Wüstenmärchen

Durch ganz Asien und Afrika zieht sich von Nordosten nach Südwesten, einem ausgetrockneten, riesig breiten Flußbett vergleichbar, ein Wüstengürtel hin: die Gobi, der größere Teil der Mongolei, die Takla-makan in Ostturkestan, der Westzipfel der Gobi, der »Rote Sand« und der »Schwarze Sand« in Russisch-Turkestan, die Kewir und andere Wüsten in Persien, die Wüsten Arabiens und schließlich die Sahara. Die schrecklichste dieser Wüsten ist die Takla-makan, die sich südlich vom Jarkent-darja oder Tarim bis zu der gewaltigen Gebirgskette des Kvenlun ausdehnt, des nördlichen Grenzgebirges von Tibet – ein gewaltiger, völlig unbekannter Landstrich, den zum erstenmal zu durchqueren ich mir im Frühjahr 1895 vorgenommen hatte.

Seit dem Sommer 1894 weilte ich in Kaschgar, der Hauptstadt von Chinesisch-Turkestan, lebte vier Monate auf den Hochländern des Pamir und unter den Kirgisen des Mustag-ata, des »Vaters der Eisberge«, dessen 7880 Meter hohes Rückgrat ich viermal vergeblich zu ersteigen versuchte, und Anfang März 1895 verlegte ich mein Hauptquartier nach Lailik, einem kleinen schmutzigen Ort am Jarkent-darja, um dort meine Wüstenwanderung vorzubereiten.

Die Eingeborenen des Landes sowohl wie die chinesischen Behörden hielten meinen Plan einer Durchquerung der Takla-makan für völlig undurchführbar; aber was sie mir zur Abschreckung von dieser Wüste erzählten, war vielmehr geeignet mich anzuspornen und mein Vorhaben in reizvollerem Lichte erscheinen zu lassen.

Mitten in der Wüste zwischen dem Jarkent-darja und dem Chotan-darja solle es ehemals eine große Stadt gegeben haben, die aber schon seit langem im Sande begraben liege; sie führe den Namen Takla-makan, der von ihr auf das ganze Wüstengebiet übergegangen sei. Im Innern der Wüste herrsche »Talesmat« (ein arabisches Wort, das Zauberei und übernatürliche Dinge bedeutet). In Türmen, Mauern und Häusern dort sei Gold und Silber in Barren aufgestapelt; aber komme jemand mit einer Karawane dorthin und belade seine Kamele mit diesen Schätzen, so könne er nie wieder fort, sondern werde von den Geistern der Wüste festgehalten. Nur durch Fortwerfen des Goldes könne er sich retten.

Einige Bauern versicherten mir sogar, in der Wüste, die sie Dekken-dekka nannten, seien tausendundeine Stadt begraben. Ein achtzigjähriger Greis, der von meiner Absicht gehört hatte, besuchte mich eigens in meinem Hofe, um mir zu erzählen, daß er in seiner Jugend einen Mann gekannt habe, der sich auf dem Wege von Chotan nach Ak-su in der Wüste verirrte. Dort sei er in eine alte Stadt gekommen, wo er in den Häusern eine Unzahl chinesischer Schuhe gefunden habe, die aber sofort in Staub zerfielen, sobald er sie berührte. Ein anderer habe sich von Aksak-maral aus ins Wüstenmeer hineinbegeben und sei auf eine Stadt gestoßen, in deren Ruinen er eine Menge Silber gefunden habe, womit er seine Taschen und einen mitgenommenen Sack füllte; als er sich aber mit seiner Beute fortmachen wollte, habe eine Schar Wildkatzen ihn so in Schrecken gesetzt, daß er alles wieder fortgeworfen und Hals über Kopf die Flucht ergriffen habe. Als er nach einiger Zeit neuen Mut faßte und sein Glück noch einmal versuchen wollte, habe er die geheimnisvolle Stadt nicht mehr finden können, der Sand habe sie wieder verschlungen.

Glücklicher sei ein Mollah aus Chotan gewesen. Tief verschuldet habe er sich vor seinen Gläubigern in die Wüste gerettet, um dort in Ruhe zu sterben. Dort aber habe er Gold und Silber in Massen gefunden und sei jetzt ein außerordentlich reicher Mann. Zahllos seien diejenigen, die, seinem Beispiel folgend, in die Wüste gegangen, aber nie wieder zurückgekehrt seien. Der Greis behauptete, erst müsse man die bösen Geister scheuchen, ehe man mit Hoffnung auf Erfolg nach verborgenen Schätzen suchen könne, denn die Geister verdrehten dem Wagemutigen den Kopf; ohne daß er es ahne, bewege er sich im Kreise und komme immer wieder in seine Spur zurück. So wandere er, bis er vor Müdigkeit umfalle und vor Durst verschmachte.

In Lailik wurde mir sogar versichert, die verschwundene sagenhafte Stadt, die hier unter dem Namen Schahr-i-katak oder auch nur Ktak umherspukte, liege nur 15 Kilometer westlich. Vor vielen Jahren habe ein Mann ihre Ruinen gefunden; seitdem aber habe man vergeblich danach gesucht. Nur Allah könne den Wanderer dorthin führen. Vor wenigen Tagen noch seien zwölf Männer aus Jarkent in die Wüste aufgebrochen, um Gold zu suchen; diese Goldsucher wählten gern die Zeit des Frühlings, in der Hoffnung, daß die Sandstürme dann die Goldlager freilegten. Ein anderer sei vor einem Monat auf die Goldsuche gegangen, aber nicht mehr zurückgekehrt.

In Jarkent schließlich hatte man mir erzählt, daß der

Wanderer in der Wüste von Zeit zu Zeit Stimmen höre, die ihn beim Namen riefen; folge er ihnen, so verirre er sich und komme vor Durst um. Ähnliches erzählt schon der berühmte Reisende des Mittelalters, der Venezianer Marco Polo, von der großen Lopwüste. Wenn die Reisenden bei Nacht wandern und einer hinter den andern zurückbleibt, in Schlaf versinkt und dann, erwachend, die übrigen wieder einholen will, hört er Geister reden, die er für seine Kameraden hält. Manchmal sollen sie ihn sogar beim Namen rufen, und er wird dadurch irregeführt, daß er seine Reisegesellschaft nie wieder findet. Auf diese Weise seien schon viele in der Wüste umgekommen, versichert Marco Polo.

Aus allen diesen Sagen und Märchen schloß ich zunächst das eine: es gab also hier in den Orten rund um die Wüste herum eine Menge Taugenichtse, die fest daran glaubten, daß ihnen das Glück eines Tages unendliche Schätze in den Schoß werfen würde. Solche Goldsucher sind faule Tagediebe, die ihren Nachbarn zur Last fallen und ihre Zeit mit Stehlen und Plündern ausfüllen, vor denen sich also besonders der Fremde in acht zu nehmen hat. Woher aber kamen all diese Sagen? Wie erklärte es sich, daß diese Legenden von der großen Stadt des Altertums Takla-makan, die der Sand verschlungen habe, in Chotan und Jarkent, in Maralbaschi und Ak-su von Mund zu Mund gingen? Waren es nur Phantastereien der Eingeborenen, wenn sie verlassene Häuser gesehen haben wollten, die sie bis in die kleinsten Einzelheiten beschrieben? Oder wollten sie sich nur dem Europäer interessant machen, wenn sie ihm versicherten, es habe in grauer Vorzeit im Innern der Wüste auch große Wälder gegeben, Aufenthaltsorte für Moschustiere und anderes Wild?

Ein Zufall konnte das alles nicht sein. Diese Sagen mußten einen Grund, einen gemeinsamen Ursprung haben. Weit, weit hinter ihnen gab es gewiß eine Wirklichkeit, auf der sie fußten. Daher lauschte ich diesen Sagen mit größter Aufmerksamkeit. Sie ließen mir die bevorstehende Reise mit jedem Tag verlockender erscheinen und machten mich fast blind gegen ihre Gefahren. Die unheimliche Wüste begann schon jetzt, mich zu verhexen, selbst die Sandstürme, die ihre Wurzeln in der Tiefe der Wüsten haben, erschienen mir prachtvoll und bezaubernd, und ich konnte die Stunde kaum erwarten, in der ich als erster dieses Märchenland betreten sollte.

Isabelle Eberhardt

In der Düne

Der Herbst des Jahres 1900 ging zu Ende, fast war es schon Winter. Ich lagerte mit einigen Hirten vom Stamm der Rebaïa in einer besonders verlassenen Gegend südlich von Taïbeth-Guéblia, an der Straße, die von El-Oued nach Ouargla führt.

Wir hatten eine Herde aus recht zahlreichen Ziegen und einigen unglücklichen, abgemagerten, erschöpften Kamelen – Überbleibsel der In-Salah-Expedition, die den Kamelbestand der Sahara für Jahre beträchtlich lichtete, da die meisten nie von den fernen Konvois nach El-Goléa und Igli zurückkehrten.

Wir waren acht, einschließlich meines Dieners Aly und mir selbst. Wir lebten in einem großen niedrigen Zelt aus Ziegenleder, das wir in einem kleinen Tal zwischen den Dünen aufgeschlagen hatten. – Nach den ersten kleinen Regenfällen im November begann die seltsame saharische Vegetation zu sprießen. Wir verbrachten unsere Tage mit der Jagd und schossen zahllose Wüstenhasen; meist aber träumten wir im Angesicht der wogenden Horizonte.

Die Ruhe und die trotz allem nie langweilige Monotonie dieses Daseins unter freiem Himmel rief eine Art intellektueller und moralischer Schläfrigkeit in mir hervor, die mir sehr angenehm war; eine wohltuende Beruhigung.

Meine Gefährten waren schlichte und derbe Männer, doch ohne jede Grobheit, die meinen Traum und mein Schweigen respektierten – und übrigens selbst sehr schweigsam waren.

Friedlich und ungestört flossen die Tage dahin, ohne Abenteuer und ohne Unglücksfälle …

Doch eines Nachts, als wir in unsere Burnusse gerollt im Zelt schliefen, erhob sich ein heftiger Südwind, der bald zum Sturm ausartete und Sandwolken emporstäuben ließ.

Der blökenden, schlauen Herde gelang es, sich so dicht an das Zelt zu drängen, daß wir den Atem der Ziegen hören konnten. Einige drangen sogar ganz in unsere Unterkunft ein und machten es sich, ob wir wollten oder nicht, mit der komisch wirkenden Frechheit ihrer Art bequem.

Die Nacht war kalt, und ich mußte – ohne allzu großes Mißfallen meinerseits – ein kleines Zicklein aufnehmen, das es sich in den Kopf gesetzt hatte, unter meinen Burnus zu schlüpfen, sich an meine Brust legte und all meine Versuche, es wieder zu vertreiben, mit Rippenstößen seiner dickköpfigen Stirn beantwortete.

Da wir den ganzen Tag durch die Gegend gestreift waren, übermannte uns die Müdigkeit, und wir schliefen trotz des unheilverkündenden Windes, der durch den Irrgarten der Dünen heulte, und trotz des ununterbrochen wie Meeresrauschen auf unser Zelt regnenden Sandes bald ein.

Plötzlich aber schreckten wir aus dem Schlaf, ohne daß uns im ersten Augenblick bewußt wurde, was geschehen war; wir fühlten uns wie erschlagen, erstickt von einer schweren Last: ein heftiger Windstoß hatte unser Zelt aus der Verankerung gerissen und begrub uns unter seinen Trümmern. Mühselig, auf dem Bauch kriechend, versuchten wir uns in der stockfinsteren Nacht bei tosendem und schneidend kaltem Wind unter einem pechschwarzen Himmel zu befreien.

Unmöglich, das Zelt in der Dunkelheit wieder aufzurichten oder gar unsere kleine Laterne anzuzünden. Es mochte schon etwa drei Uhr sein, und es blieb uns keine andere Wahl, als uns mißmutig unter das schöne Sternenzelt zu legen und auf den Tag zu warten. Aly zog unter großen Schwierigkeiten noch einige Decken und Burnusse aus dem Zelt heraus; außerdem mußten wir die stöhnenden, wild zappelndcn und strampelnden Ziegen retten.

Im anhaltenden Sandregen hatte ich das Gefühl, unter meinem Burnus zu ersticken; immer wieder hörte ich das ängstliche Gewieher und das Ausschlagen meines armen Pferdes, das an einem Pfahl festgebunden war; die unruhigen Ziegen ließen mir keine Ruhe; ich konnte nicht mehr einschlafen.

Der Wind hatte sich fast vollständig gelegt. Aly war dabei, ein großes Feuer aus trockenem Gestrüpp anzuzünden. Wir setzten uns alle um die wohltuende Glut, starr vor Kälte, mit zerschlagenen Gliedern. Nur Aly bewahrte seine immerwährende gute Laune und belustigte sich über unsere Leichenmienen.

Klar und ruhig erhob sich der Tag über der Wüste, in der das nächtliche Unwetter eine Unzahl kleiner grauer Furchen hinterlassen hatte, wie die Runzeln eines Sturms im Sand.

Mir kam der Gedanke, einen kleinen Galoppritt durch die Ebene zu unternehmen, die sich jenseits des unser Tal abschließenden Dünengürtels erstreckte.

Aly blieb im Lager, um das Zelt wieder aufzubauen und unseren kleinen, während der Nacht völlig versandeten und in alle Himmelsrichtungen zerstreuten Haushalt in Ordnung zu bringen. Doch er riet mir, mich nicht allzuweit zu entfernen.

Doch oje! Kaum war ich in der Ebene, konnte ich die Zügel meines treuen »Souf« nicht mehr halten; ebenfalls entnervt von der schlechten Nacht raste er los, so schnell er konnte. Lange galoppierten wir in schwindelerregendem Tempo, trunken vom weiten Raum, durch die heitere Ruhe des aufziehenden Tages.

Schließlich, als ich mein Pferd mit Mühe und Not wieder in meine Gewalt gebracht hatte, drehte ich mich um und sah, daß ich schon sehr weit von den Dünen entfernt war ...

Doch ich hatte keine Eile, ins Lager zurückzukehren; im Gegenteil, ich bekam Lust, noch durch die kleinen Hügel zu reiten, welche die Ebene begrenzen. So folgte ich dem Weg aus dem Westen und geriet in ein Labyrinth aus immer höher werdenden kleinen Bergen. Dort gab es Täler, die dem unsrigen sehr ähnlich waren, und um nicht allzuviel Zeit zu verlieren, ließ ich »Souf« an diesen relativ flachen Stellen traben.

Nach und nach hatte der Himmel sich wieder mit Wolken bezogen, und es wurde windig. Ohne den nächtlichen Sturm, der die ganze Oberfläche des Sandes ausgetrocknet und aufgewühlt hatte, hätte ein so schwacher Wind nicht die geringste Bewegung des Edbodens bewirkt. Doch jetzt war der ganze Boden wie aus zartestem Staub, und immer noch floß der Sand von den abschüssigen Dünen. Bald bemerkte ich, daß meine Spuren rasch verwehten.

Nach einer Stunde begann ich mich zu wundern, daß ich das Lager immer noch nicht erreicht hatte. Es war schon ziemlich spät, und die Hitze wurde drückend. Dabei hatte ich mich doch immer in Richtung Westen gehalten? …

Schließlich hielt ich inne; mir wurde klar, daß ich den falschen Weg genommen hatte und wohl am Lager vorbeigeritten war. Ratlos stand ich da … Welche Richtung mußte ich einschlagen? Ich konnte nicht wissen, ob ich mich unterhalb oder oberhalb der Straße befand, das heißt, ob ich nördlich oder südlich am Lager vorbeigeritten war. Ich lief also Gefahr, mich endgültig zu verirren. Dennoch entschloß ich mich, geradewegs die nördliche Richtung zu nehmen, die auf jeden Fall weniger gefährlich war.

Doch auch dort hatte ich nach einer Stunde Fußmarsch immer noch keinen Anhaltspunkt gefunden; so kehrte ich nach Süden um.

Es war schon drei Uhr nachmittags, und allmählich fand ich mein Mißgeschick gar nicht mehr komisch. Ich hatte nur ein einziges arabisches Brot in der Kapuze meines Burnus und eine Flasche kalten Kaffee. Ich begann mich zu fragen, was aus mir werden sollte, wenn ich den Weg nicht vor der Nacht wiederfand.

Schließlich ließ ich meinen »Souf« in einem Tal zurück und kletterte auf die höchste Düne der Umgebung; doch wo ich auch hinschaute, nach allen Seiten sah ich nur das graue Durcheinander der kleinen Sandberge; ich verstand nicht, wie ich mich in so kurzer Zeit so hoffnungslos hatte verirren können.

Da ich nicht mehr ziellos umherirren wollte und fürchtete, an einem unfruchtbaren Ort von der Nacht überrascht zu werden, wo mein Pferd, das ohnehin schon dursten mußte, nicht einmal Gras fände, machte ich mich auf die Suche nach einem geeigneten Tal, in dem ich die Nacht verbringen könnte.

»Morgen in aller Frühe schlage ich den Weg nach Norden ein und stoße mit Sicherheit auf die Straße nach Taïbeth ...«, dachte ich.

Ich entdeckte ein tiefes, längliches Tal, in dem eine recht dichte, erstaunlich grüne Vegetation gewachsen war. Ich befreite »Souf« von seinem Geschirr und ließ ihn laufen, während ich mich aufmachte, meine »Robinson-Insel« zu erforschen. In der Mitte eines offenen Platzes fand ich einen kaum versandeten Haufen Asche und ein paar Hasenknochen: hier mußten Jäger übernachtet haben. Vielleicht kamen sie zurück?

Die Jäger der Sahara sind rohe, primitive Männer, die ohne festen Wohnsitz unter freiem Himmel leben. Manche lassen ihre Familien irgendwo, in weiter Ferne, in einem *Ksour* zurück; andere sind echte Kinder des Sandes, die mit Frau und Nachkommenschaft herumziehen – solche sind selten. Ihr Leben ist ebenso frei und unkompliziert wie das der Gazellen in der Wüste. Unter diesen Jägern sind natürlich auch manche, die mit dem Gesetz in Konflikt stehen und vor der menschlichen Justiz in die Einsamkeit geflohen sind. Doch in diesen Gegenden, die nicht allzu fern von Städten und Dörfern entfernt liegen, trifft man nur selten auf »Dissidenten«, wie sie in der Verwaltungssprache genannt werden; ich wünschte mir also, daß die Jäger, deren Spuren ich gefunden hatte, auftauchen möchten, um mich so schnell wie möglich aus der lächerlichen Situation, in die ich mich hineinmanövriert hatte, zu befreien. Welche Ängste mochten meine Gefährten ausstehen, vor allem der treue Aly?

Ein fröhliches Wiehern riß mich aus meinen Gedanken: mein Pferd stand vor einem undurchdringlichen, leuchtendgrünen Dickicht, den Kopf so tief als möglich in die Zweige gesteckt, und schien etwas Ungewöhnliches zu wittern.

… Zwischen den Büschen befand sich einer jener in der Sahara so zahlreichen *Hassi*, schmale, tiefe Brunnen abseits der Straßen, die nur die Führer kennen.

Die fast üppige Vegetation des Tales ist dem hohen Wasserspiegel zu verdanken.

Ich machte mich an meine Pflicht und begann, mit Hilfe meiner am Ende des Gürtels befestigten Flasche Wasser zu schöpfen. Plötzlich hörte ich dicht hinter mir eine Stimme sagen: »Was machst du denn da?«

Ich drehte mich um: vor mir standen drei braungebrannte, fast schwarze Männer in zerlumpten Kleidern, die ihr dürftiges Gepäck in Tuchbeuteln mit sich herumtrugen und mit langen Steinflinten bewaffnet waren.

»Ich habe Durst.«

»Hast du dich verirrt?«

»Ich lagere nicht weit von hier mit Leuten vom Stamm der Rebaïa, mit Souafas, Hirten …«

»Bist du Muselmane?«

»Ja, Gott sei Dank!«

Der Mann, der mich angesprochen hatte, war schon fast ein Greis. Er streckte die Hand aus und berührte meinen Rosenkranz.

»Du kommst von Sidi Abd-el-Kader-Djilani … Dann sind wir Brüder … Wir sind auch Kadriya.«

»Gott sei gepriesen!« sagte ich.

Ich war höchst erfreut, in diesen Nomaden Mitbrüder zu finden: unter den Anhängern der gleichen Bruderschaft sind gegenseitige Hilfe und Solidarität die Regel. Tatsächlich trugen auch sie den Rosenkranz der Kadriya.

»Warte, wir haben ein Seil und eine Kanne; wir geben deinem Pferd zu trinken, und du bleibst die Nacht über bei uns; morgen früh bringen wir dich zu deinem Lager zurück. Du bist weit nach Süden geraten, du hast das Lager der Rebaïa verfehlt, und jetzt brauchen wir auch mit Abkürzungen mindestens drei Stunden, bis wir dort sind.«

Der jüngste von ihnen fing wieder an zu lachen.

»Du bist aber wirklich ein Schlaukopf!«

»Von welchem Stamm seid ihr?«

»Ich und mein Bruder, wir sind Ouled-Seïh aus Taïbeth-Guéblia, und der dort, Ahmed-Bou-Djema, ist ein Châambi aus der Nähe von Berressof. Sein Vater hatte einen Garten in El-Oued in der Kolonie der Châamba im Dorf El-Akbab. Er hat sich aus dem Staub gemacht, der Ärmste ...«

»Weshalb?«

»Wegen der Steuern. Er hat unseren Cheikh, Sidi Mohammed-Taleb, nach In-Salah begleitet; und als er wiederkam, war seine Frau tot, dahingerafft von der Typhusepidemie, und in seinem Garten wuchs nichts mehr; da ist er in die Wüste gegangen – wegen der Steuern.«

Der junge Seïhi, der diese Worte sprach, hatte meine Aufmerksamkeit durch die Ursprünglichkeit seiner Züge und den verstohlenen Glanz seiner großen spöttischen Augen auf sich gezogen. Ein vollendetes Beispiel der stark mit den asiatischen Arabern vermischten Nomadenrasse, des charakteristischsten Menschenschlags der Sahara.

Der hagere, geschmeidige Ahmed-Bou-Djema schien sein älterer Bruder zu sein, soweit man das überhaupt beurteilen konnte, denn die Hälfte seines Gesichts war nach Art der Touareg schwarz verschleiert.

Was den Greis betrifft, so hatte er das prächtige Gesicht eines alten Wegelagerers, mit finsteren Zügen und einer Habichtsnase.

Ahmed-Bou-Djema trug zwei stattliche Hasen an seinem Gürtel. Er entfernte sich ein paar Meter vom Brunnen, sagte: »Bismillah!« und machte sich daran, das Wild auszunehmen.

*

Die Sonne war hinter den Dünen verschwunden und die letzten rosa Strahlen des Tages glitten über den flachen Boden, suchten sich ihren Weg durch die Büsche mit den spitzen Blättern und die Brustbeerensträuche. Das Drinn-Gras wirkte wie Gold im roten Schein der Abendstunde.

Sélem, der ältere der beiden Brüder, ließ unsere Gruppe allein, breitete in einiger Entfernung seinen zerlumpten Burnus im Sand aus und begann zu beten, mit ernster Miene, als wäre er erwachsen.

»Habt ihr keine Familie?« fragte ich Hama-Srir, während wir eine Kuhle in den Sand gruben, um die Hasen darin zu braten.

»Sélem hat seine Frau und seine Kinder in Taïbeth gelassen. Und meine Frau ist bei ihrer Tante in den Gärten von Remirma, im Wadi Rhir.«

»Ist es dir nicht langweilig, so fern von deiner Familie?«

»Das Schicksal ist das Schicksal Gottes. Bald werde ich meine Frau holen. Wenn Sélems Kinder einmal groß sind, werden sie jagen wie ihr Vater.«

»In châ Allah!«

»Amine.«

Das freie, sorglose Leben dieser großen Kinder der prächtigen und trostlosen Sahara gefiel mir und zog mich an. Nachdem wir die Hasen zu einer Kugel gerollt und zusammengebunden hatten, legten wir sie mitsamt ihrem Fell unten in die Kuhle und bedeckten sie mit einer feinen Sandschicht. Dann zündeten wir über ihnen ein großes Feuer aus trockenem Gestrüpp an.

»Du bist also mit einer Rouara verheiratet?«

Hama-Srir machte eine undeutliche Geste: »Das ist eine lange Geschichte! Weißt du, wir Araber aus der Wüste heiraten nur selten außerhalb unseres eigenen Stammes …«

Hama-Srirs Roman stachelte meine Neugier an. Aber wollte er ihn mir erzählen? Es mußte eine ganz einfache Geschichte sein, jedoch geprägt vom großen melancholischen Charme aller Dinge, die mit der Wüste zu tun haben.

Nach dem Essen schliefen Sélem und Bou-Djema bald ein. Hama-Srir lag aufgestützt neben mir; er zog sein *Matoui*, den kleinen roten Lederbeutel für das Kif, und seine Pfeife heraus. Auch ich trug diese Insignien des echten Soufi in der Tasche meiner *Gandoura*.

»Hama, erzählst du mir deine Geschichte?«

»Weshalb? Weshalb interessiert dich, was Leute gemacht haben, die du gar nicht kennst?«

»Ich will dein Bruder sein, im Namen des großen Abd-el-Kader-Djilani.«

»Ich auch.«

Darauf drückte er mir die Hand.

»Wie heißt du?«

»Mahmoud-ben-Abdallah-Saâdi.«

»Hör zu, Mahmoud, wenn ich nicht ebenfalls dein Bruder sein wollte, wenn wir es durch unseren Cheikh und unseren Rosenkranz nicht bereits wären und ich nicht gesehen hätte, daß du ein *Taleb* bist, wäre ich wegen deiner Nachfrage in großen Zorn geraten, denn es ist nicht üblich, von seiner Familie zu sprechen, das weißt du genau. Aber nun hör zu, und du wirst sehen, daß Gottes *Mektoub* allmächtig ist, daß niemand es abwenden kann.«

*

Vor zwei Jahren ging Hama-Srir mit Sélem in der Nähe des *Bordj* von Stah-El-Hamraïa, bei den großen Chotts an der Straße von Biskra nach El-Oued, auf die Jagd.

Es war Sommer. Eines Morgens wurde Hama-Srir von einer Schlange gebissen und rannte ins *Bordj*: die alte Stiefmutter des Wächters, eine Riria (die aus dem Wadi Rhir stammte), konnte alle Krankheiten heilen – zumindest die, deren Heilung Gott erlaubt.

Der Wächter war mit seinem Sohn fortgegangen nach El-Oued und hatte das *Bordj* der Obhut der alten Mansoura und ihrer schon betagten Stieftochter Tébberr überlassen. Gegen Abend hatte Hama-Srir fast keine Schmerzen mehr, und so verließ er das *Bordj*, um zu seinem Bruder in das Chott Bou-Djeloud zurückzukehren. Aber er hatte leichtes Fieber und wollte trinken. Er stieg zum Brunnen am Fuß des kahlen rötlichen Hügels von Stah-El-Hamraïa herab.

Dort traf er Saâdia, die älteste Tochter des Wächters, dreizehn Jahre alt; eine schon zur Frau herangereifte schöne Gestalt unter ihren blauen Lumpen. Saâdia lächelte den Nomaden an, und lange blieben seine braunen Augen auf ihr haften. »In vierzehn Tagen komme ich zurück und bitte deinen Vater um deine Hand«, sagte er.

Sie schüttelte den Kopf.

»Damit wird er nie einverstanden sein. Du bist zu arm, du bist ein Jäger.«

»Wenn Gott so beschlossen hat, werde ich dich dennoch bekommen. Jetzt geh ins *Bordj* zurück und halt dich rein für Hama-Srir, den Gott dir verheißen hat.«

»Amine!«

Langsam, gebückt unter der Last ihres schweren, mit Wasser gefüllten ledernen Behälters, stieg sie den steilen Weg zu ihrem einsamen *Bordj* hinauf.

Hama-Srir sagte Sélem kein Wort von dieser Begegnung, aber er wurde nachdenklich und versonnen.

»Man darf seine Liebespläne nie verraten, das bringt Unglück«, fügte er hinzu. Jeden Abend, wenn die Sonne die blutrote Wüste in eine Feuersbrunst verwandelte und hinter dem salzigen Wadi Rhir unterging, stieg Saâdia zum Brunnen herab, um auf den zu warten, »den Gott ihr verheißen hatte«.

Eines Tages, als sie in der Mittagshitze hinausgegangen war, um über ihre Ziegenherde zu wachen, glaubte sie, ohnmächtig zu werden: Ein Mann in einer langen weißen *Gandoura* und einem ebenso weißen Burnus, bewaffnet mit einer langen Steinflinte, stieg zum *Bordj* hinauf.

Eilig zog sie sich in die Ecke des Hofes zurück, in der ihre bescheidene Unterkunft war; dort rief sie mit leiser Stimme Djilani an, den »Emir der Heiligen«, denn auch sie gehörte zu seinen Kindern.

Der Mann betrat den Hof und rief den alten Wächter: »Abdallah-ben-Hadj-Saâd«, sagte er, »mein Vater war Jäger, er gehörte zum Stamm der Ouled-Seïh und kam aus der Stadt Taïbeth-Guéblia. Ich bin ein Mann ohne Fehl und Tadel, mein Gewissen ist rein – Gott weiß es. Ich bin gekommen, dich zu bitten, mir Einlaß in dein Haus zu gewähren, ich bin gekommen, dich um die Hand deiner Tochter zu bitten.«

Der Alte runzelte die Stirn.

»Wo hast du sie gesehen?«

»Ich habe sie nicht gesehen. Die alten Frauen aus El-Oued haben mir von ihr erzählt ... Das ist das Schicksal.«

»Bei der Wahrheit des erhabenen Koran, solange ich lebe, soll kein Vagabund meine Tochter bekommen!«

Lange sah Hama-Srir dem Alten in die Augen.

»Schwöre nicht, was du nicht weißt … Spiele nicht mit dem Falken: er fliegt in den Wolken und sieht der Sonne ins Gesicht. Spare deinen Augen die Tränen, Gott wird sie bald schließen!«

»Ich habe geschworen.«

»*Chouf Rabbi*, Gott wird sehen«, sagte Hama-Srir und ging davon, ohne ein Wort zu sagen.

Entrüstet kehrte Si Abdallah in sein Haus zurück und wandte sich an Saâdia und Emborka: »Ihr Hündinnen, welche von euch beiden hat diesen Vagabund ihr Gesicht sehen lassen?«

Die beiden jungen Mädchen schwiegen.

»Si Abdallah!« antwortete die verehrte Großmutter an ihrer Stelle, »der Vagabund kam vorigen Monat hierher, um sich wegen eines Schlangenbisses verbinden zu lassen. Meine betagte Tochter Tébberr hat mir geholfen. Der Vagabund hat keine von Tébberrs Töchtern gesehen. Wir sind alt, für uns ist die Zeit des *Hedjeb* vorbei. Wir haben den Vagabunden behandelt und blieben auf den Pfaden Gottes.«

»Hüte sie und laß sie nicht mehr hinaus.«

Die Seele in Trauer wartete Saâdia hartnäckig auf Hama-Srirs Rückkehr, denn sie wußte, wenn Gott ihn wirklich für sie auserkoren hatte, könnte niemand sie hindern, sich zu vereinigen.

Sie liebte Hama-Srir, und sie hatte Vertrauen.

*

Nahezu ein Monat war vergangen, seit der Jäger zum *Bordj* hinaufgestiegen war und um Saâdias Hand angehalten hatte; seither war er nicht mehr aufgetaucht. Er war indes ganz in der Nähe, er hielt sich in der Gegend der Chotts auf, und jede Nacht bellten die wilden Hunde von Stah-El-Hamraïa … Auch er hatte geschworen.

Si Abdallah ließ unterdessen etwas von seiner eifersüchtigen Bewachung ab, und eines Abends, als Tébberr krank war, befahl er Saâdia, zum Brunnen hinunterzugehen, ohne dort zu verweilen. Es war schon spät; klopfenden Herzens machte das junge Mädchen sich auf den Weg.

Der Vollmond erhob sich über der Wüste, eingetaucht in so durchsichtiges Blau, wie die Nacht nur blau sein kann. In der absoluten Stille klang das heisere Gebell der Hunde, als wären sie von rasender Wut erfaßt.

Während sie den Wasserbehälter füllte, die Arme ins Wasserbecken getaucht, sah Saâdia einen Schatten durch die Feigenbäume des Gartens huschen.

»Saâdia!«

»Gott sei gelobt!«

Schon hatte Hama-Srir sie am Handgelenk gepackt und riß sie mit sich.

»Ich fürchte mich! Ich habe Angst!«

Sie legte ihre zitternde Hand in die starke Hand des Nomaden, und so liefen sie durch das Chott Bou-Djeloud, in Richtung des Wadi Rhir … und wenn sie sagte: »Ich habe Angst, bleib stehen!« nahm er sie in seine Arme, denn er wußte, diese Stunde gehörte ihm und das ganze Leben war gegen ihn.

Sie flüchteten, und schon hatte das Hundegebell nachgelassen.

*

Überrascht und verstört über die Verspätung seiner Tochter trat der Alte aus dem *Bordj* heraus und rief mehrmals. Aber seine Stimme verlor sich in der bedrückenden Stille der Nacht, sie blieb ohne Antwort. Ein Schauder ließ seine

Glieder erstarren. Eilig holte er sein Gewehr und stieg den Berg herab.

Die Schüssel trieb auf dem Wasser, und der leere ziegenlederne Behälter lag auf der Erde.

»Hündin! Sie ist mit dem Vagabunden durchgebrannt. Der Fluch Gottes komme über sie!«

Er kehrte ins Haus zurück, mit verwirrtem Herzen, ohne eine Träne, ohne ein Wort der Klage.

»Wer ein Mädchen zeugt, sollte sie gleich nach der Geburt erwürgen, damit die Schande nicht eines Tages seine Haustür stürmt!« murmelte er auf dem Rückweg. – »Weib, du hast nur noch eine einzige Tochter, und auch die ist schon zu viel! ... Du hast es nicht verstanden, deine Tochter zu hüten.« Die beiden Alten und Emborka begannen zu weinen und zu klagen, wie über einer Toten; doch Si Abdallah gebot ihnen Schweigen.

*

Unterdessen waren die beiden Liebenden lange durch die fruchtlose Ebene geflüchtet.

»Bleib stehen«, flehte Saâdia, »mein Herz ist stark, aber meine Beine können nicht mehr ... Mein Vater ist alt und stolz, er wird uns nicht verfolgen.«

Sie setzten sich auf den salzhaltigen Boden, und Hama-Srir begann nachzudenken. Er hatte sein Wort gehalten, Saâdia gehörte ihm, aber wie lange?

Um den Verfolgungen zu entgehen, beschloß er, sie nach Taïbeth zu bringen und sie dort vor der *Djemaâ* seines Stammes ohne Trauschein zu heiraten.

Müde und verängstigt hatte Saâdia sich neben ihren Herrn gelegt. Er beugte sich über sie und beruhigte ihr noch heftig klopfendes Herz mit einem Kuß ...

Vier Nächte lang setzten sie ihren Fußmarsch fort, ernährten sich von Datteln und der *Mella*, die Hama-Srir für sie bereitete. Tagsüber verbargen sie sich aus Angst vor den *Deïras* und den Spahis aus El-Oued in den Dünen.

Im Morgengrauen des fünften Tages sahen sie endlich, wie sich in der Ferne die grauen Mauern und die niedrigen Türme von Taïbeth-Guéblia abzeichneten.

*

Hama-Srir brachte Saâdia ins Haus seiner Eltern und sagte ihnen: »Dies ist meine Frau. Hütet sie und liebt sie mit der gleichen Liebe wie Fathma-Zohra, eure Tochter.«

Nachdem die Versammlung des Stammes sie vereinigt hatte, sprach Hama-Srir zu Saâdia: »Wenn Gott unsere Ehe segnen soll, muß dein Vater uns vergeben. Wenn nicht, kann es sein, daß er, deine Mutter und deine Großmutter, die mir geholfen hat, sterben, ehe ihr Herz sich uns geöffnet hat. Ich werde dich in dein Land bringen, zu deiner Tante Oum-el-Aâz. Ich selbst weiß, was ich zu tun habe.«

Am nächsten Morgen ließ er Saâdia streng verhüllt auf das Maultier des Hauses steigen, und sie gingen herab zum Wadi Rhir.

Um Touggourt zu meiden, nahmen sie den Weg über Megharine-Kedina und gelangten bald in die feuchten Gärten von Remirma.

Oum-el-Aâz war schon sehr alt. Sie übte den Beruf der Hebamme und Kräuterfrau aus. Man verehrte sie, und manche der abergläubischen Rouara fürchteten sie sogar.

Sie war eine Riria mit einem verlebten, braungebrannten Gesicht, behängt mit funkelndem Goldschmuck, hager und aufgeschossen unter ihren dunkelroten langen

Schleiern. Ihre schwarzen Augen, denen das Kayal einen beunruhigenden Glanz verlieh, hatten ihren klaren Blick bewahrt. Ernst und schweigsam lauschte sie Hama-Srirs Worten und befahl ihm, in ihrem Namen einen Brief an Saâdias Vater zu schreiben.

»Mit der Gewähr einer fremden Person wird Si Abdallah vergeben«, sagte sie. »Im übrigen wird er nicht mehr lange unter uns sein.«

Hama-Srir machte sich auf in die Oase und entdeckte einen *Taleb*, der ihm für wenig Geld den Brief schrieb.

»Gott allein sei gepriesen! – Heil und Frieden mögen dem Auserwählten Gottes beistehen! Dem ehrwürdigen, der dem rechten Weg folgt und auf Gottes Pfaden Gutes tut, dem sehr frommen, dem sehr erhabenen, dem Vater und Freund Si Abdallah-bel-Hadj Sâad im *Bordj* von Stah-El-Hamraïa im Souf; das Heil sei mit dir, und die Barmherzigkeit Gottes; möge er dir seinen Segen geben, von Ewigkeit zu Ewigkeit! Nun wisse, deine Tochter Saâdia lebt und ist bei guter Gesundheit, Gott sei gelobt! – Wisse, daß sie keinen anderen Wunsch hat als den, in einer nahen und gesegneten Stunde bei dir zu sein, bei ihrer Mutter, ihrer Großmutter, ihrer Schwester und ihrem Bruder Si Mohammed. Wisse auch, daß ich diese Zeilen auf Weisung deiner Schwägerin Lella Oum-el-Aâz-bent-Makoub-Riri schreibe, und daß deine Tochter in ihrem Hause wohnt. Wisse, daß ich deine Tochter Saâdia nach Gottes Gesetz geheiratet habe und dich um deinen Segen bitten möchte, denn alles, was geschieht, geschieht durch den Willen Gottes. Nun hoffe ich nur noch auf baldige und gnädige Antwort und wünsche alles Gute. Das Heil sei mit dir und deiner Familie von seiten dessen, der diesen Brief geschrieben hat; dein Sohn und armer Diener Gottes:

HAMA-SRIR-BEN-ABDERRAHMAN-CHÉRIF.«

Als der alte schriftunkundige Abdallah diesen Brief erhielt, begab er sich nach Guémarin die Zaouïa Sidi Abd-el-Kaders.

Ein *Mokkaddem* las ihm den Brief vor, und als er die Ratlosigkeit des Alten sah, meinte er: »Wer nahe am Brunnen ist, geht nicht fort, ohne zu trinken. Du bist nahe bei unserem Cheikh und weißt nicht, was du tun sollst: Geh zu ihm und frag ihn um Rat.«

So konsultierte Abdallah den Cheikh; dieser sprach: »Du bist alt. Von einem Tag zum anderen kann Gott dich zu sich rufen, denn niemand kennt die Stunde seines Schicksals. Es ist besser, einen blühenden Garten als Erbe zu hinterlassen, denn einen Haufen Trümmer.«

Si Abdallah gehorchte Djilanis Nachkommen und Vertreter auf Erden, er beugte sich seiner Doktrin und bat den *Mokkaddem*, einen Brief der Vergebung an den Entführer zu schreiben: »... Und so teilen wir dir mit, daß wir unserer Tochter Saâdia verziehen haben! Gott gebe ihr Recht; möge der Herr ihr seinen Segen schenken, immer und ewig. Amine! Und möge das Heil mit dir sein, im Namen des armen, schwachen Dieners Gottes:

ABDALLAH-BEL-HADJ.«

Der Brief wurde auf seinen Weg geschickt.

*

Die schweigsame und ernsthafte Oum-el-Aâz sprach nur wenig mit Saâdia. Die meiste Zeit verbrachte sie damit, Getränke zu brauen und das Schicksal vorherzusagen; dafür bediente sie sich der seltsamsten Mittel, sie benutzte die Schulterblätter der Schafe, die zum Frühlingsfest geschlachtet wurden, Kaffeesatz, kleine Steine und die Innereien des frisch abgebrühten Viehs.

»Abdallah wird vergeben«, hatte sie zu Hama-Srir gesagt, nachdem sie ihre kleinen Steinchen konsultiert hatte. »Aber er wird nicht mehr lange währen … Seine Stunde ist nahe.«

Saâdia war nachdenklich geworden. Eines Tages sagte sie zu ihrem Gemahl: »Bring mich ins Souf. Ich muß meinen Vater wiedersehen, ehe er stirbt.«

»Warte auf seine Antwort.«

Die Antwort kam tatsächlich. Hama-Srir ließ Saâdia wieder auf das Maultier des Hauses steigen, sie nahmen die Straße nach Nordosten, durch das ausgetrocknete Chott Mérouan.

Im *Bordj* von Stah-El-Hamraïa wurde das Gastmahl aufgetragen und ein großes Fest gefeiert; es wurde über nichts gesprochen, denn die Zeit der Erklärungen war vorbei.

Am fünften Tag brachte Hama-Srir seine Frau nach Remirma zurück …

Einen Monat später erhielt die alte Oum-el-Aâz einen Brief aus Stah-El-Hamraïa mit der Nachricht, daß ihr Schwager in die Barmherzigkeit Gottes eingegangen war.

*

»Einmal im Monat reite ich hinunter nach Remirma, um meine Frau zu besuchen«, sagte Hama-Srir zum Abschluß seines Berichts. »Gott hat uns keine Kinder geschenkt.«

Einen Augenblick verharrte er nachdenklich schweigend, dann fügte er mit leiser Stimme etwas ängstlich hinzu: »Vielleicht, weil wir das *Haram* begangen haben. Oum-el-Aâz sagt es jedenfalls … Sie weiß es.«

*

... Es war schon sehr spät, und die Sterne des Herbsthimmels waren im Horizont versunken. Über der Wüste lag große feierliche Stille. Wir hatten uns neben dem erloschenen Feuer in unsere Burnusse gerollt und träumten – er, der Nomade, dessen feurige und ungewisse Seele zwischen dem triumphierenden Genuß seiner Leidenschaft und der Furcht vor dem Schicksal, der Angst vor dem Reich der Finsternis hin- und hergerissen war; und ich, die Einsiedlerin, der seine Idylle wie ein Wiegenlied geklungen hatte. – Versonnen dachte ich an die allmächtige Liebe, die alle Seelen beherrscht, die das Geheimnis der Schicksale durchdringt!

Michael Asher

Sidi Mohammed, unser Führer durch die Wüste

Es waren die längsten Tage, die wir bisher erlebt hatten. Abgesehen von einer kurzen Mittagsrast waren wir fast den ganzen Tag unterwegs. Unsere Nahrungsvorräte gingen zu Ende. Nichts war mehr übrig von den praktischen Reserven an Erdnüssen, Keksen und Datteln, die früher unseren ersten Hunger gestillt hatten. Bald waren die Makkaroni aus, und alles, was übrigblieb, waren Reis und Sardinen. Sidi Mohammed murrte und grummelte den ganzen Tag über das Essen. »Bei Gott, diese Sardinen wachsen mir noch zu den Ohren hinaus!« klagte er. »Es gibt Leute mit kalten Mägen und Leute mit warmen Mägen. Mein Magen ist warm. Sardinen sind nur in einem kalten Klima gut, beim Propheten! «

Er murrte auch über den Fischgeschmack, der nicht von uns wich, und schimpfte, weil er keine Zahnpasta hatte, um ihn aus seinem Mund zu entfernen. »Du willst ein Nomade sein«, sagte Marinetta zu ihm. »Ich habe noch nie von einem Nomaden gehört, der sich die Zähne mit Zahnpasta putzt!« Doch selbst Marinetta und mir standen Sardinen bis oben hin. Im Lauf der Tage wurden die Portionen kleiner, und wir hatten ständig Hunger. Den ganzen Tag lang nagte bohrend ein hohles Gefühl an meinem Magen. Marinetta erging sich in Essensphantasien. »Nur ein Stück frisches Brot und Käse!« sagte sie dann. »Oder

Obst – Weintrauben, rote Äpfel oder Mandarinen!« Sie erzählte mir von dem reichhaltigen Mailänder Kuchen, den es in den Geschäften Roms zu kaufen gab, und von dem dicken Nougat, der an Weihnachten auf Sardinien konfektioniert wurde.

Einmal scherzte ich kurz vor dem Essen mit Sidi Mohammed. »Wenn wir erst einmal in Agadez sind, wird keiner von uns je wieder Sardinen essen müssen.«

»Und ich werde nie wieder mit einem Touristen mitgehen, der sie mir vorsetzt«, sagte er giftig. »Das ist nicht richtig, bei Gott! Ich werde dagegen protestieren!« Er hatte mir oft Geschichten über seine Reisen mit anderen Touristen erzählt, die gewöhnlich mit dem Auto stattgefunden hatten. »Ich habe nie mit einem von ihnen gegessen!« behauptete er stolz. »Du bist der einzige Nasrani, mit dem ich je gegessen habe. Aber das Auto ist heutzutage das einzig richtige Beförderungsmittel. Kamele sind nichts als eine Schinderei. So wie mein ganzes Leben, eine einzige Schinderei, Gott sei mein Zeuge! Ich bin ein Tier mit einem Seil um den Hals, das sich für Geld zu Tode plagt.«

»Geld ist nicht alles«, warf ich ein.

»Es gibt nichts, das man für Geld nicht kaufen könnte«, beharrte er. »Wer Geld hat, ist König, bei Gott!«

»Mit Geld kann man keinen Mut kaufen.«

»Aber Leute, die Mut haben«, versetzte er. »Geld ist alles. Jeden Tag bete ich zu Gott, er möge mir viel Geld schenken. Geld ist Macht, Omar, und wenn du das nicht glaubst, dann bist du ein Narr.«

Es war so heiß wie im Sommer. Zirrhuswolken wölbten sich wie Rippen über den Himmel, es war, als würden wir im Leib eines riesigen Tieres reisen. Wir waren erschöpft, und jedes erneute Auf- und Abladen ermüdete uns noch mehr. Mittags klagte Sidi Mohammed, sein Kopf würde sich vor lauter Hitze drehen. Marinetta und ich verschwendeten keinen Gedanken mehr an Sex. Das lag seit langer Zeit jenseits unserer Vorstellungskraft, je schwächer unsere Körper wurden. Marinetta ging weniger zu Fuß und ritt mehr. Sie hatte ihre Attraktivität verloren. Ihr Körper war bis zum Skelett abgemagert, ihr Gesicht krebsrot von der Sonne. Ihre Brille war zerbrochen, und sie hatte einen Baumwolltupfer auf ihren Nasenrücken gelegt. Ihr Äußeres hatte das wilde Aussehen ständiger Übellaunigkeit angenommen. Nachts wurde sie noch immer von Insekten gequält, und morgens schmierte sie sich Zinkspat auf die Haut, der zu pinkfarbenen Flecken eintrocknete. Sie suchte das Gepäck wie besessen nach Skorpionen ab. Inzwischen gab sie eine mitleiderregende Gestalt ab. Ich vermute, bei mir war es nicht anders. Sie wünschte sich, sie wäre in Rom oder auf Sardinien, irgendwo weit weg von der Wüste. »Alles ist leer«, sagte sie einmal zu mir. »Alles ist deprimierend.« Ich spürte, daß sie langsam den Kontakt zu ihrer Identität verlor. Sie konnte sich nicht mehr in jenem begehrenswerten Jet-set-Mädchen wiedererkennen, in diesem Stammgast von Modeboutiquen, der Inhaberin eines Diplomatenpasses, der Erste-Klasse-Fliegerin. Statt dessen war sie eine wilde, zerlumpte, primitive Frau geworden, die nur noch knurren und um ihr Überleben kämpfen konnte.

Am ersten November ließen wir das sandige Land hinter uns und betraten eine Wüste aus grauem und schwarzem Reg. Im Norden tauchten schwarze Hügelkuppen auf, und zerborstene Granitplatten erstreckten sich Kilometer um Kilometer. Die Kamele zuckten zusammen, wenn sie ihre geschundenen Füße auf den scharfen Steinen aufsetzten, und Sidi Mohammed verzog das Gesicht. »Ich hasse diese Felsen«, sagte er. »Sie tun den Kamelen an den Füßen weh, und alles, was die Kamele fühlen, fühle ich selbst auch.« Er hielt jetzt häufig an, um seine Blase zu leeren, und sagte mir, er habe Blut im Urin. Ich gab ihm etwas Rehydrationssalz und eine Handvoll Antibiotika. Die neue Behinderung beraubte ihn seiner Kraft und Energie. All seinen Klagen zum Trotz war er immer ein unermüdlicher Arbeiter gewesen. Nun mußte ich die Kamele jeden Morgen alleine einsammeln und im Dunkeln an ihren Nasenringen herumfummeln. Ich mußte sie alleine satteln, und oft war die Ladung schlecht ausbalanciert und mußte später wieder zurechtgerückt werden. Nachts kam die zusätzliche Strapaze der Brennholzsuche hinzu, die auf dieser nackten Ebene eine Stunde beanspruchen konnte. Nach dem Essen mußten wir nachsehen, ob die Kamele nicht zu weit weggelaufen waren, und sie zum Lager zurückbringen. Um vier Uhr befreiten wir sie von ihren Fußfesseln, was ihnen vor unserem Aufbruch um fünf Uhr eine Stunde Zeit zum Grasen ließ.

Eines Abends errichteten wir unser Lager an einer Stelle, an der die Spuren vieler Wüstenspringmäuse zu sehen waren. Die Araber essen diese flaumigen Wüstenratten, sie rösten sie samt Fell über dem offenen Feuer. Sidi Mohammed sagte, er würde sich ein paar davon mit seinem Stock schnappen. Er war eine Stunde weg, kam aber mit leeren Händen zurück. »Hast du keine erwischt?« fragte ich ihn.

»Ich habe eine erwischt, Omar«, erwiderte er bedrückt. »Ich habe sie mit meinem Stock getroffen. Aber als ich mich umdrehte, um ihr mit dem Messer die Kehle durchzuschneiden, war sie schon tot. Sie war nicht *hillal*, also konnten wir sie nicht essen.«

Wir durchquerten eine weite, pudergraue Ebene mit der bronzefarbenen Masse eines Hügels im Hintergrund.

Über der dunklen Wildnis zogen sich die Spuren goldfarbenen Grases wie Tropfen einer Flüssigkeit dahin. Ich überlegte, ob der Hügel wohl den Rand der Senke von Tiguidit markieren konnte, in der Agadez lag. Wir lagerten eine Nacht in der Ebene, und am Morgen verkündete Sidi Mohammed, er fühle sich besser. Lustlos banden wir die Kamele aneinander und trotteten im Dunkeln durch die Ödnis. Während wir dahinzogen, zerbarst die schwarze Hülle der Nacht zu Rissen, die wie riesige Buchstaben eines seltsamen Alphabets aussahen. Die Risse erweiterten sich zu Spalten, und die Spalten füllten sich mit einer meerblauen Flüssigkeit. Gelbe Öffnungen taten sich am Himmel auf, und die dunklen Nachtwolken lösten sich und enthüllten eine feurige, purpurrote Grundierung. Die gelben Furchen zerschmolzen wieder zu Rauchgrau, die Sonne lugte unter einem Bogen in einem Wolkenschleier hervor und durchbohrte ihn mit zwei dicken Strahlen, die hervorschossen wie die Arme eines Seesterns. Tag. Die Wüste wurde sichtbar, erhaben, primitiv, schön und nackt, nichts als formloses Reg und zerklüfteter Fels bis zum Fuß der Hügel.

Mitte des Vormittags erreichten wir eine grüne Insel, wo einige Tuareg ihr Lager aufgeschlagen hatten. Sie waren freundlich und baten uns anzuhalten. Sie brachten uns eine Schüssel salzige Kamelmilch und sagten uns, daß die Brunnen, nach denen wir suchten, Ighazer Meqqoren, ganz in der Nähe waren.

Zwei Tuareg-Jungen ritten mit uns zu den Brunnen. Einer ritt auf einem rotbraunen kastrierten Tier, der andere auf einem weißen Bullen, aber beide Tiere sahen dürr und unterernährt aus. Die Jungen saßen auf den seltsam aussehenden Tuareg-Sätteln, die aus nichts weiter als einem L-förmigen Sitz mit einer langen Rückenstütze und einem nach oben gezogenen Knauf bestanden, der in einer dreizackigen Metallkralle endete. Die Sättel sahen prunkvoll aus, aber ich wußte, daß sie für den Transport schwerer Lasten wie der unseren untauglich waren. Beide Tuareg trugen Schwerter, die über ihren Sattelrücken geworfen waren. »Ihr wollt nach Ägypten!« rief einer von ihnen aus. »Aber von Agadez aus nehmt ihr das Flugzeug, oder?« Sie schienen nicht zu glauben, daß wir mit Kamelen von Mauretanien bis hierher gekommen waren. Timbuktu war in ihren Augen schon weit genug. Bald schon folgte uns eine Prozession von Eseln. Kleine Jungen und Mädchen ritten darauf, und sie trugen Wassersäcke, die aus den Gummischläuchen von Autoreifen angefertigt waren und die nach Art der Tuareg unter den Bauch der Tiere gebunden waren. Mittags kamen wir bei den Brunnen an, und Sidi Mohammed ging alleine davon, um die Wasserhäute aufzufüllen. »Man kann ihm nicht vorwerfen, er würde seine Arbeit nicht ordentlich erledigen«, bemerkte Marinetta nach seinem Weggang. Das war richtig. Als Führer und Arbeiter war Sidi Mohammed der Beste, den wir bisher hatten. Als er zurückkam, erzählte er uns, er hätte bei ein paar Tuareg am Brunnen versucht, seine Gandourah gegen eine Ziege zu tauschen. Keiner hatte Interesse gezeigt. »Kannst du dich denn nicht einfach gedulden?« fragte Marinetta mitleidig.

»Ich brauche Fleisch so sehr«, stöhnte er. »Alle Touristen, mit denen ich zusammen war, haben aus Blechdosen wie ihr gegessen. Aber ich hätte nie gedacht, daß ich einmal jeden Tag Sardinen essen müßte!«

Am nächsten Tag trafen wir einen großspurigen Tuareg-Jugendlichen auf einem reinweißen Kamel. Er war in makellosem Weiß gekleidet und trug eine dunkle Brille. An seinem Kamel hing in einer verzierten Stofftasche ein

Transistorradio. Als ich näher kam, fiel mir sein Parfumgeruch auf. »*Mon patron*«, begann er, »gib mir etwas Tee und Zucker.« Als ich mich weigerte, fragte er mich unverblümt: »Warum nicht?« und fügte hinzu: »Es gibt jede Menge davon auf dem Markt vor euch.«

»Warum hast du dann nicht welchen gekauft?« schnitt Marinetta ihm das Wort ab. »Wir sind diejenigen, die aus der Wüste kommen.«

Vor Sonnenuntergang hatten wir die Ausläufer der Felsen von Tiguidit erreicht, und am Morgen erblickten wir die irreale Konstruktion eines Fernsehsendemasten. Er sah seltsam aus hier in der Wüste, aber in gewisser Hinsicht stimmte der Anblick mich froh. Um die Mittagszeit erblickten wir das Dorf In Gall mit seinen grauen Häusern und zwei ansehnlichen Palmenpflanzungen. Agadez lag östlich von uns, noch gute hundert Kilometer auf einer Asphaltstraße. Am Nachmittag trafen wir in In Gall ein und wurden an der Gendarmerie von drei flotten Polizisten angehalten, die unsere Laissez-passers überprüften. Ihr Chef war ein Soninke mit mächtigen Backenknochen, der sehr unnachgiebig aussah. Ich war ziemlich froh, daß wir ein offizielles Papier hatten. Er sah uns sehr langsam von oben nach unten an. Plötzlich wurde mir bewußt, was für einen merkwürdigen Eindruck wir machen mußten, zerlumpt, ungekämmt, schmutzig und maurisch-arabisch gekleidet. »Seit wann sind Sie verheiratet?« fragte er.

»Nicht schon wieder einer von denen!« stöhnte Marinetta.

»Wie ist es möglich, daß eine Frau mit zwei Männern reist? Sie verstehen schon ... Ist es nicht schwierig mit dem Sex?«

Wir waren froh, ihm zu entfliehen, und füllten unsere Girbas an einigen seichten Gräben hinter dem Ort. Von dort aus konnten wir eine neue Straße aus glänzendem Asphalt sehen, die über eine Eisenbrücke führte, und auf der anderen Seite davon ein Schild mit der Aufschrift: »Agadez 119 km.«

Drei Tage lang folgten wir der Straße, wir marschierten schnell und hielten kaum an. Rings um uns wurden die Spuren der Zivilisation immer unübersehbarer. Fetzen ausgebrannter Reifen und Trümmer von Motoren lagen auf dem befestigten Seitenstreifen. Wir waren noch immer hungrig und durstig, und die leeren Sprite- und Pepsidosen, die wir sahen, waren eine Tortur für unsere durstigen Münder, so wie die weggeworfenen Fleischdosen unseren Hunger noch mehrten. Gelegentlich fuhren Fahrzeuge an uns vorbei: ein Bauarbeitertrupp im Kipplaster und einmal ein Europäer in einem Auto mit der Aufschrift: Paris–Algier–Dakar. »Da sollten wir auch sein, Omar«, sagte Sidi Mohammed. »In einem bequemen Auto wie dem da und nicht auf diesen Kamelen. Warum quälst du dich und die kleine Mariam mit diesen Kamelen? Das werde ich nie verstehen.«

»Eines Tages wird es in einem Buch stehen«, sagte ich.

»Bah!« gab er zurück. »Bücher! Das einzige Buch, das das Lesen wert ist, ist der Koran. Das Bücherwissen ist schön und gut, aber im Leben danach nützt es dir nichts, oder?«

Wir zogen an der Straße entlang, vorbei an Tuareg-Lagern mit Hütten aus Palmwedeln und Herden gescheckter Kamele mit glänzenden weißen Augen, die laut Sidi Mohammed aus dem Aïr-Gebirge weiter nördlich stammten. Wir kamen an Brunnen vorbei, wo Tuareg magere Pferde tränkten, und einmal sahen wir in der Ferne einige Fulbe-Hirten mit breitkrempigen Hüten, die eine Parade schwarzweißer Rinder anführten und Speere trugen. Am

Abend des 6. November, kurz vor Sonnenuntergang, erblickten wir Agadez, oder zumindest das Glitzern seiner Öllagertanks auf der Kuppe eines felsigen Hügels. Wir schlugen unser Lager so weit wie möglich von der Straße entfernt auf, aber den ganzen Abend über wurden wir durch die aufjaulenden Motoren großer Lastwagen, die nach Niamey unterwegs waren, und durch ihren Abgasgestank gestört.

Als wir uns zu unserem letzten gemeinsamen Abendessen niedersetzten, fühlte ich mich wie betäubt. »Ich kann es kaum erwarten, wieder nach Mali zurückzukommen«, sagte Sidi Mohammed. »Es ist das beste Land auf der Welt, bei Gott! Das einzige Problem ist, daß die Wirtschaft nicht funktioniert und daß es von Sklaven regiert wird. Aber wenn es Projekte wie in Libyen gäbe, wo jeder Mann auf seinem eigenen Stück Land arbeitet, dann wäre es so gut. Ich hasse das Leben in der Stadt. Deine Kinder sterben, weil ihre Mütter sie nicht ernähren können. In der Wüste gibt es immer Milch. O ja, in der Stadt gibt es auch Milch, wenn du sie dir leisten kannst, aber nicht für Leute wie uns. Ganz bestimmt nicht für Weiße. Ich hasse die Stadt, aber was soll ich tun? Mein ganzes Leben war eine einzige Schinderei, bei Gott!«

Just in diesem Augenblick verkündete Marinetta, daß der Zucker aus sei. »Morgen früh werden wir keinen Zucker zum Kaffee haben«, sagte sie.

Sidi Mohammed zögerte einen Moment und ging dann zu seinem Sack hinüber. Schuldbewußt erinnerte ich mich, wie ich ihn in Tillia abgetastet hatte. »Zufälligerweise habe ich hier ein wenig Zucker«, sagte er, grinste und entblößte listig seine Zähne. »Ich habe ihn aus Timbuktu mitgebracht. Ich dachte, er würde uns noch nützlich sein vor dem Ende unserer Reise.«

Marlo Morgan

Was ist Sozialversicherung?

Noch bevor die ersten Sonnenstrahlen auf mich fallen konnten, wurde ich am nächsten Morgen von Geräuschen geweckt: Die Aborigines sammelten die wenigen Gegenstände auf, die wir am Abend zuvor benutzt hatten. Man sagte mir, daß es jetzt jeden Tag heißer werden würde, deshalb wollten wir die kühleren Morgenstunden zum Laufen nutzen. Nach einer längeren Mittagsrast würden wir dann die Wanderung in den Abend hinein fortsetzen. Ich legte mein Dingofell zusammen und reichte es dem Mann, der alles zusammenpackte. Sie verstauten die Felle so, daß man leicht wieder an sie herankommen konnte, denn während der Mittagshitze würden wir entweder einen Unterschlupf suchen oder uns eine *Wiltja*, eine Art Sonnenschutz aus Gebüsch und Unterholz, bauen. Vielleicht würde uns aber auch ein Zelt aus den zusammengelegten Schlaffellen Schatten spenden.

Fast alle Tiere meiden die glühende Sonne. Nur Eidechsen, Spinnen und Buschfliegen fühlen sich bei Temperaturen über 35 Grad Celsius noch wohl und sind aktiv. Selbst Schlangen müssen sich bei großer Hitze eingraben, da sie sonst austrocknen und sterben. Es ist gar nicht so einfach, sie rechtzeitig zu entdecken, denn wenn sie einen Menschen herankommen hören, stecken sie ihren Kopf aus dem sandigen Boden, um nach der Ursache für die

Vibrationen zu suchen. Glücklicherweise wußte ich damals noch nicht, daß es in Australien über zweihundert verschiedene Schlangenarten gibt, von denen über siebzig giftig sind. An jenem Tag erlebte ich jedoch zum ersten Mal, welch wunderbares Verhältnis die Aborigines zur Natur haben. Bevor wir zu unserer Tageswanderung aufbrachen, stellten wir uns dichtgedrängt in einem Halbkreis auf, dem Osten zugewandt. Der Stammesälteste trat in die Mitte und stimmte einen Gesang an. Dann fielen alle in einen einheitlichen Rhythmus ein; einige klatschten in die Hände, andere stampften mit den Füßen oder schlugen sich auf die Schenkel. Das alles dauerte ungefähr fünfzehn Minuten. Diese Zeremonie wiederholten sie jeden Morgen, und mir war bald klar, daß sie ein wichtiger Bestandteil ihres Gemeinschaftslebens war. Es war eine Art Morgengebet, die Konzentration auf die Mitte, die Festsetzung des gemeinsamen Tagesziels – wie immer man es nennen möchte. Dieses Volk ist der Überzeugung, daß es für die Existenz aller Dinge auf Erden einen Grund gibt. Alles hat seinen Sinn, alles paßt zueinander, es gibt keine Mißbildungen oder Zufälle. Es gibt nur Mißhelligkeiten und Rätsel, deren Lösung dem sterblichen Menschen noch nicht gelungen ist.

Das Königreich der Pflanzen hat den Daseinszweck, Menschen und Tieren Nahrung zu spenden und den Boden zusammenzuhalten. Es hat sich der Schönheit und dem Gleichgewicht in der Atmosphäre verpflichtet. Sie erklärten mir, daß die Pflanzen und Bäume uns Menschen ein stilles Lied singen, und sie bitten uns lediglich, daß auch wir für sie singen. Mein wissenschaftlicher Verstand bezog dies sofort auf die Vorgänge der Fotosynthese in der Natur. Es ist nicht der erste Daseinszweck des Tieres, dem Menschen Nahrung zu spenden, aber wenn erforderlich, so fügt es sich in diese Notwendigkeit. Auch das Tier soll für das Gleichgewicht in der Atmosphäre sorgen und uns Gefährte und – durch sein Vorbild – Lehrer sein. Deshalb entsendet der Stamm jeden Morgen einen Gedanken oder eine Botschaft an die Tiere und Pflanzen in der Gegend, die sich vor uns ausbreitet. Sie sagen: »Wir gehen euren Weg. Wir kommen, um eurem Daseinszweck Ehre zu erweisen.« Dann ist es Sache der Pflanzen und Tiere, unter sich auszumachen, wer gewählt wird.

Der Stamm der »Wahren Menschen« bricht immer ohne Nahrung auf. Auf mentale, wortlose Weise sind sie immer mit dem Universum in Kontakt. Sie glauben, daß überall in der Welt Überfluß herrscht. Wir »Veränderten« mögen dem Talent und der Lebensaufgabe eines Pianisten Anerkennung zollen, indem wir uns zusammenfinden und ihm zuhören. Im Prinzip machen die »Wahren Menschen« mit allen Erscheinungen in der Natur nichts anderes. Kreuzte eine Schlange unseren Weg, dann tat sie das ganz offensichtlich, um sich als Essen zur Verfügung zu stellen. Die tägliche Mahlzeit war ein ganz wichtiger Bestandteil unserer abendlichen Zeremonien. Ich lernte, daß das Auftauchen von Nahrung nicht als selbstverständlich betrachtet wurde. Man bat erst darum, aber man ging davon aus, daß sich auch etwas ergeben würde – und es geschah immer. Man nahm die Nahrung dankbar entgegen und vergaß nie, gebührend dafür zu danken. Jeden neuen Tag beginnt der Stamm damit, der Großen Einheit für diesen Tag zu danken; für ihr Leben, ihre Freunde, für die Welt. Manchmal haben sie besondere Bitten, aber sie formulieren sie immer so: »... wenn es zu meinem Besten und zum Besten allen Lebens auf der Welt ist.«

Nach der ersten Morgenversammlung im Halbkreis wollte ich Ooota klarmachen, daß es jetzt an der Zeit sei, mich zum Jeep zurückzubringen, doch ich fand ihn nirgendwo. Schließlich freundete ich mich mit dem Gedanken an, noch einen weiteren Tag durchzustehen.

Der Stamm hatte keinerlei Proviant dabei. Sie bauten kein Getreide an und ernteten auch nichts. Sie zogen durch den glühenden australischen Busch und wußten, daß die Erde sie Tag für Tag mit ihren üppigen Gaben segnen würde. Und die Erde hat sie nie enttäuscht.

An diesem ersten gemeinsamen Morgen in der Wüste nahmen wir kein Frühstück zu uns, und ich fand bald heraus, daß dies normal war. Manchmal aßen wir abends; wann immer jedoch etwas Eßbares auftauchte, verspeisten wir es ungeachtet des Sonnenstandes. Oft aßen wir mal hier einen Bissen und mal da und nahmen den ganzen Tag keine normale Mahlzeit, wie wir sie kennen, zu uns.

Wasser trugen wir in mehreren Blasen bei uns. Ich weiß, daß ein Mensch zu ungefähr siebzig Prozent aus Wasser besteht und unter idealen Bedingungen mindestens anderthalb Liter Flüssigkeit am Tag zu sich nehmen sollte. Die Aborigines, so beobachtete ich, brauchten viel weniger, denn sie tranken weniger als ich. Sie griffen nur äußerst selten zu den Wasserbehältern. Ihre Körper schienen die in der Nahrung enthaltene Flüssigkeit optimal zu verwerten. Sie glauben, daß wir »Veränderten Menschen« viele Abhängigkeiten mit uns herumschleppen, und die Sucht nach Wasser ist eine davon.

Die Aborigines benutzten das Wasser, um zu den Mahlzeiten etwas einzuweichen, das wie abgestorbenes und verdorrtes Unkraut aussah. Die braunen Strünke schienen völlig tot und ausgetrocknet zu sein, als man sie ins Wasser steckte, aber wenn sie wieder herausgezogen wurden, ähnelten sie wunderbarerweise frischem grünen Stangensellerie.

Sie fanden auch da noch Wasser, wo es wirklich keinerlei Anzeichen für Feuchtigkeit mehr gab. Manchmal legten sie sich auf die sandige Erde, um das Wasser darunter besser hören zu können, oder sie hielten auf der Suche nach Wasser die Handflächen über den Boden. Sie steckten lange, hohle Rohrgräser in die Erde, saugten am oberen Ende und schufen so Miniaturspringbrunnen. Das Wasser war sandig und hatte eine dunkle Farbe, aber es schmeckte sauber und erfrischend. Die Stammesmitglieder konnten aus den Dunstwolken am Himmel erkennen, ob es in der Ferne Wasser gab. Sie rochen und spürten es sogar in der Luft. Jetzt weiß ich auch, warum bei den Expeditionen ins australische Landesinnere so viele Menschen so bald umkommen: Man braucht das spezielle Wissen eines Ureinwohners, um in dieser Wüste überleben zu können.

Als wir uns einmal Wasser aus einer Felsspalte holten, brachten sie mir bei, wie man sich einem Ort nähert, ohne ihn mit dem menschlichen Geruch zu vergiften und die Tiere abzuschrecken. Denn schließlich war es auch ihr Wasser; die Tiere hatten genausoviel Recht darauf wie die Menschen. Der Stamm bemächtigte sich nie des gesamten Wasservorrats, egal wie knapp unsere Reserven auch sein mochten. An jedem Wasserloch benutzten sie die gleiche Stelle, um zu trinken, und alle Tierarten schienen derselben Regel zu folgen. Nur die Vögel ignorierten diese Zugangsregelung und fühlten sich beim Trinken, Herumplanschen und sorglosen Exkrementieren einfach überall wohl.

Die Stammesmitglieder konnten mit einem Blick auf den Wüstenboden sagen, welche Tiere in der Nähe lebten. Von Kindheit an lernen sie, alles genau zu beobachten, und deshalb erkennen sie sofort die Spuren von irgendwelchen laufenden, hüpfenden oder kriechenden Kreaturen im Sand. Der Anblick der Fußabdrücke der Stammesmitglieder ist ihnen so vertraut, daß sie nicht nur auf der Stelle die zugehörige Person identifizieren können, sondern sie erkennen auch an der Länge der Schritte, ob es diesem Menschen gutgeht oder ob er nur langsam vorankommt, weil er krank ist. Die kleinste Abweichung im Bild der Fußspur kann ihnen verraten, wohin der betreffende Wanderer wahrscheinlich geht. Ihr Wahrnehmungsvermögen ist viel besser ausgeprägt als das von Menschen, die in anderen Kulturen aufgewachsen sind. Ihr Hör-, Seh- und Geruchssinn scheint fast übermenschlich zu sein. In den Fußabdrücken verbergen sich Vibrationen, die viel mehr verraten als das, was man im Sand sieht. Später erfuhr ich, daß es Aborigine-Spurensucher gibt, die aus Reifenabdrücken nicht nur das Tempo eines Autos ablesen können, sondern auch das Fabrikat, den Tag und die Uhrzeit, zu der es vorbeifuhr, sowie die Anzahl der Passagiere.

Während der nächsten Tage aßen wir verschiedene Zwiebel- und Knollengewächse und Gemüse, die unter der Erde wuchsen, ähnlich unseren Kartoffeln oder Yamswurzeln. Sie mußten eine Pflanze nicht erst aus dem Boden ziehen, um zu erkennen, ob sie reif war. Sie ließen einfach ihre Hände über der Pflanze kreisen und sagten: »Diese hier wächst noch, sie ist noch nicht fertig« oder »ja, diese hier ist soweit, daß sie gebären kann«. Für mich sahen sie alle gleich aus, und nachdem ich mehrere einfach herausgezogen hatte, nur um zuzusehen, wie sie wieder eingepflanzt wurden, beschloß ich, besser zu warten, bis man mir sagte, welche Pflanzen ich nehmen konnte. Sie erklärten mir dieses Phänomen mit derselben Kraft, wie sie ein Wünschelrutengänger einsetzt, eine Fähigkeit, über die nach ihrer Meinung alle Menschen verfügen. Weil die

Menschen in unserer Gesellschaft aber nicht ermutigt werden, auf die eigenen, intuitiven Eingaben zu horchen und diese vielmehr als übermenschlich, ja vielleicht sogar böse mißbilligt werden, mußte ich erst wieder erlernen, was eigentlich eine meiner natürlichen Gaben hätte sein sollen.

Schließlich lehrten sie mich, die Pflanzen zu fragen, ob sie soweit waren, ihren Daseinszweck erfüllen zu können. Ich bat die Erde um Erlaubnis und hielt dann meine Handflächen über die Pflanze. Manchmal spürte ich Hitze, und manchmal, wenn ich sie über eine reife Pflanze hielt, schien ein unkontrollierbares Zucken durch meine Finger zu gehen. Als ich diese Kunst endgültig beherrschte, spürte ich, daß ich in der Anerkennung der Stammesmitglieder einen riesigen Schritt nach vorne gemacht hatte. Für sie schien dies zu bedeuten, daß ich etwas weniger degeneriert war und mich allmählich zu einem »Wahren Menschen« entwickelte.

Es war wichtig, daß wir nie das gesamte Beet einer Pflanze aberntеten. Sie ließen immer genug zurück, um neues Wachstum zu ermöglichen. In erstaunlichem Maße war sich dieses Volk einer Sache bewußt, die sie das Lied oder die stimmlosen Geräusche der Erde nannten. Sie erspüren die Botschaften, die von ihrer Umwelt ausgesendet werden. Mit einer einzigartigen Technik werden diese Botschaften entschlüsselt, worauf sie dann entsprechend handeln. Es ist, als hätten die »Wahren Menschen« einen winzig kleinen himmlischen Empfänger, über den sie die Botschaften des Universums auffangen.

An einem der ersten Tage durchquerten wir einen ausgetrockneten See. Der Boden war an vielen Stellen in weiten, unregelmäßigen Furchen aufgebrochen, und die so entstandenen einzelnen Erdschollen hatten gewellte

Ränder. Der weiße Lehm wurde von mehreren Frauen eingesammelt und später zu einem feinen Farbpuder verarbeitet.

Die Frauen trugen lange Stöcke bei sich, mit denen sie in dem harten Lehmboden herumstocherten. Fast einen Meter unter der Erdoberfläche stießen sie auf Feuchtigkeit und förderten dann kleine runde Schlammbälle zutage. Als sie den Dreck entfernt hatten, kamen zu meiner Überraschung Frösche zum Vorschein. Offensichtlich überleben diese Tiere das Austrocknen ihrer Wasserstelle, indem sie sich tief in die Erde eingraben. Selbst in gebratenem Zustand waren sie noch immer saftig und schmeckten ähnlich wie eine Hähnchenbrust. In den nächsten Monaten präsentierte sich uns ein breites Angebot an Speisen, dem wir in den täglichen Zeremonien zum Preis allen Lebens huldigten. Wir verspeisten Känguruhs, Wildpferde, Eidechsen, Schlangen, Käfer, Würmer und Maden in allen Größen und Farben, Ameisen, Termiten, Ameisenbären, Vögel, Fische, Samen, Nüsse, Obst und unzählige Pflanzen – und einmal sogar ein Krokodil.

An jenem ersten Morgen kam eine Frau auf mich zu. Sie entfernte das vor Schmutz starrende Band aus ihrem Haar, hob mein langes Haar über meinen Nacken und steckte es mir mit Hilfe des Bandes hoch. Ihr Name war »Seelenfrau«. Anfangs war mir nicht klar, was sie mit Seelen zu tun hatte und ob sie mit ihnen in Verbindung trat, aber nachdem wir gute Freundinnen geworden waren, wußte ich, daß sie mit meiner Seele Verbindung aufgenommen hatte.

Ich konnte nicht mehr sagen, wie viele Tage und Wochen wir schon unterwegs waren – ich hatte kein Zeitgefühl mehr. Ich gab es auf, darum zu bitten, mich zum Jeep zurückzubringen. Es war aussichtslos, und außerdem schien etwas ganz anderes zu geschehen. Sie hatten einen bestimmten Plan. Offensichtlich durfte ich zu diesem Zeitpunkt noch nicht wissen, worum es ging. Meine Kraft, meine Reaktionen und meine persönlichen Ansichten wurden immer wieder überprüft. Warum, wußte ich nicht. Ich fragte mich, ob Menschen, die weder schreiben noch lesen können, vielleicht eine ganz eigene Methode zur Leistungsüberwachung entwickeln.

An manchen Tagen wurde der Sand so heiß, daß ich meine Füße buchstäblich hören konnte! Sie zischten wie Fleisch in einer Bratpfanne. Nachdem die Blasen abgetrocknet und verhärtet waren, bildete sich an meinen Fußsohlen langsam eine Art Huf.

Mit der Zeit schwang sich mein Durchhaltevermögen zu erstaunlichen Höhen auf. Da ich weder Frühstück noch Mittagessen einnahm, lernte ich, mich an den verschiedenen Natureindrücken zu laben. Ich sah, wie Eidechsen Wettrennen veranstalteten und Insekten ihrer Körperpflege nachgingen. Am Himmel und in den Steinen entdeckte ich Bilder.

Die Aborigines zeigten mir in der Wüste viele heilige Stätten. Fast alles schien irgendwie heilig zu sein: Felsenformationen, Hügel, Schluchten und sogar ausgetrocknete Wasserlöcher. Unsichtbare Linien markierten die Grenzen zu den Territorien, die früher von anderen Stämmen beansprucht worden waren. Sie demonstrierten mir, wie sie Entfernungen maßen, nämlich indem sie Lieder mit ganz bestimmten Details und in vorgegebenen Rhythmen sangen. Einige Lieder hatten gut hundert Strophen. Jedes Wort mußte entsprechend den Vorgaben ausgesprochen und jede Pause exakt eingehalten werden. Improvisation oder das Auslassen vergessener Strophen kam nicht in Frage, da diese Lieder wirklich die Funktion von Meterstäben haben. Sie sangen uns sozusagen von einem Ort zum anderen. Ich konnte diese »songlines« lediglich mit einer Methode vergleichen, die ein blinder Freund von mir zum Abmessen von Entfernungen entwickelt hatte. Die Aborigines weigern sich, eine Schriftsprache zu benutzen, weil das ihrer Meinung nach dem Gedächtnis seine Kraft nimmt. Nur durch ständige Übung und Forderung könne man die bestmöglichen Gedächtnisleistungen erzielen.

Der Himmel über uns blieb Tag für Tag unverändert pastellblau und wolkenlos und variierte nur leicht in den Schattierungen. Das grelle Mittagslicht wurde vom leuchtenden Sand reflektiert. Es strapazierte und stärkte gleichzeitig meine Augen, die zu Einlaßtoren für den Fluß einer ganz neuen Sehkraft wurden.

Viele Dinge lernte ich erst jetzt richtig schätzen, weil ich sie nicht mehr als selbstverständlich hinnahm: das Gefühl der Erneuerung und Erfrischung nach der Nachtruhe, das wirkliche Stillen meines Durstes mit nur wenigen Schlucken Wasser und die ganze Breite der Geschmacksrichtungen zwischen süß und sauer. Mein ganzes Leben lang hatte ich mir Sorgen um die Sicherheit meines Arbeitsplatzes gemacht, mir überlegt, ob ich mich für den Fall einer Inflation absichern, Immobilien kaufen und für meinen Ruhestand sparen sollte. Die einzige Sicherheit hier draußen war der ewige Zyklus von Morgendämmerung und Sonnenuntergang. Bei diesen Menschen, die – zumindest was meine Standards betraf – überhaupt nicht abgesichert waren, gab es erstaunlicherweise weder Magengeschwüre, Bluthochdruck noch Herz-Kreislauf-Erkrankungen.

Überall, selbst in den eigenartigsten Dingen, begann ich die Schönheit und Einheit allen Lebens zu erkennen. In einem Schlangennest bewegten sich etwa zweihundert Tiere, ein jedes vom Umfang meines Daumens. Sie bildeten in ihren schlängelnden Bewegungen ein lebendiges, sich ständig veränderndes Muster, wie man sie auf den reichverzierten Vasen in den Museen findet. Ich hatte Schlangen immer gehaßt. Jetzt erkannte ich, daß sie für das Gleichgewicht der Natur notwendig waren und wir ohne sie nicht überlebt hätten. Weil kaum jemand diese Kreaturen liebevoll akzeptieren kann, sind sie zum Gegenstand von Darstellungen in Kunst und Religion geworden. Niemals hätte ich mir vorstellen können, daß ich mich auf ein Gericht aus geräuchertem oder sogar rohem Schlangenfleisch freuen würde, aber irgendwann tat ich es. Ich lernte, wie wertvoll die Feuchtigkeit sein kann, die in jedem Essen enthalten ist.

Im Lauf der Monate erlebten wir alle Temperaturextreme. Am ersten Abend hatte ich das mir zugeteilte Fell als Matratze benutzt, aber als die kalten Nächte einsetzten, wurde es zur Decke. Die meisten von uns lagen eng aneinandergeschmiegt auf dem blanken Boden. Sie holten sich die Wärme lieber von einem anderen Körper als vom nahen Feuer. In den kältesten Nächten wurden zahlreiche Feuerstellen gebaut. Früher hatte der Stamm oft gezähmte Dingos auf seine Wanderungen mitgenommen, die bei der Jagd halfen, treue Gefährten waren und in den kalten Nächten Wärme spendeten. Daher kommt wohl auch der Ausdruck »Hundekälte«.

Oft lagen wir abends so am Boden, daß wir mehrere Kreise bildeten. Auf diese Weise hatten wir mehr von unseren Decken, und in den Menschentrauben schien sich die Körperwärme des einzelnen viel besser speichern und weitergeben zu lassen. Wir gruben kurze Gräben in den Boden, in die wir heiße Kohlen gaben, welche wir mit einer Sandschicht bedeckten. Die eine Hälfte der Felle legten wir unter uns, mit der anderen deckten wir uns zu. Jeweils zwei Menschen teilten sich so einen »Kohlengraben«. Unsere Füße trafen sich in der Mitte des Kreises.

Ich weiß noch, wie ich mein Kinn auf beide Hände stützte und in den unendlichen Himmel über mir blickte. Ich erspürte das innerste Wesen dieses wunderbaren, reinen, unschuldigen und liebenswerten Volkes. Würde jemand vom Kosmos dort oben auf uns herabblicken, sähe er lauter Seelen, die in gänseblümchenartigen Kreisen zusammenlagen, und zwischen zwei Körpern leuchtete jeweils ein winziges Feuer. Es mußte ein wunderschöner Anblick sein.

In diesen Kreisen berührten sich zwar nur die Zehen der Menschen, aber jeden Tag wurde mir klarer, wie ihr Bewußtsein seit Anbeginn der Zeiten das allumfassende Bewußtsein der Menschheit berührt hatte.

Jetzt begann ich auch zu verstehen, weshalb sie mich ganz ohne Umschweife als »Veränderte« bezeichneten, und ich dankte ihnen ebenfalls ganz offen dafür, daß sie es mir ermöglichten, aus diesem Zustand zu erwachen.

Anne Spoerry

In der Wüste als fliegende Ärztin

Es ist bereits fünfzehn Uhr, als mein Start von Laisamis Hunderte Esel und Schafe aufscheucht und entsetzt davongaloppieren läßt. Die zweite Etappe bis Marsabit ist ein Katzensprung, in zwanzig Minuten achtzig Kilometer über die Kaisut-Wüste. Die letzten ringförmigen Dorneneinfriedungen um die *Manyattas*, wie man die Samburudörfer nennt, weichen den aufgebrochenen Kegeln alter Krater. Die Einförmigkeit der Steinwüste wird nur von Basaltzungen unterbrochen. Es mag ein Klischee sein, aber der Begriff Mondlandschaft geht einem immer wieder durch den Kopf, wenn man diese Gegend beschreiben will.

Dennoch leben hier Menschen: Rendille, die aus Somalia stammen und sich in jeder Hinsicht von den Samburu unterscheiden. Jene bauen Hütten aus Flechtwerk und getrocknetem Lehm und verlassen sie, wenn es an der Zeit ist, weiterzuziehen; die Rendille hingegen transportieren ihre Zelte aus geflochtenen Pflanzenfasern und Häuten samt Holzgerüsten auf dem Rücken von Kamelen. Jedes der Tiere kann pro Tag achtzig Kilogramm sechzig Kilometer weit tragen. Das Kamel ist nicht nur Transportmittel, sondern auch Nahrungsquelle; es liefert Milch und Blut, das den Tieren durch einen Schnitt in die Halsschlagvene abgenommen wird.

Marsabit – Wunder oder Fata Morgana? Am Rande der menschenfeindlichen Kaisut-Wüste taucht eine Oase auf: ein hoch aufragender Vulkan, an dessen Hängen sich die Wolken brechen. An den steilen Bergflanken wachsen alle Spielarten der afrikanischen Flora. Dichte Wälder umschließen grünliche Kraterseen, die sogenannten *Gofs*. Der größte dieser *Gofs* wird der Paradiessee genannt; früher habe ich dort gebadet, aber ich hüte mich davor, seit eine Freundin sich dabei eine schwere Bilharziose zugezogen hat. Die Krankheit wird von den Pavianen übertragen, die sich oft an diesen Seen aufhalten.

Die häufigen Regenfälle und eine üppige Vegetation haben dem Reservat Marsabit einen reichen Wildtierbestand beschert und es zu einem Paradies für Zoologen gemacht. Um 1900 gegründet, ist es heute der älteste Nationalpark Kenias. Seine »Insellage« inmitten der Wüste erleichtert die Überwachung und hält die Wilderer ab. So konnte hier der berühmte Ahmed, ein riesiger, uralter Elefant, ein schönes Leben führen. Seine gewaltigen Stoßzähne, jeder etwa siebzig Kilo schwer, müssen damals, als die Elfenbeinjäger ihre Massaker begannen, große Gier erweckt haben. Auf Betreiben eines meiner Freunde, des Filmemachers Christian Zuber, wurde eine Kampagne zum Schutz Ahmeds ins Leben gerufen; aus aller Welt langten Tausende Bittschreiben bei Präsident Kenyatta ein, der schließlich beschloß, den Elefanten als Nationaldenkmal unter entsprechenden Schutz zu stellen. Ahmed starb 1974 eines natürlichen Todes, im Bett sozusagen, und heute sind sein Skelett und eine Kunststoffnachbildung seines Körpers die große Attraktion im Museum von Nairobi. Und im Wald von Marsabit hat Ahmed Nachfolger gefunden, die von bewaffneten Rangern Tag und Nacht auf Schritt und Tritt bewacht werden.

Hin und wieder habe ich mir in einer »Lodge«, einem Hotel im Nationalpark, ein paar schöne Tage gemacht. Von meinem Zimmer aus konnte ich im dichten Nebel Kudus sehen – große, gestreifte Antilopen mit spiralförmigen Hörnern –, die bei Anbruch der Dämmerung zum Trinken kamen. Während der Trockenzeit näherten sich Löwen, in der Regenzeit Paviane und Büffel. Ich erinnere mich auch noch an die tiefen Brunnen, aus denen sich die Menschen, auf verschiedenen Absätzen des Schachtes postiert, unter Chorgesängen die Wassereimer heraufreichten. Von dieser Sitte rührt die Bezeichnung »singende Brunnen« für solche Wasserstellen her.

In Marsabit dominiert keine ethnische Gruppe; wenn eine schlimme Dürreperiode droht, suchen alle Stämme des Nordens hier Zuflucht. Dann vergessen sie ihre Streitigkeiten und wahren den »Wasserfrieden«; es entsteht eine Art offene Stadt, eine neutrale Zone. Turkana und Somal verkaufen Waren, Samburu und Boran bestellen die Berghänge, Rendille und Gabbra bieten ihr Vieh auf den Märkten feil. Das Gesetz der Not läßt hier die Stammesschranken fallen. Dieses ungewöhnliche, erstaunliche Beispiel gibt denen Hoffnung, die sich über die Zukunft Kenias und einen Zusammenschluß der Stammesgemeinschaften Gedanken machen. Ich setze zum Anflug auf die Stadt an. Zu meiner Rechten wird der Himmel schon ganz schwarz: Aus Osten droht ein schwerer Sturm. Wenn es in Marsabit gerade nicht regnet, dann steht doch meist Regen bevor. An einem solchen Ort muß man vorsichtig landen. Vor einigen Jahren ist hier ein Postflugzeug an einem Hang zerschellt: Dem Piloten war gesagt worden, er solle sehr niedrig unter der Wolkendecke fliegen und einer Straße folgen, um direkt zum Landeplatz zu gelangen. Das tat er auch – aber es war nicht die richtige Straße.

Sobald eine bewegte Luftmasse auf ein Gebirgsrelief trifft, kommt es zum unangenehmen Phänomen des Steigungsregens: Mit zunehmender Höhe kondensiert die Luftfeuchtigkeit plötzlich zu Regentropfen. Das darf man als Pilot auch am Äquator nicht vergessen. Zum Glück hat der Flughafen von Marsabit eine Asphaltpiste, die nicht so leicht überschwemmt wird; dort kann man zwischen zwei Regengüssen in aller Eile landen. Ich bin kaum fünf Minuten am Boden, als auch schon die Sintflut hereinbricht. Eine gute Stunde lang muß ich im Schutz der Flugzeugkabine ausharren, während die Leute vom Krankenhaus, die gekommen sind, um ihre Medikamentenkoffer abzuholen, unterdessen im Auto bleiben. Normalerweise besuche ich das Krankenhaus von Marsabit nicht; es untersteht der Regierung und hat sein eigenes medizinisches Personal; wir schalten uns nur bei größeren Operationen oder Nottransporten ein. Heute ist das nicht nötig; um so besser.

Während die letzten Tropfen fallen, nähert sich ein mit Benzinkanistern beladener Polizei-Jeep. Das Flugzeug muß aufgetankt und mit zusätzlichen Reservekanistern beladen werden, denn dort, wo ich jetzt hinfliege, gibt es keinen Sprit. Das Auffüllen überwache ich lieber persönlich, denn wenn nur wenige Tropfen Wasser in den Tank geraten, bekommt man garantiert Probleme über dem freien Feld – einem wirklich sehr, sehr freien Feld. Um die jungen, ungeschickten Soldaten nicht nervös zu machen, zügle ich meine Ungeduld, aber ich werde schon langsam unruhig: In weniger als zwei Stunden ist es Nacht, und ich muß heute noch Sololo an der äthiopischen Grenze erreichen.

Es ist schon siebzehn Uhr, als ich endlich starten kann. Nach einem vierzigminütigen Flug über die Wüste, wo die schwachen Schatten der Sträucher bereits immer länger werden, lande ich in Sololo. Die gut gepflegte Graspiste ist ein großer Luxus für das ganz verloren am Fuß der ersten Berge Äthiopiens liegende Dorf; sie ist der Polizei zu verdanken, die hier einen Stützpunkt zur Überwachung der Grenze und zur Bekämpfung des Viehdiebstahls unterhält – ein beliebter Zeitvertreib in dieser Region, die von den Boran, einem Hirten- und Bauernvolk, bewohnt wird.

Es ist bereits dunkel, als das Empfangskomitee, lauter junge Burschen, mein Flugzeug umringt. Nicht ihrer Gesundheit zuliebe sind sie so pünktlich, sondern wegen der Zeitungen, die ich ihnen regelmäßig mitbringe. Sie lesen Englisch und sind ganz begierig auf die Neuigkeiten aus aller Welt, selbst wenn sie schon einige Wochen alt sind.

Im Krankenhaus der katholischen Mission werde ich von einigen jungen italienischen Ärzten begrüßt. Silvio ist Orthopäde und hat hier vor zwei Jahren als Mitarbeiter der Station seinen Militärdienst abgeleistet. Da ihm das Abenteuer so gut gefiel, ist er mit seiner Frau Teresa, einer Diabetologin, und ihrem kleinen Sohn zurückgekommen.

Beim Abendessen, bei dem wir uns auch am von mir mitgebrachten Gemüse und Wein delektieren – ein langentbehrter Luxus für die Bewohner der Station –, schildert mir Silvio seine Probleme. Sein Krankenhaus mit hundert Betten hat zwar einen Operationssaal, aber er hätte gern öfter einen Anästhesisten und einen Spezialisten für rekonstruktive plastische Chirurgie.

Er hat es nicht einfach in dieser Region; das Leben der Boran ist kein Zuckerschlecken. Die Strauchdiebe aus Äthiopien geben sich nicht damit zufrieden, über das Vieh herzufallen, sondern sie lassen auch häufig Menschen mit Schußverletzungen zurück – oder kastrierte Jungen. Das staatliche Krankenhaus in der Nachbarstadt Moyale funktioniert fast überhaupt nicht mehr, also kommen alle, einschließlich der äthiopischen Flüchtlinge, nach Sololo. Vor kurzem sind überdies vierzig Kinder an den Masern gestorben, und seither drängen die Mütter darauf, daß ihre Kleinen geimpft werden. Ich habe Silvio eine große Ladung Serum mitgebracht.

Als ich mich am nächsten Morgen im Krankenhaus einfinde, treten eben aus der Dämmerung die hohen Hügel hervor: ein herrliches Panorama. Silvio stellt mir einige Kinder vor, die an einer Art Tuberkulose der Wirbelsäule leiden; dabei wird das Rückenmark gequetscht, was die Kranken bewegungsunfähig macht. Diese kleinen Geschöpfe, steif wie Schneiderpuppen, bieten einen mitleiderregenden Anblick. Die Behandlung mit Antibiotika zeigt zwar Erfolg, aber sie muß frühzeitig begonnen werden, und oft ist ein chirurgischer Eingriff nötig, eine Drainage. Die Krankheit wird verschwinden, wenn wir es geschafft haben, alle Kinder mit BCG zu impfen. Aber wann wird das sein? Dann, wenn die praktische Anschauung endlich alle Mütter überzeugt haben wird und wenn sie den Weg durch die Wüste zu den Krankenstationen auf sich nehmen. Silvio wird es vielleicht noch erleben.

»Sehen Sie sich all diese Kinder mit Brandverletzungen an. Ich sag's Ihnen noch mal, Anne, wir brauchen plastische Chirurgie.«

Natürlich hat er recht. Die Kinder schlafen dicht neben dem Feuer, neben den Kochtöpfen mit der brodelnden Suppe. Täglich sehe ich verschrumpelte kleine Gliedmaßen, zerstörte Gesichter. Es ist eine so weit verbreitete Tragödie, daß wir unter anderem ihr die Existenz der AMREF zu verdanken haben, waren es doch Spezialisten für plastische und rekonstruktive Chirurgie, die sie gegründet haben. Vor fünfunddreißig Jahren haben sie Kapital, ihr Wissen und ihren Ruf eingesetzt, um solche kleinen Knirpse wieder zusammenzuflicken und ihnen zu einem erträglichen Aussehen zu verhelfen.

»Und hier, sieht das nicht nach AIDS aus?«

Silvio zeigt mir einen ausgemergelten Jugendlichen mit dem Körper einer kränklichen Gazelle. Noch eine Blutprobe, die nach Nairobi geht.

»Wir müssen die Möglichkeit bekommen, hier HIV-Tests durchzuführen, Anne. Über Nairobi dauert das zu lange.« Silvios und Teresas Enthusiasmus gibt mir die Hoffnung, daß die Nachfolge gesichert ist. Ich glaube nicht, daß ihre Energie im Sand versickern oder ihr Einsatzwille in der Sonne schmelzen wird. Sie werden sich nicht im Lauf der Jahre von Hoffnungslosigkeit und Enttäuschung besiegen lassen, wie ich es in Afrika schon so oft erlebt habe.

Besucher, die ich zum erstenmal in die Wüstengebiete im Norden mitnehme, sind überrascht, dort Missionsstationen vorzufinden, da sie darin ein Überbleibsel aus der Kolonialzeit sehen, als Missionare versuchten, die Eingeborenen zu evangelisieren und in den Schoß der Kirche »heimzuführen«. Aber genau das Gegenteil ist der Fall: Diese Missionsstationen sind erst vor kurzem entstanden; ich selbst habe ihre Geburt nach der Unabhängigkeitserklärung von 1963 miterlebt. Die britischen Kolonialherren waren eher dagegen, daß missioniert wurde, sollten doch ihrer Ansicht nach die eingeborenen Völker ihre Kultur bewahren und nicht durch die Sitten und den Glauben Europas »verdorben« werden. Man erinnere sich nur an das Geschrei, das Karen Blixen auslöste, als sie es sich in den Kopf setzte, die kleinen Kikuju auf ihrer Farm zu erziehen: »Sie wollen wohl kleine Engländer aus ihnen machen?«

Diese Doktrin hatte natürlich ihren guten Grund: Je weniger die *natives* Bescheid wußten, desto leichter konnten die Weißen ihre Oberherrschaft aufrechterhalten.

Als die Engländer fort waren, trat Bischof Cavalero auf den Plan, ein rüstiger, stämmiger und unermüdlicher Römer, der bereits die Sechzig überschritten hatte. Die Italiener haben eine besondere Vorliebe für diese Region Ostafrikas, in der sie einst Äthiopien und einen Teil Somalias kolonisierten. Cavalero wollte überall präsent sein und bedrängte Kommissare und Bezirksräte, bis er schließlich bei Kenyatta die Abschaffung der alten Beschränkungen aus der Kolonialzeit erreichen und seinen Traum verwirklichen konnte, den christlichen Glauben zu verbreiten.

Sololo ist ein gutes Beispiel für seine Methode. Er ging zu den Oberen des Ortes, die – ein pikantes Detail – größtenteils Moslems waren.

»Ihr wollt einen Arzt und ein Krankenhaus? Ja, ich kann euch eines bauen. Aber wir benötigen Krankenschwestern, und das werden dann Ordensschwestern sein. Wenn sie sich hier niederlassen, brauchen sie einen Priester, der ihnen die Messe liest. Also bauen wir eine Kirche, eine Mission und dann das Krankenhaus.«

1966 begann Cavalero mit seinen Arbeiten. Man sah den Bischof höchstpersönlich sich in der zementbespritzten Latzhose abrackern. Er baute das Haus für die Patres, die Kirche, das Haus für die Schwestern und endlich auch das Krankenhaus, das 1968 fertig wurde, groß, schön, makellos. 1969 stand es immer noch leer, ohne Arzt und ohne Patienten.

Wir sind uns einmal bei einem Treffen von nichtstaatlichen Organisationen des Bezirks mit Regierungsvertretern begegnet, bei dem der medizinische Fortschritt in der

Region beurteilt werden sollte. Man fragte Cavalero, ob sein Krankenhaus gut funktioniere. Er bejahte und sah mir dabei direkt in die Augen, als wolle er sagen: »So, und jetzt behaupte, ich sei ein Lügner.«

»Sind Sie sicher?« fragte ich ironisch, und man wechselte diplomatisch das Thema.

Ich wußte genau, daß das Krankenhaus sein geringstes Anliegen war, eine simple Ausrede für seine missionarischen Aktivitäten. Auch heute noch kommen die Mittel für die Krankenstation in Sololo nicht von der Kirche: Die Patienten zahlen einen kleinen Beitrag, die Schwestern sind Nonnen, die von ihrem Orden entsandt wurden, und die Ärzte werden von einer privaten Organisation gestellt, dem »Comitato Collaborazione Medico« in Turin.

Nun galt es natürlich auch die riesige Kirche zu füllen – mitten unter Moslems und Animisten keine leichte Aufgabe. Dafür war Pater Davoli, ein kräftiger Bauer aus dem Piemont, zuständig. Er ließ sich gebrauchte Kleidung schicken, kaufte Werkzeuge, Äxte und Hacken und verteilte all diese Geschenke nach der Messe, in der Hoffnung, die Menschen dadurch anzulocken. Man sah ganze Händlerfamilien zum Gottesdienst eilen, und bereits am nächsten Tag standen die schönen Geschenke Pater Davolis in den Läden des Ortes zum Verkauf.

Rüdiger Nehberg

Zu Fuß durchs australische Outback

Bush Tucker – Buschnahrung

Der Wandergott war mit mir. Die Füße marschierten, ich hatte keinen Hunger, ich hatte den Durst unter Kontrolle. Eine feine Baumwollwindel sammelte den Nakkenschweiß, ein Moskitonetz hielt die Fliegen fern, der Kompaß wies mir den Weg. Ich war happy. Ich war wieder im geliebten Busch. Ich machte runde vier Kilometer in der Stunde.

Völlig unerwartet stand ich bereits am ersten Tag vor einem kleinen Wasserloch. Es mußte vor einiger Zeit geregnet haben. Dies war die schlammige Restpfütze. Sechs Rinder hatten mich darauf aufmerksam gemacht. Ich hatte sie wohl beim Trinken erschreckt, und sie waren in Panik geflohen. Dabei hatten sie ein Känguruh aufgescheucht. Das hatte seinen kleinen Embryo aus der Tasche verloren, und eins der Rinder hatte ihn totgetreten. Nun gehörte er mir. Ich grillte ihn. Er war keine volle Mahlzeit, aber er schmeckte gut. Wie Kaninchen. Wenn das kein gutes Omen war!

Bad und Känguruhjunges hatten mich erfrischt. Es ging weiter. Ab und zu konnte ich ohne Mühe Heuschrekken greifen. Sie surrten kreuz und quer um mich herum und landeten manchmal auf meinem Overall. Das war dann das Ende ihres Lebens. Auch mit meiner Fliegenklatsche konnte ich den einen oder anderen Hüpfer erwischen.

Die Fliegen fing ich erfolgreicher mit der Hand. Wenn sie meinen Schweiß rochen, kamen sie in Scharen, ließen sich auf dem Overall nieder, berauschten sich an der Flüssigkeit, und ich hatte ein leichtes Spiel. Zwar sind Insekten roh nicht unbedingt delikat, aber 50 Gramm von ihnen entsprechen doch immerhin einem soliden deutschen Hühnerei. Sie enthalten Fett und Protein und sind bestimmt gesünder als das antibiotikaangereicherte Fleisch aus heimischen Ställen.

Immer wenn ich sie verzehrte, mußte ich an die Denkweise der Aborigines denken. Sie sagen: »Dieses Tier hat sich für dich durchs Leben geschlagen, um dir nun als Nahrung zu dienen. So wie ich eines Tages den Tieren als Nahrung dienen werde.« In *unserer* versachlichten Welt nennt man das »Kreislauf der Natur«.

Die Rinder schieden als Nahrung aus. Wildern und Diebstahl waren verboten. Denn alle Rinder gehörten jemandem. Auch wenn sie kreuz und quer und verlassen durch die Landschaft staubten. Wir waren auch instruiert worden, welche Tiere unter Naturschutz standen. Der Speiseplan war also eingeschränkt. Er hatte Kantinenniveau.

Dennoch hätte es einmal um Haaresbreite Steaks gegeben! Es war Abend und bereits dunkel. Ich war durstig und beugte mich über eine mondbeschienene Rindertränke. Gerade schlürfte ich genießerisch den ersten Schluck, als ich unmittelbar vor mir zwei weit aufgerissene Augen gewahrte. Sie glotzten mich entsetzt aus dem Wasser heraus an. Erschrocken sprang ich zurück. Nach der Schrecksekunde merkte ich, daß es sich um ein ertrunkenes Kalb handelte. Ich griff es an seinen staksigen Beinen und wuchtete es aus dem Trog. Fantasien von einem opulenten Steakmahl, einer gewaltigen Party für die Crew, dem Ende meiner »Fasten«-Phase und einem Rucksack voller Trockenfleisch schossen mir durch den Kopf und ließen mich auf der Stelle mit der Häutung beginnen. Doch genauso schnell, wie sie gekommen waren, lösten sich die Träume wieder in nichts auf. Das Fleisch war bereits in Verwesung.

An eßbaren Pflanzen fand ich manchmal Buschmelonen. Vor allem in den kühlen Morgenstunden wirkten sie herrlich erfrischend, wenn sie noch die Kälte des Kühlschranks der Marke »Nacht« gespeichert hatten. Dann fühlte ich mich wie im Fünfsternehotel.

Oder es gab Dog Balls. Sie heißen so, weil sie wie Hundehoden aussehen. Es sind kleine schmackhafte Früchte, die äußerlich europäischen Preiselbeeren ähnelten.

Die meisten Pflanzen fand ich an den Wasserstellen. Fast alles, das im Wasser gedeiht, ist eßbar. Und zwar von der Wurzel bis zur Blüte. Ob Algen oder Tang, ob Entengrütze oder Rohrkolben. Sie füllen den Magen und versorgen ihn mit Arbeit. Ihr Nährwert ist jedoch eher gering. Wasserpflanzen bieten hauptsächlich Vitamine und Ballaststoffe. Die Wasserpflanzen sind der Salat des kleinen Mannes, die Tümpel seine Salatschüssel.

Außer von den Melonen wurde ich von den Pflanzen nie richtig satt. Aber Hungerpanik kam deshalb auch nicht auf. Man weiß, es ist nichts Besseres da, und der Körper akzeptiert das und stellt sich darauf ein. Zunächst wird er sogar vitaler infolge der Entschlackung. Dann reduziert er seine Leistungen. Man verliert das nagende Hungergefühl, wird schwächer, und der Kreislauf wird labil. Und man wird reizbarer.

Mit diesem Sparprogramm erreichte ich allmählich erste Bäche und nach 18 Tagen den Chamberlain River. Von da an gab es reichlich Fisch.

Der Buschmann ist weg!

Am zweiten Tag traf ich das erste Mal auf das Drehteam. Ihre Schreckensmeldung: »Der Alte ist verschwunden!« Kreuz und quer hatte man den Busch durchfahren, den Buschmann aber nirgends entdeckt. Als man ihn gestern nachmittag zuletzt gesehen hatte, war sein Wasser fast verbraucht. Weniger durch Trinken als durch Verdunstung. Offenbar hatte er die Regeln nicht ganz verstanden und das Team um neues Wasser gebeten. Das hatte es ihm natürlich verweigert. Sonst hätte er ausscheiden müssen. Doch nun quälte sie das schlechte Gewissen. Hatten sie zuviel von ihm verlangt? Immerhin war er 75 geschätzte Jahre alt. In solch fortgeschrittenem Lebensstadium konnte jemand schon einmal schnell die falschen Entschlüsse fassen.

Ein Suchflugzeug stieg auf und flog in langen Parallellinien hin und her. Vom Alten kein Lebenszeichen. Als es dunkel wurde, war die Maschine wieder gelandet. Dann auf einmal hörte und sah ich sie nicht mehr. Dabei hätte der Pilot gerade abends die beste Chance gehabt, den Buschmann zu finden, weil man Feuer des Nachts über gewaltige Entfernungen sieht, während es tagsüber kaum oder nur mit Glück zu entdecken ist. Sicher wird der Pilot seine Gründe gehabt haben. Vielleicht hatte er Hunger. Aber ich erfuhr sie nicht, denn ich lag wohlversorgt im entfernten Busch und genoß den unglaublich schönen Sternenhimmel Australiens. Um den Piloten, falls er doch noch flöge, nicht zu irritieren, hatte ich heute auf mein Feuer verzichtet. Ich streichelte meine Füße und meine Karre, weil ich mit beiden sehr zufrieden war.

Erst am Nachmittag des kommenden Tages entdeckte der Geländewagen den alten Mann. Er war mopsfidel, hatte den Beutel voll Wasser und konnte gar nicht verstehen, warum die Blaßköpfe sich seinetwegen Sorgen gemacht hatten. »Ich bin ein Buschmann«, klärte er sie auf. »Dies ist meine Heimat. Ich kenne hier jeden Strauch. Paßt ihr lieber auf, daß ihr mit eurem Wagen nicht irgendwo hängenbleibt und ich euch ausbuddeln muß.« Lächelte und stapfte weiter.

Daves Visionen

Dave hatte es von Anfang an am schwersten. Er war unerfahren mit solchen Unternehmungen, und er war überladen. Was ich mit dem kleinen Finger bewegte, kostete ihn viel Kraft und Schweiß. Immer häufiger mußte er Pausen einlegen. Schon am zweiten Tag gab er zu: »Der Marsch ist viel härter, als ich es je vermutet hätte.«

Am neunten Tag gab er auf. »Ich bin einfach am Ende. Die ewige Angst um das Wasser zehrt an meinen Nerven. Immer ist mein Mund trocken. Ich kann einfach nicht mehr.« Und dann fiel er in einen tiefen Schlaf. Drei Regisseure in Panik. »Wenn der aufgibt, kaufen die Amis den Film nicht.« Schnöder Mammon.

Daves Schlaf war nicht nur tief, er war auch, wie jeder Schlaf, erfrischend. Der Amerikaner wuchs über sich hinaus. »Ich mache weiter!« verkündete er dem freudigüberraschten Team. Das hatte gerade sein Equipment einschließlich Dave einpacken und nach Hause fahren wollen. Nun filmten sie schnell die Wende. »Was soll ich von mir denken? Ich bin der Jüngste und gebe auf? Das würde ich mir später nie verzeihen.« Schnallte seinen Rucksack auf und stapfte weiter.

Und er hielt durch. Der tote Punkt war überwunden. Die Wasserknappheit allerdings noch nicht. Sie war unser aller Dauerproblem. Dave traf auf ein verlassenes Gebäude. Aber weder das Wasserrad funktionierte, noch fand er im Kühlschrank ein kühles Bier oder einen Hamburger. Alles war verrostet und vergammelt.

Als er wieder einmal irgendwo mit pulvertrockenem Mund schlafen ging, hörte er in der Dunkelheit Schritte. »Ich war mir sicher, daß es kein Rind war. Es mußte ein Mensch sein, der womöglich Wasser hatte. Ich rief, aber er antwortete nicht. Ich schrie. Aber der Mann ging seines Weges. Sobald das Morgenlicht es mir erlaubte, suchte ich seine Spur. Aber da war nichts zu sehen. Nicht ein einziger Fußabdruck. Dabei war ich mir dermaßen sicher, jemanden gehört zu haben, daß ich weiterging. Und dann stand ich plötzlich vor einer senkrechten Felswand, unter der sich eine Einbuchtung befand. Und in ihr glitzerte mir kristallklares Wasser entgegen.«

Dave führte das auf zwei Umstände zurück. Er hatte vorm Einschlafen die guten Geister der Aborigines um Hilfe angerufen, und er hatte den Rat eines alten Ureinwohners befolgt und sich dem Wassergott gegenüber immer respektvoll verhalten. Nie hatte er sich in wilder Gier über ein Wasserloch gestürzt, die Wassergeister erschreckt und sich einfach vollaufen lassen, sondern immer hatte er die Hüter des Wassers vorgewarnt. Er hatte ein kleines Steinchen hineingeworfen, das sie nicht erschreckte, und dann gesagt, daß er die Absicht habe, sie um einen Trunk zu bitten.

Im Vergleich zu Dave habe ich mich wie ein Rüpel benommen. Ich habe mich einfach an den Gewässern bedient. Na gut, beim nächstenmal mache ich's besser. Hauptsache, man bleibt lernfähig.

Das Wasserproblem

Solange die Wasserstellen noch weit auseinander lagen, mußte ich mit dem Wasser sparsam sein. Ich mußte Anstrengungen und Schweiß vermeiden. Nicht einmal eine Träne durfte ich mir erlauben, und das Pinkeln hätte ich am besten ganz abgestellt. Jedes unnötige Kilo Gepäck wurde zurückgelassen. Auch die 1400 Gramm schweren Gamaschen gegen das Stachelgras mußten dran glauben. Wichtiger schienen mir ein paar Liter Reservewasser, weil möglicherweise nicht jede Wasserstelle auf der Karte auch wirklich Wasser enthielt.

Ich sammelte meinen Urin und verdampfte ihn mittags mittels einer Radfahrer-Metallflasche, auf der oben ein vier Meter langer Silikonschlauch steckte. Ihn leitete ich durch eine kühle Schattenzone, und so konnte der Wasserdampf kondensieren. Zwar schmeckte solches Wasser dann immer noch nach Ammoniak, aber es war mineralienfrei. Als Durstiger den ungefilterten Urin zu trinken wäre gefährlich. Das könnte wegen der hohen Salzlast zu einem Organversagen, insbesondere der Nieren, führen.

Das mag all diejenigen Bundesbürger irritieren, die infolge der Flut neuer Uringenuß propagierender Bücher gewohnt sind, allmorgendlich eine Tasse ihres heilsamen Mittelstrahls zu trinken. Denen sei verraten, daß es einen sehr entscheidenden Unterschied macht, sich daheim im satten Luxus dieser Freude hinzugeben oder in der Wüste, wenn man am Verdursten ist. Dann ist reiner, salzebeladener Urin tödlich.

Die Mittagshitze nutzte ich nicht nur zur Regenerierung des Körpers, sondern auch, um meine beiden großen klaren Plastiktüten in Richtung Sonne über belaubte Äste zu stülpen. Dann sorgte die entstehende Treibhaushitze für das Ausschwitzen der Blattfeuchtigkeit. Alle zwei Stunden gewann ich so ein Tasse Flüssigkeit pro Beutel.

Sobald ich »reichlich« Wasser zur Verfügung hatte, gönnte ich mir immer ein wenig Meeressalz, um den durch das Schwitzen erlittenen Salzverlust auszugleichen. Das Schwitzen drosselte ich durch ökonomisches Gehen und Ausnutzen der günstigen Tageszeiten. Ich stand um 5 Uhr auf und ging – mit kleinen Pausen – bis 11 Uhr. Die Rast dauerte bis 14 Uhr. Dann ging es weiter bis 17 Uhr. Denn nur zwischen 5 und 17 Uhr war es hell.

Die zweite Etappe

Allmählich wurde das Gelände unwegsamer für mich. Es war an der Zeit, mich von meiner treuen Karre zu trennen. Auf keinen Fall wollte ich sie hier als Sperrmüll in der Landschaft herumstehen lassen. Zum einen aus Naturschutzgründen; zum andern stand für mich fest: »Mit der werde ich auch noch durch die Kalahari ziehen.«

Ab jetzt trug ich meine Habseligkeiten im Rucksack. Auch das Wasser. Die Menge hing von der Entfernung bis zum nächsten Wasserloch ab. Maximal waren es 10 Liter.

Das steigerte den Druck auf die Füße. Das Monotone des Marschrhythmus' und die Glut des aufgeheizten Bodens, aber auch eine gewisse Veranlagung ließen sie kochen und mehr anschwellen als bisher. Plötzlich waren die tollen Schuhe doch zu eng, und es bildeten sich erste Blasen. Ich stach sie auf und badete sie in Urin, dem Heilmittel, das man immer dabei hat. Ich humpelte, und als es immer mehr wurden, baute ich mir Krücken. Mein Tempo wurde gedrosselt. Die Krücken halfen nur bedingt. Jedes kleine Sandkorn, das in die Wunden geriet, vergrößerte die Pein. Ich lief bald auf rohem Fleisch und kam gar nicht mehr von der Stelle. Die Fliegen feierten Orgien. Ich rächte mich und vernaschte die Fliegen. Dem Kamerateam teilte ich mit: »Ehe ich nun nur noch mit 1 km/h laufe und mich sogar Schnecken überholen, mache ich Rast und kuriere das aus. Nach vier Tagen ist der Schaden behoben. Danach, das weiß ich aus Erfahrung, kriege ich keine Blasen mehr.«

Ich haute mich in einen Schatten, pennte und pflegte die geschundene Haut. Nach vier Tagen ging es weiter.

Zu meiner Überraschung hörte ich, daß Dave die gleichen Probleme hatte. Auch er war zu einer längeren Rast gezwungen und insofern besonders verzweifelt, weil er Blasen zum allerersten mal im Leben kennenlernte. Ich war gegen ihn ein regelrechter Blasenprofi, er ein blutiger Anfänger. Im wahrsten Sinne des Wortes.

Ich schrieb ihm ein paar mutmachende Zeilen: »Lieber Dave, laß Dich trösten. Ich habe dieselben Probleme. Auch meine Füße sind voller Blasen. Zuletzt bin ich nur noch gekrochen statt gewandert. Die Landschaft vor mir wird nun rauher. Die Salzwasserkrokodile sind noch weit entfernt. Der einzig Schnelle ist unser schwarzer Schwan. Laß uns langsam weitergehen. Schritt für Schritt. Wie war doch dein Motto: ›Erst Schwierigkeiten zeigen einem Menschen, wozu er wirklich fähig ist.‹ Nimm es leicht, Freund. Immer, wenn ich meine Wunden wasche, bin ich in Gedanken bei Dir. Dein Rüdiger. Übermittelt durch Buschtelefon.«

Prompt überbrachte mir einer der Cowboys seine Antwort: »Danke für die ermutigenden Worte. Sie haben mir viel bedeutet. Es hört sich an, als wäre es wohl für uns beide ein rauher Spaziergang. Ich lasse jetzt einfach alles auf mich zukommen. Ich hoffe, daß Deine Füße bald heilen, damit Du den Krokodilen entwischst, wenn Du sie streicheln willst. Ich hoffe, wir sehen uns in Wyndham, mein Freund. Paß auf Dich auf! Dave.«

Das tat so gut wie ein Liebesbrief.

Der Aborigine in fremdem Land

Während wir rasteten, zog unser schwarzer Schwan langsam und beständig seine Bahn. Als er von unseren Schwierigkeiten erfuhr, meinte er: »Das ist typisch für Weiße. Die wollen immer alles schnell erledigen. Hier muß man langsam gehen. Eile ist der Feind des Wanderers.« Natürlich wußte ich das auch. In einem Statement habe ich es auch gesagt: »Ein Wettmarsch in einer Wüste ist völlig widersinnig. Denn hier sind Ruhe und Disziplin gefragt. Jede Hektik vergrößert die Gefahr des Verdurstens.«

Aber so gänzlich ohne Sorgen lief es auch beim Alten nicht ab. Er hatte sein Stammesland verlassen und die Grenzen zum Nachbarvolk überschritten. Diese uralten Landesgrenzen existieren für die Aborigines nach wie vor. Seine Geister, die ihm nach eigener Auffassung immer treu zur Seite gestanden hatten, waren nicht mehr zuständig. Jetzt mußte er allein weiter und fand kein Wasser mehr. So jedenfalls erfuhr ich es später aus dem Film. Mir fiel es schwer, das Argument zu glauben, weil gerade Aborigines

Wasservorkommen viel fachkundiger anhand physikalischer Anzeichen entdecken als wir Fremde. Das mögen die besagten Hinweise der Tiere sein oder das intensivere Grün einer Baumgruppe.

Aber egal, ob es so war oder die Filmcrew es ihm untergeschoben hat – der Alte war ein redlicher Mann, ein Vorbild für seine Jungen, und deshalb halfen ihm auch die neuen Götter. Er mußte weder verdursten noch seine Crew um Hilfe bitten.

Mir erschienen gar keine Geister. Ich mußte selbst sehen, wie ich zurechtkam. Ich tröstete mich damit, daß es sicher besser war, un-begeistert zu marschieren, als die Geister, die man rief, nie wieder loszuwerden.

Waris Dirie

Die Ausreißerin

Ein leises Geräusch weckte mich. Ich öffnete die Augen und starrte direkt in das Gesicht eines Löwen. Sofort war ich hellwach. Ich riß meine Augen so weit auf, als ob das Tier vor mir darin Platz finden müßte. Da ich seit Tagen nichts gegessen hatte, war ich viel zu schwach, um aufzustehen, und meine Beine gaben schon bei dem Versuch zitternd unter mir nach. Matt ließ ich mich an den Baum zurücksinken, in dessen Schatten ich, geschützt vor der gnadenlosen Sonne der afrikanischen Wüste, Rast gemacht hatte. Ich legte ruhig den Kopf an den Stamm, schloß die Augen und spürte die rauhe Baumrinde an meinem Schädel. Der Löwe war so nahe, daß ich in der sengenden Hitze seinen fauligen Atem roch. Und so sprach ich zu Allah: »Nun ist es vorbei, Herr. Nimm mich zu dir.«

Meine lange Reise durch die Wüste war zu Ende. Ich hatte weder einen Schutz noch eine Waffe und erst recht nicht die Kraft, fortzulaufen. Doch selbst im günstigsten Fall hätte ich gegen den Löwen nicht ankommen können, auch nicht durch die Flucht auf den Baum. Denn wie alle Katzen sind Löwen ausgezeichnete Kletterer und mit ihren langen Krallen weit schneller als ein Mensch. Bevor ich den Baum auch nur zur Hälfte hinaufgestiegen wäre, hätte er mich schon mit einem Prankenhieb erledigt. Tapfer schlug ich die Augen auf. »Komm und hol mich«, sagte ich zu dem Löwen. »Ich bin bereit.«

Es war ein prächtiges Männchen mit einer goldenen Mähne und einem langen Schwanz, mit dem er hin und her schlug, um die Fliegen zu verscheuchen. Er war etwa fünf oder sechs Jahre alt, jung und gesund. Und ich wußte, er konnte mich mit einem Schlag töten; nicht umsonst hieß er der König der Wüste. Im Laufe meines Lebens hatte ich oft genug beobachtet, wie er Weißschwanzgnus und Zebras schlug, die Hunderte von Pfund schwerer waren als ich.

Der Löwe starrte mich an. Langsam blinzelten seine honiggelben Augen. Ich starrte regungslos zurück. Der Löwe wandte den Blick wieder ab. »Mach schon. Komm und hol mich.« Er blickte mich erneut an und sah wieder fort. Schließlich leckte er sich das Maul und setzte sich auf seine Hinterbacken, stand aber gleich wieder auf und stolzierte mit aufreizend geschmeidigen Schritten vor mir auf und ab. Völlig überraschend drehte er sich plötzlich um und trabte davon. Wahrscheinlich war er zu dem Ergebnis gekommen, daß ich zu wenig Fleisch auf den Rippen hatte und es sich nicht lohnte, mich zu verspeisen. Ich sah ihm nach, bis sein gelbbraunes Fell mit dem Wüstensand eins geworden war.

Als mir klarwurde, daß der Löwe mich nicht reißen würde, atmete ich keineswegs erleichtert auf. Ich hatte mich nicht gefürchtet, ich war zum Sterben bereit gewesen. Doch offensichtlich hatte Allah, der immer mein bester Freund gewesen war, für mich etwas anderes im Sinn, hatte er einen Grund, mich am Leben zu lassen. »Was wird das sein?« fragte ich mich. Und ich bat: »Nimm mich, und führe mich.« Dann rappelte ich mich hoch.

Auf dieser alptraumhaften Reise befand ich mich deshalb, weil ich vor meinem Vater davongelaufen war. Ich war etwa dreizehn und hatte mit meiner Familie, einem Nomadenstamm, in der Wüste Somalias gelebt, als mein Vater eines Tages verkündete, meine Heirat mit einem alten Mann sei beschlossene Sache. Mir war klar, daß ich rasch handeln mußte, denn sonst würde plötzlich mein künftiger Mann vor mir stehen, um mich abzuholen. Also erklärte ich Mama, daß ich fortlaufen würde; ich wollte zu meiner Tante, der Schwester meiner Mutter, die in Mogadischu, der Hauptstadt Somalias, wohnte. Natürlich war ich nie zuvor in Mogadischu gewesen – und auch sonst in keiner Stadt. Ich hatte auch meine Tante noch nie gesehen. Doch mit der Zuversicht eines Kindes ging ich davon aus, daß sich wie durch ein Wunder alles zum Besten wenden würde.

Mein Vater und der Rest der Familie schliefen, als meine Mutter mich weckte. »Geh jetzt«, sagte sie. Ich sah mich um, ob es irgend etwas gab, was ich mitnehmen konnte, doch da war nichts – keine Wasserflasche, kein Krug Milch, kein Korb mit Essen. Barfuß und nur in einen Schal gehüllt rannte ich in die schwarze Wüstennacht.

Ich hatte keine Ahnung, wo Mogadischu lag, und so lief ich einfach drauflos. Zunächst kam ich wegen der Dunkelheit nur langsam voran; immer wieder stolperte ich über Wurzeln und Steine. Schließlich beschloß ich, mich einfach erst einmal hinzusetzen. Denn überall in Afrika gibt es Schlangen, und vor Schlangen hatte ich schreckliche Angst. Bei jeder Wurzel, an die ich stieß, bildete ich mir ein, es sei eine Gift verspritzende Kobra. Ich setzte mich hin und sah zu, wie der Himmel allmählich heller wurde. Aber noch ehe die Sonne aufging, huschte ich davon wie eine Gazelle. Ich rannte und rannte und rannte, Stunde um Stunde.

Gegen Mittag war ich weit in die rote Wüste vorgedrungen und mit meinen Gedanken noch viel weiter geeilt. Wohin lief ich verdammt noch mal überhaupt? Ich hatte keine Ahnung, an welchen Ort mich die eingeschlagene Richtung bringen würde. Unermeßlich weit erstreckte sich das Land vor mir, nur hin und wieder unterbrachen eine Akazie oder ein Dornbusch die Leere. Meilen über Meilen nichts als Sand. Meine Schritte wurden allmählich langsamer, bis ich hungrig, durstig und müde nur mehr dahintrottete. Dumpf und ratlos fragte ich mich, was mich in meinem neuen Leben erwartete. Wie würde es weitergehen?

Während ich noch über diese Frage nachsann, glaubte ich plötzlich, die Stimme meines Vaters zu hören. »Waris! Waris!« rief er. Ich wirbelte herum, blickte suchend umher, konnte jedoch niemanden entdecken. »Vielleicht habe ich mir das nur eingebildet«, dachte ich. »Waris! Waris!« tönte es von überall her. Die Stimme klang flehend, ich hatte aber trotzdem Angst. Wenn er mich fand, würde er mich zurückbringen und zwingen, diesen Mann zu heiraten, mich außerdem vielleicht noch schlagen. Nein, es war keine Einbildung, da war mein Vater, und er kam immer näher. Jetzt lief ich wirklich, so schnell ich konnte. Trotz meines Vorsprungs von mehreren Stunden hatte Papa mich eingeholt. Wie mir später klarwurde, war er einfach meinen Fußspuren im Sand gefolgt.

Dabei hatte ich gemeint, mein Vater sei zu alt, um mich einzuholen, denn ich war jung und schnell und er in meiner kindlichen Vorstellung fast schon ein Greis. Heute muß ich lachen, wenn ich daran denke, denn zu dieser Zeit kann er nicht älter als Mitte Dreißig gewesen sein. Wir waren alle ausgesprochen gut trainiert: Da wir weder über Autos noch über öffentliche Verkehrsmittel verfügten, legten wir alle Strecken zu Fuß zurück. Und ich war schnell, ob ich nun entlaufene Tiere einfing, eine Wasserstelle suchte oder mich bei Einbruch der Dämmerung beeilte, um noch bei Tageslicht zum Lagerplatz zurückzukehren.

Nach einer Weile war von meinem Vater nichts mehr zu hören, und so verfiel ich in einen normalen Laufschritt. Wenn ich immer weiter renne, wird Papa irgendwann müde und kehrt zu den anderen zurück, überlegte ich. Doch als ich mich umdrehte, sah ich ihn hinter mir einen Hügel hinunterkommen. Er hatte mich gleichfalls entdeckt. Voller Angst rannte ich schneller. Und noch schneller. Ich stürmte die Sanddünen hoch und glitt an ihnen herunter. So ging es stundenlang, bis mir irgendwann klarwurde, daß ich ihn seit einiger Zeit nicht mehr gesehen hatte. Und ich hörte ihn auch nicht mehr rufen.

Mit klopfendem Herzen kauerte ich mich schließlich hinter einen Busch und sah mich um. Nichts. Ich lauschte aufmerksam. Niemand zu hören. Als ich an eine Felsplatte kam, hielt ich an, um mich auszuruhen. Doch ich hatte aus meinem Fehler der letzten Nacht gelernt, und als ich meinen Weg fortsetzte, blieb ich auf dem harten Boden am Rand der Felsen, bevor ich eine neue Richtung einschlug, damit mein Vater keine Fußspuren mehr entdeckte, denen er folgen konnte.

Papa, so überlegte ich, befand sich jetzt wohl auf dem Rückweg zu den anderen, denn mittlerweile ging die Sonne unter. Allerdings würde er sie bei Tageslicht nicht mehr erreichen. Er mußte durch die Dunkelheit laufen, sich seinen Weg anhand der abendlichen Geräusche unserer Familie suchen, sich nach den Stimmen lachender, schreiender Kinder und dem Muhen und Mähen der Tiere richten. In der Wüste wird der Klang vom Wind weit getragen, und wenn wir uns nachts verlaufen hatten, dienten uns die Geräusche als Wegweiser.

Nachdem ich eine Weile an den Felsen entlanggelaufen war, schlug ich eine neue Richtung ein. Welche, spielte keine Rolle, denn ich wußte ja ohnehin nicht, wo Mogadischu lag. Ich rannte weiter bis Sonnenuntergang, bis die Dunkelheit anbrach und die Nacht so schwarz war, daß ich nichts mehr sehen konnte. Ich hatte mittlerweile so großen Hunger, daß ich an nichts anderes mehr denken konnte als an Essen. Meine Füße bluteten. Ich setzte mich unter einen Baum und schlief ein.

Am Morgen weckte mich die brennende Sonne. Als ich die Augen öffnete, sah ich über mir die Blätter eines prächtigen Eukalyptusbaums, der in den Himmel ragte. Nach und nach wurde mir klar, was geschehen war. *O Allah, ich bin ganz allein. Was soll ich nur tun?*

Ich stand auf und lief weiter. Dies hielt ich über Tage hinweg durch; wie viele es waren, weiß ich nicht. Ich weiß lediglich, daß es Zeit für mich nicht mehr gab, es gab nur noch Hunger, Durst, Angst und Schmerzen. Wenn ich abends in der Dunkelheit nichts mehr sehen konnte, setzte ich mich hin und ruhte mich aus. Und mittags, wenn die Sonne am höchsten stand, hockte ich mich unter einen Baum und machte Rast.

In einer dieser Mittagspausen weckte mich der Löwe aus meinem Schlummer. Mittlerweile war mir meine Freiheit egal; ich wollte nur noch zurück zu Mama. Nach meiner Mutter sehnte ich mich mehr als nach Essen und Trinken. Und obwohl wir es gewohnt waren, einen oder zwei Tage ohne Nahrung und Flüssigkeit auszukommen, wußte ich, daß ich auf diese Weise kaum noch länger überleben konnte. Ich fühlte mich so matt, daß mir jede Bewegung schwerfiel, und meine Füße waren so aufgeschürft und entzündet, daß mich jeder Schritt schmerzte. Als der Löwe vor mir saß und sich hungrig das Maul leckte, hatte ich bereits aufgegeben. Ein schneller Tod durch das Raubtier erschien mir als willkommener Ausweg aus meinem Elend.

Doch der Löwe sah die Knochen, die sich unter meiner Haut abzeichneten, sah meine eingefallenen Wangen, meine hervortretenden Augen, und wandte sich ab. Ich weiß nicht, ob er Mitleid mit mir hatte oder zu der vernünftigen Einschätzung kam, daß ich keine lohnende Mahlzeit abgeben würde. Aber vielleicht hatte in diesem Augenblick auch Allah seine Hand im Spiel. Er würde nicht so unbarmherzig sein, überlegte ich, und mich verschonen, nur um mich des viel grausameren Hungertodes sterben zu lassen. Er hatte mich für etwas anderes vorgesehen, und so flehte ich ihn an, mir beizustehen. »Hier bin ich, leite mich.« An den Baumstamm gestützt, richtete ich mich auf und bat um seine Hilfe.

Dann marschierte ich wieder los. Nach wenigen Minuten kam ich an einen Flecken, auf dem Kamele grasten. Ich suchte mir das Tier aus, das die meiste Milch hatte, lief zu ihm hin und saugte an seinem Euter wie ein Baby. Der Hirte sah, was ich tat. »Verschwinde, du kleines Miststück!« brüllte er und ließ seine Peitsche knallen. Doch verzweifelt, wie ich war, saugte ich weiter und schluckte soviel Milch, wie ich konnte.

Mittlerweile lief der Hirte brüllend und schimpfend auf mich zu, denn er wußte, wenn er mich nicht rasch verjagte, wäre das Euter leer. Ich aber hatte mich schon satt getrunken und rannte wieder los. Der Mann jagte mir nach, und seine Peitsche traf mich ein paarmal, ehe ich ihm entkam. Doch ich war schneller als er, und fluchend blieb er in der Nachmittagssonne stehen.

Nun, da ich getrunken hatte, kehrte meine Kraft zurück. Ich lief und lief, bis ich auf ein Dorf stieß. Eine derartige Ansiedlung mit Gebäuden und Straßen aus festgestampfter Erde hatte ich noch nie zuvor gesehen. Ich marschierte mitten auf der Straße, weil ich davon ausging, daß man das so tat. Staunend verrenkte ich den Hals, weil ich soviel wie möglich von der seltsamen Umgebung in mich aufnehmen wollte. Eine Frau, die vorbeikam, musterte mich von oben bis unten. »Was bist du dumm!« rief sie. »Für wen hältst du dich?« Dann wandte sie sich an die anderen Passanten. »Du meine Güte! Seht euch ihre Beine an!« Sie zeigte auf meine blutigen, verschorften Füße. »Herr im Himmel! Sie muß eines von diesen dummen Mädchen vom Lande sein.« Die Frau kannte sich aus. »Wenn dir dein Leben lieb ist, Kleine, geh von der Straße! Geh von der Straße!« Sie zeigte auf den Straßenrand, dann lachte sie.

Ich schämte mich furchtbar. Mit hängendem Kopf trottete ich weiter mitten auf der Straße, denn mir war nicht klar, was die Frau gemeint hatte. Kurz darauf kam ein Lastwagen. Rasch sprang ich zur Seite. Dann stellte ich mich dem Verkehr entgegen, und während die Autos auf mich zurasten, streckte ich die Hand aus. Ich hoffte auf jemanden, der anhielt und mir half. Das kann man nicht unbedingt trampen nennen, denn damals wußte ich noch nicht, was trampen war. Ich stand einfach auf der Straße und streckte die Hand aus, um jemanden anzuhalten. Ein Wagen schoß an mir vorbei und riß mir beinahe den Arm ab, und so zog ich ihn blitzschnell an den Körper. Beim nächsten Mal streckte ich die Hand nicht ganz so weit heraus wie zuvor und trat ein wenig zur Seite, ging jedoch weiter die Straße entlang. Während ich den Leuten, die in ihren Autos an mir vorbeifuhren, ins Gesicht sah, betete ich stumm, daß einer anhielt und mich mitnahm.

Schließlich stoppte ein Lastwagen neben mir. Auf das,

was dann geschah, bin ich nicht gerade stolz, doch es ist nun einmal passiert, und so muß ich auch die Wahrheit sagen. Wenn ich daran denke, wie der Wagen vor mir stehenblieb, wünsche ich selbst heute noch, ich hätte meinem Gefühl getraut und ihn weiterfahren lassen.

Auf der Ladefläche lag ein Haufen spitzer, etwa faustgroßer Steine für eine Baustelle. Zwei Männer saßen in der Kabine; der Fahrer öffnete die Tür. »Hüpf rein, Süße«, sagte er in Somali. Ich fühlte mich wehrlos, mir war übel vor Angst.

»Ich will nach Mogadischu«, erklärte ich.

»Wir bringen dich, wohin du willst«, antwortete er grinsend. Beim Lächeln zeigte er rötlich verfärbte Zähne. Ich wußte, daß diese Farbe nicht von Tabak stammte, sondern von einer Pflanze, die ich meinen Vater einmal hatte kauen sehen – Khat, ein Rauschmittel vergleichbar mit Kokain, das die Männer in Afrika nehmen. Frauen dürfen es nicht anrühren, und das ist auch gut so, denn die Männer, die es kauen, werden davon zügellos, reizbar und aggressiv. Khat hat schon manch ein Leben zerstört.

Mir war klar, daß ich in der Patsche saß, doch weil ich mir nicht zu helfen wußte, nickte ich nur. Der Fahrer bedeutete mir, auf die Ladefläche zu klettern. Froh, nicht direkt neben den beiden sitzen zu müssen, stieg ich hinten auf. Ich hockte mich in eine Ecke und machte es mir auf den Steinen so bequem, wie es ging. Mittlerweile war es dunkel und kalt geworden, und als der Laster losfuhr, kauerte ich mich hin, um im Fahrtwind nicht allzusehr zu frieren.

Als nächstes erinnere ich mich, daß der Beifahrer auf den Steinen neben mir kniete. Er war Mitte Vierzig und häßlich, unglaublich häßlich! Er hatte kaum noch Haare, war fast schon kahl. Wohl zum Ausgleich hatte er sich einen kleinen Schnauzbart wachsen lassen. Seine wenigen noch übriggebliebenen Zähne waren Stummel und vom Khat schmutzigrot. Trotzdem stellte er sie stolz zur Schau, als er mich angrinste. Solange ich lebe, nie werde ich dieses Gesicht vergessen, das lüstern auf mich herabstarrte.

Außerdem war er fett, wie ich feststellte, nachdem er sich die Hose heruntergezogen hatte. Sein erigierter Penis schwankte. Er griff nach meinen Beinen und versuchte, sie auseinanderzudrücken.

»O bitte nicht! Bitte nicht!« jammerte ich. Ich schlang meine mageren Schenkel übereinander und schloß sie fest zusammen. Er rang mit mir, zerrte an meinen Beinen. Als er merkte, daß er damit keinen Erfolg hatte, hob er die Hand und schlug mir mit aller Kraft ins Gesicht. Ich stieß einen schrillen Schrei aus, der hinter mir in der Nacht verhallte.

»Verdammt! Mach die Beine breit!« Mittlerweile hockte er mit seinem ganzen Gewicht auf mir. Die rauhen Kanten der Steine schnitten mir in den Rücken. Er riß die Hand hoch und schlug mich erneut, diesmal noch härter. Bei seinem zweiten Schlag wurde mir klar, daß ich mir etwas einfallen lassen mußte, denn ich besaß zu wenig Kraft, um gegen ihn anzukommen. Außerdem wußte dieser Mann offensichtlich ganz genau, was er tat. Im Gegensatz zu mir hatte er Erfahrung und zweifellos schon viele Frauen vergewaltigt – ich war einfach nur die nächste. Ich wünschte ihm aus tiefstem Herzen den Tod, aber ich hatte keine Waffe zur Hand.

Deshalb spielte ich ihm vor, daß ich ihn wollte. »Na gut. Na gut«, säuselte ich. »Aber erst muß ich noch pinkeln.« Ich sah, daß er immer erregter wurde – he, diese Kleine wollte ihn haben –, und er ließ mich los. Ich ging in die entgegengesetzte Ecke der Ladefläche, hockte mich hin und tat, als würde ich urinieren. So gewann ich ein paar Minuten, in denen ich mir meine nächsten Schritte überlegen konnte. Als ich meine kleine Vorstellung beendet hatte, stand mein Plan fest. Ich nahm den größten Stein, den ich finden konnte, verbarg ihn in der Hand, kehrte zurück und legte mich neben den Mann.

Als er auf mich kletterte, schlossen sich meine Finger fester um den Stein. Dann donnerte ich ihm meine Waffe mit aller Kraft seitlich an den Kopf, mitten auf die Schläfe. Bei meinem ersten Schlag wurde er benommen. Ich schlug ein zweites Mal zu, und er sank in sich zusammen. Wie ein Krieger verfügte ich plötzlich über gewaltige Kräfte, von denen ich nie gedacht hätte, daß ich sie besaß. Aber wenn dich jemand angreift und dich töten will, wirst du stark und merkst erst dann, was alles in dir steckt. Obwohl der Mann reglos dalag, schlug ich noch einmal zu. Blut trat aus seinem Ohr.

Sein Freund, der Fahrer, beobachtete das Geschehen von der Kabine aus. »Was zum Teufel ist da hinten los?« brüllte er. Gleichzeitig suchte er nach einer Stelle im Busch, wo er anhalten konnte. Ich wußte, wenn er mich in die Finger bekam, war es aus mit mir. Als der Laster langsamer wurde, krabbelte ich zum hinteren Ende der Ladefläche und ließ mich wie eine Katze auf den Boden fallen. Dann rannte ich um mein Leben.

Der Fahrer, ein alter Mann, sprang aus dem Wagen. »Du hast meinen Freund umgebracht!« schrie er heiser. »Komm zurück! Du hast ihn umgebracht!« Ein kurzes Stück verfolgte er mich durch das trockene Gestrüpp, dann gab er auf. Das dachte ich zumindest.

Doch er kletterte wieder ins Fahrerhaus, startete den Motor und folgte mir mit dem Lastwagen in die Wüste. Das Scheinwerferlicht strich neben mir über den Boden, laut dröhnte der Motor in meinen Ohren. Obwohl ich so schnell rannte, wie ich konnte, holte der Wagen auf. Verzweifelt schlug ich Haken, rannte im Kreis. Irgendwann hatte er mich endlich aus den Augen verloren; er gab auf und fuhr wieder zurück auf die Straße.

Gleich einem Tier auf der Flucht vor seinem Jäger hastete ich über die Ebene. Ich ließ die Sandsteppe hinter mir, durchquerte ein Stück Dschungel, kam wieder in die Wüste, ohne zu wissen, wo ich war. Die Sonne ging auf, aber ich lief weiter. Schließlich stieß ich auf eine andere Straße. Obwohl mir übel vor Angst war, wenn ich daran dachte, was alles geschehen konnte, beschloß ich, wieder zu trampen. Ich wollte den Lastwagenfahrer und seinen Freund so weit wie möglich hinter mir lassen. Was mit meinem Angreifer geschehen ist, nachdem ich ihn mit dem Stein niedergeschlagen hatte, habe ich nie erfahren. Doch einen der beiden wiederzusehen, war so ungefähr das letzte, was ich wollte.

Als ich an diesem Morgen im Sonnenschein an der Straße stand, muß ich einen reizenden Anblick geboten haben. Mein Schal war nur noch ein schmutziger Fetzen. Seit Tagen war ich durch die Wüste gelaufen, meine Haut und meine Haare waren staubverkrustet, meine Arme und Beine mager wie vom Wind gepeitschte Zweige und meine Füße wie bei einem Leprakranken mit Wunden überzogen. Als ein Mercedes vorbeikam, streckte ich die Hand aus und winkte. Ein elegant gekleideter Mann lenkte den Wagen an die Seite, und ich kletterte auf den Ledersitz. Bei all der Pracht verschlug es mir den Atem. »Wohin willst du?« fragte der Mann.

»Dahin.« Ich wies in die Richtung, in die der Mercedes bereits fuhr. Der Mann öffnete den Mund, zeigte blitzend weiße Zähne und begann zu lachen.

Bruno Baumann

Kara Buran

Omarjan war zweifellos ein gläubiger Mann. Im Morgengrauen stand er auf, warf sich seinen Mantel über die Schulter und lief barfüßig, den Koran in der Hand, die nächste Düne empor. Dann breitete er seinen Mantel aus, kniete sich darauf, das Gesicht in Richtung Mekka gewandt, und betete leise. Er tat dies zweimal täglich, morgens und abends. Wenn sie nicht zu müde waren, las er Roze vor dem Einschlafen noch aus dem Koran vor. Er hielt sich streng an die religiösen Gebote. Während es Roze in keinerlei Gewissenskonflikt stürzte, bei Gelegenheit einen Schluck aus Helmuts Flachmann zu nehmen, wäre Omarjan eher verdurstet, als daß er den Alkohol auch nur angerührt hätte.

Der Durst plagte an diesem Morgen vor allem unsere vierbeinigen Gefährten. Sie würdigten das Fressen keines Blickes, weil ihre Kehlen so ausgetrocknet waren. Statt dessen wurden sie ganz wild, als sie sahen, wie Helmut und Roze an den Wasserkanistern hantierten. Jedes Kamel bekam nun seine Ration einzeln vorgesetzt. Insgesamt verteilten wir 50 Liter. Damit war alles Wasser, das wir für die Tiere einkalkuliert hatten, verbraucht. Wir hatten ihnen sogar schon einiges von unseren eigenen Vorräten abgetreten, die Menge, die Roze jeden Tag zusätzlich benötigte, um ihnen das Futter schmackhaft zu machen. Trotzdem hatten sie es an diesem Morgen glatt verweigert. Erst nachdem sie getrunken hatten, machten sie sich über den Getreidebrei her.

Der Zustand der Kamele bereitete uns zunehmend Sorgen. Während die beiden Uiguren sie bepackten, erörterte ich mit Helmut unsere Optionen. Es blieben nicht viele. Daß wir hier irgendwie Wasser finden würden, schlossen wir völlig aus. Im besten Fall würden wir nach sieben Tagen den Khotan-darya erreichen. Mit viel Glück stießen wir schon einen Tag vorher auf eine grüne Tamariske oder Pappel, an der wir durch Graben an Wasser herankommen konnten. Aber diese Möglichkeit war mehr als vage, wir mußten vielmehr davon ausgehen, selbst am Khotan-darya nicht auf Anhieb Wasser zu finden. Ohne zusätzliches Wasser würden die Kamele keine sieben Tagesmärsche mehr durchhalten, das war uns klar. Umkehr? Dafür müßten wir uns sofort entscheiden, denn morgen wäre es zu spät. Morgen würden wir aller Voraussicht nach die halbe Strecke zurückgelegt haben, und dann wäre es zurück nach Tusluk genauso weit wie zum Khotan-darya.

Sofern wir Menschen weiterhin mit dem Wasser so sparsam umgingen und die von mir geplante Gehleistung erbrachten, konnten wir den Kamelen noch einmal 50 Liter geben. Dann allerdings hätten wir uns aller Reserven entledigt. Doch was nützten uns schon die Reserven, wenn die Kamele, von denen wir wiederum symbiotisch abhängig waren, nicht mehr weiterkamen? Keiner von uns wäre imstande gewesen, die noch vor uns liegende Strecke ohne Kamele zu überwinden. Wir überlegten folgendes: Heute hatten die Tiere Wasser bekommen. Nach den bisherigen Erfahrungen kamen sie damit zwei Tage aus. Wenn wir ihnen am Morgen des dritten Tages noch einmal 50 Liter gäben, verblieben nur noch vier Tage bis zum Khotan-darya, wobei wir dort am Abend des vierten Tages schon einen Brunnen hätten, vielleicht sogar schon am dritten Tag. Unter diesem Gesichtspunkt erschien uns das Risiko nicht zu groß, den Wüstenmarsch fortzusetzen. Verglichen mit Hedin war unsere Lage noch immer sehr komfortabel. Während seine Männer zu diesem Zeitpunkt bereits um ihr Leben nach Wasser gruben, hatten wir unsere Rationen noch kaum eingeschränkt.

Der Tagesverlauf schien unsere Entscheidung zu bestätigen. Trotz drückender Hitze kamen wir ohne besondere Zwischenfälle gut voran. Ich lief weit voraus und nutzte meinen Vorsprung, um immer wieder auf Dünen hinaufzusteigen, die eine gute Aussicht versprachen. Dort packte ich mein Fernglas aus und suchte das Blickfeld nach allen Richtungen hin ab. Wir mußten ganz in der Nähe der Stelle sein, an der Hedin die ersten Lasten hatte zurücklassen müssen. Er hatte die Sachen, in Kisten verpackt, zwischen die Dünen gestellt und als weithin sichtbares Erkennungszeichen einen Holzpfahl in die Dünenspitze gerammt. Da die hohen Sandberge sich kaum verändert hatten, konnte es durchaus sein, daß der Pfahl noch heute an dem betreffenden Platz herausragte. Dort oben lagerte sich kein Sand ab, ganz im Gegensatz zu den Senken. Wenn wir überhaupt eine Chance hatten, noch Spuren von Hedins Expedition zu finden, vielleicht sogar das »Todeslager« selbst, dann nur durch eine dieser Markierungen. Die Kisten und die Körper der toten Kamele würden zwar wie alles in der Wüste infolge des trockenen Klimas auch nach über 100 Jahren nicht verrottet sein, inzwischen waren jedoch ungezählte *Burans* darüber hinweggefegt, die alle Überreste tief unter dem Sand begraben hatten.

Noch etwas erschwerte eine gezielte Suche: Hedins Kilometerangaben stimmten hinten und vorn nicht. Schon die errechnete Entfernung von 130 Kilometern, gemessen von seinem letzten Lager am Südende des »Langen See« bis zum Khotan-darya, war falsch. In Wirklichkeit betrug die Gerade (Luftlinie) 170 Kilometer. Noch irritierender waren seine täglichen Kilometerleistungen. Bis zum »Todeslager« hatte er eigenen Angaben zufolge jeden Meter seines Weges mit der bereits geschilderten Methode ausgemessen. Addiert man seine Zahlen, ergibt sich vom Lager am »Langen See« bis zum »Todeslager« eine Strecke von 165,4 Kilometern. Demnach wäre das »Todeslager« bereits in unmittelbarer Nähe des Khotan-darya gewesen, nur noch 15 Kilometer vom rettenden Wasser entfernt. Aber nach seinen Schilderungen benötigte Hedin volle vier Tage, um vom »Todeslager« aus den Wassertümpel am Khotan-darya zu erreichen. Selbst wenn man seinen geschwächten körperlichen Zustand berücksichtigt, konnte er dafür unmöglich so lange gebraucht haben.

Die 165,4 Kilometer beziehen sich freilich auf die tatsächlich zurückgelegte Strecke und nicht auf eine fiktive Gerade, die man als Strich auf der Karte zieht. Aber der Unterschied ist nicht sehr groß. Nach unseren eigenen Messungen legten wir im Schnitt nur 10 Prozent mehr an Kilometern zurück, als es die Gerade ausmachte. Mag sein, daß Hedin mit seiner Karawane die Dünen in weiteren Bögen umging und stärkeren Zickzackkurs lief als wir, keinesfalls jedoch konnte seine Abweichung mehr als 20 Prozent betragen. Demzufolge mußte das »Todeslager« zwischen 15 und 45 Kilometer vom Khotan-darya entfernt gewesen sein. Die Lager, in denen er bereits vorher Ausrüstung abwarf, lagen entsprechend weiter zurück.

Gegen Nachmittag wuchsen die Dünen wieder auf bis zu 60 Meter Höhe an, analog dazu verlangsamte sich das Tempo unserer Karawane. Es war windstill, und die Sonne entfaltete ihre ganze vernichtende Kraft. Ich hatte das Gefühl, bei lebendigem Leib auszudörren. Das Blut dickte ein, weil wir nicht genug tranken, und die Beine wurden schwer wie Blei. Mein GPS-Gerät zeigte 17,6 Kilometer Tagesleistung an, als ich nach einem geeigneten Lagerplatz Ausschau hielt. Wir befanden uns inmitten eines sehr unübersichtlichen Geländes. Die Dünenberge reihten sich so eng aneinander, daß kaum eine ebene Stelle zu finden war. Endlich entdeckte ich eine tiefe Senke mit ein paar Quadratmetern flachem Grund. Dort führten wir die Kamele hinunter. Sie legten sich sofort nieder. Wir selbst stellten unsere Zelte etwas erhöht auf einem darüberliegenden Geländeabsatz auf.

Helmut fingerte gerade am völlig versandeten Gaskocher herum, um ihn in Gang zu bringen; Roze und ich saßen daneben und beobachteten ihn dabei. Plötzlich drehte Roze sich um, deutete zum Himmel und sagte nur zwei Worte: »*Kara Buran!*« Ich blickte auf, und im selben Augenblick sah ich die pechschwarze Walze, die auf uns zukam. Ich sprang auf. »In das Zelt«, raunte ich Helmut zu und rannte los. Unterwegs schnappte ich mir noch zwei volle Wasserkanister. Beim Zelt angekommen, öffnete ich den Eingang und stellte die beiden Kanister schon einmal sicherheitshalber hinein. Jetzt brauchte ich das Zelt nicht mehr festzuhalten und hatte beide Hände frei. Schnell sammelte ich alle Ausrüstungsgegenstände ein, die noch draußen umherlagen, und warf sie ins Zeltinnere. Dann packte ich das Überzelt aus und befestigte es, so gut es ging, in der Hoffnung, es würde dem Sturm standhalten. Es herrschte eine unheimliche Stimmung. Ein feines Vibrieren war in der Luft zu spüren, dann kam ein erster Windstoß, der in die Zelthaut fuhr und sie aufblähte. Die Zeit reichte gerade noch aus, um das Überzelt an den beiden Kanistern zu verspannen, dann brach ein Inferno ohnegleichen los. Ich kroch ins Zelt, setzte Mütze und Sturmbrille auf und band mir ein angefeuchtetes Tuch um den Mund. Mein warnender Zuruf an Helmut, er solle sein Zelt ebenfalls mit Wasserkanistern sichern, ging im ohrenbetäubenden Lärm unter. Der Sturm schleuderte den Sand in solchen Mengen und mit solcher Wucht gegen die Zeltwände, daß ich fürchtete, im nächsten Augenblick begraben zu werden. Auf dem Rücken liegend, stemmte ich die Beine gegen die Decke, ansonsten wäre das Zelt einfach niedergewalzt worden. Die Zeltstangen verbogen sich bedenklich, doch sie hielten. Zwei Stunden lang wütete der *Buran* ohne Unterbrechung. Schließlich flaute er genauso plötzlich ab, wie er begonnen hatte. Ein letzter Windstoß, dann hingen die Zeltwände wie erschlaffte Segel herunter, und es wurde still.

Ich war völlig eingesandet. Zentimeterdick lag der feine Staub im Zelt. Vorsichtig öffnete ich den Zelteingang. Dann kroch ich nach draußen. Die Kanister waren zwar umgefallen, aber fest im Sand vergraben. Es war stockdunkel, kein einziger Stern zeigte sich am Himmel. War es nur die Ruhe vor dem nächsten Sturm, oder war der *Kara Buran* weitergezogen? Sicherheitshalber holte ich mir noch einen weiteren Wasserkanister ans Zelt und knotete eine zusätzliche Sturmleine daran fest. Die beiden Kameltreiber lagen, regungslos in ihre Decken gehüllt, Körper an Körper aneinander. Sie waren bis zur Unkenntlichkeit vermummt und halb vom Sande verweht. Helmut besaß nun ein »Open-Air-Zelt«. Die Reißverschlüsse seiner Zelteingänge waren gebrochen. Notdürftig versuchte er, sie mit Klebeband abzudichten.

Ich blickte auf die Uhr, es war kurz vor Mitternacht, als ich wieder in das Zelt kroch. Vor Müdigkeit schlief ich rasch ein. Aber schon nach kurzer Zeit wurde ich unsanft aus dem Schlaf gerissen, weil ich keine Luft mehr bekam. Ich fühlte das Zelt im Gesicht. Eine neue Sturmwelle hatte es platt gedrückt und mich darunter begraben. Ich stemmte mich mit dem ganzen Körper dagegen, um es wieder aufzurichten. Feiner Staub wirbelte auf. Ich rang nach Atem und spürte gleichzeitig, wie ausgetrocknet meine Kehle war. Da half nur trinken, aber ich hatte keine Hand frei, um nach der Flasche zu greifen. Draußen tobte nach wie vor der Sturm mit ungehemmter Kraft, und ich hatte alle Hände voll zu tun, das Zelt vor dem Kollaps zu bewahren. Ich vermag nicht zu sagen, wie lange der Sturm andauerte, denn mir war jedes Gefühl für Zeit abhanden gekommen. Irgendwann, es muß in den frühen Morgenstunden gewesen sein, flaute er ab, und ich fiel in einen Halbschlaf, aus dem mich erst die Morgensonne erweckte.

Unser Lager sah aus wie nach einem Lawinenabgang. Nur mit dem Unterschied, daß statt unter Schnee alles von Sand begraben war. Wir buddelten zuerst unsere lebenswichtigen Wasserkanister aus, dann die Nahrungsreserven. Den letzten Rest von Gemüse, den wir noch hatten, verfütterten wir an die Kamele. Auch ihnen hatte der Sturm übel mitgespielt. Lustlos kauten sie an der Nahrung herum und spieen das meiste wieder aus. Aber alle Tiere konnten sich erheben, bis auf das »Kleine«. Roze stand bei ihm und machte ein trauriges Gesicht. Nur Wasser konnte es noch einmal auf die Beine bringen. Omarjan führte die anderen Kamele zur Seite, während Roze mit Helmut zu einem der vollen Kanister ging. Wir füllten dem »Kleinen« ein Viertel davon ab. Als es das Wasser witterte, erhob es sich sofort. Mit einem Zug trank es den Behälter leer, den wir ihm vorgesetzt hatten. Aus der Sicht des Kamels dürften die sechs Liter nicht viel mehr gewesen sein als damit einmal die Zunge zu befeuchten, aber unsere Reserven erschöpften sich allmählich. Es lief uns bettelnd hinterher. So gering die Menge auch gewesen sein mochte, das Tier wurde quicklebendig und fraß nun auch den Getreidebrei, den es zuvor verschmäht hatte. Um seine Kräfte zu schonen, wurde die Packlast so umverteilt, daß es heute nur ein unbedeutendes Gewicht zu tragen hatte.

Beim Entsanden meines Zeltes fand ich einen Marienkäfer, den der *Kara Buran* hierhergefegt hatte, dann noch einen und noch einen … insgesamt fünf. Ich hielt sie in der Hand und betrachtete sie wie ein Wunder. Sie erschienen mir als Sendboten des Lebens, und vielleicht waren sie unsere Glücksbringer, die uns vom nahenden Wasser kündeten. Deshalb beschloß ich, sie mitzunehmen. Sie sollten mich bis zum Khotan-darya in meinem Rucksack begleiten. Ich bohrte Luftlöcher in eine leere Filmdose, steckte ein grünes Blatt Chinakohl hinein und die Marienkäfer hinterher.

Teil II

Land der Sehnsucht – Literarische Streifzüge durch die Wüste

Hermann Hesse

Abend auf dem Roten Meer

Von brennenden Wüsten her
Taumelt ein giftiger Wind,
Dunkel wartet das wenig bewegte Meer,
Hundert hastige Möwen sind
Durch die heiße Hölle unsre Begleiter.
Blitze reißen kraftlos am Himmelsrand,
Keines Regens Wohltat kennt dieses verfluchte Land.

Drüber aber steht licht und heiter
Eine friedliche Wolke allein;
Die hat uns Gott dahin gestellt,
Daß wir nicht länger trostlos sein
Und einsam leiden mögen in dieser Welt.

Niemals will ich die Öde unermessen
Und diese brütende Hölle vergessen,
Die ich am heißesten Ort der Erde fand;
Daß aber drüber die lächelnde Wolke stand,
Soll mir ein Trost sein für die lastende Schwüle,
Die ich in meines Lebens Mittag mir nahen fühle.

Tania Blixen

Die Ngongfarm

Ich hatte eine Farm in Afrika am Fuße der Ngongberge. Hundert Meilen nördlicher lief der Äquator durchs Hochland, aber die Farm lag in einer Höhe von über zweitausend Metern. Da spürt man tagsüber die Höhe, die Nähe der Sonne, aber die Morgenfrühe und die Abende sind klar und friedvoll, und die Nächte sind kalt.

Die geographische Lage und die Höhe haben vereint eine Landschaft geschaffen, die in der ganzen Welt nicht ihresgleichen hat. Nirgends ist etwas Üppiges oder Überschwengliches; es ist, als wäre Afrika hier gleichsam durch zweitausend Meter emporgeläutert zu einer starken und klaren Essenz seines Wesens. Die Farben sind trocken und glasiert wie Farben irdener Geschirre. Die Bäume haben ein lichtes zartes Laubwerk, und ihre Form ist anders als die europäischer Bäume, sie bilden keine Kronen und Kuppeln, sondern waagrechte Schichten. Vereinzelte hohe Bäume bekommen dadurch eine Ähnlichkeit mit Palmen, sie haben etwas Heroisches und Romantisches wie Schiffe mit vollen Segeln, und ein Waldrand wirkt seltsam: der ganze Wald scheint leicht zu schwingen. Aus dem Gras der großen Ebenen ragen verstreut die krummen, kahlen alten Dornbäume, und das Gras riecht würzig nach Thymian und Sumpfmyrte; an manchen Stellen ist der Duft so stark, daß er die Nase beizt. Alle Blumen auf den Hochebenen oder an den Schlinggewächsen und Lianen im Urwald sind gewissermaßen Verkleinerungen wie Blumen auf den Dünen; nur zu Beginn der Regenzeit sprießen große fleischige, schwerduftende Lilien auf den Hochebenen empor. Die Ausblicke sind unendlich weit. Alles, was man sieht, atmet Größe und Freiheit und unvergleichliche Vornehmheit.

Das wesentliche Element der Landschaft und des Lebens in ihr ist die Luft. Wer auf einen Aufenthalt im afrikanischen Hochland zurückblickt, den überkommt das Gefühl, er habe eine Zeitlang hoch in der Luft gelebt. Der Himmel ist selten mehr als blaßblau oder violett, und mächtige, aller Schwere bare, immerfort sich wandelnde Wolken türmen sich allenthalben und segeln an ihm dahin; aber die Bläue hat etwas Leuchtendes und färbt die Umrisse der Berge und nahen Wälder mit frischem tiefem Blau. Um die Tagesmitte beginnt die Luft über dem Lande sich zu regen wie eine aufsteigende Flamme, sie flimmert, wogt und schimmert wie rieselndes Wasser, spiegelt und verdoppelt alle Gegenstände und schafft große Fata Morganen. Es atmet sich leicht in der hohen Luft, man saugt Lebensgewißheit und Unbeschwertheit der Seele in sich. Im Hochland erwacht man in der Frühe und weiß: hier bin ich, wo ich sein sollte.

Die Ngongberge ziehen sich als langer Kamm von Nordwesten nach Südosten und sind von vier stolzen Gipfeln gekrönt, die wie reglose dunklere blaue Wellen gegen den Himmel stehen. Sie erheben sich zweitausendsiebenhundert Meter über das Meer und im Osten siebenhundert Meter über das umliegende Land; im Westen ist der Absturz tiefer und steiler, da fallen die Berge senkrecht ab in das große Rifttal.

Der Wind weht im Hochland beständig aus Nordnordost. Es ist der gleiche Wind, den sie unten an den Küsten Afrikas und Arabiens den Monsun nennen, der Ostwind, König Salomons liebstes Roß. Hier oben spürt man ihn nur, als wär's der Widerstand der Luft, gegen den die Erde ostwärts durch den Raum rollt. Der Wind streicht gerade auf die Ngongberge zu, und an den Bergabhängen könnte man herrlich Drachen steigen lassen; der Luftstrom würde sie emporheben bis über die Berggipfel. Die Wolken, die mit dem Winde heranziehen, stoßen an die Hänge des Gebirges und umschweben es oder werden von dem Grat erfaßt und lösen sich in Regen auf. Die aber, die höher fliegen und den Kamm nicht streifen, zergehen westlich von ihm über der glühenden Wüste des Rifttales. Viele Male habe ich aus meinem Hause diese mächtigen Züge heranschweben sehen und staunend betrachtet, wie die stolzen wogenden Massen, kaum daß sie die Berge überflogen hatten, in der blauen Luft zergingen und verschwanden.

Von der Farm aus sah man die Berge mehrmals am Tage ihr Aussehen verändern, zuweilen schienen sie ganz nahe und dann wieder weit, weit entfernt. Abends, wenn es dunkelte, sah es zuerst, wenn man nach ihnen hinschaute, aus, als würde am Himmel ein silberner Strich um die ganze Silhouette des dunklen Berges gezogen; dann, wenn es finster wurde, schienen die vier Gipfel flacher und weicher zu werden, als strecke und dehne sich das Gebirge.

Von den Ngongbergen hat man einen einzigartigen Blick; südwärts sieht man die weite Ebene der großen Jagdgründe, die sich bis zum Kilimandscharo erstrecken, im Osten und Norden das parkartige Gelände der Vorberge mit dem Walde dahinter und das wellige Gebiet des Kikujureservats, das sich hundert Meilen weit zum Kenia hinzieht – ein Mosaik kleiner rechteckiger Maisfelder,

Bananenhaine und Wiesen, und hier und da den blauen Rauch aus einem Eingeborenendorf, das wie ein Grüppchen spitziger Maulwurfshaufen sichtbar wird. Im Westen aber, tief unten, liegt die dürre Mondlandschaft des afrikanischen Tieflandes. Die braune Wüste ist regellos gemustert mit kleinen Flecken von Dornengebüsch, die Windungen der Flußläufe sind von zackigen dunkelgrünen Zwickeln umsäumt: das sind die Wälder der mächtigen breitästigen Mimosenbäume, mit Dornen wie Spieße; da gedeiht der Kaktus, da ist die Heimat der Giraffe und des Nashorns.

Das Bergland selbst in seinem Inneren ist unermeßlich groß, malerisch und wechselnd, voller Schlupfwinkel, langer Täler, Dickichte, grüner Hänge und felsiger Klippen. Hoch oben unter einem der Gipfel grünt sogar ein Bambushain. Quellen und Brunnen rieseln dort oben in den Bergen, ich habe an ihnen gelagert und gerastet.

Zu meiner Zeit hausten der Büffel, die Elenantilope und das Nashorn in den Ngongbergen, und mir hat es immer leid getan, daß nicht das ganze Bergland in das Jagdschutzgebiet eingeschlossen war. Nur ein kleiner Teil davon war geschützt, die Zacke am südlichen Gipfel bezeichnete die Grenze. Wenn die Kolonie sich entfaltet und die Hauptstadt Nairobi eine große Stadt wird, könnten die Ngongberge einen unvergleichlich schönen Wildpark abgeben. Aber schon in den letzten Jahren, die ich dort war, zogen die jungen Leute aus Nairobi mit ihren Motorrädern sonntags in die Berge und knallten ab, was sie zu Gesicht bekamen. Ich glaube, das Großwild wird aus dem Gebiet fort durch die Dornendickichte und Steinwüsten südwärts gewandert sein.

Oben auf den Bergen und auf den vier Gipfeln selbst war es bequem zu wandern; das Gras war kurz wie ein geschorener Rasen; hier und da sah das graue Gestein durch die Grasnarbe. Den Kamm entlang, die Gipfel auf und ab, lief, wie eine glatte Berg-und-Tal-Bahn, ein schmaler Wildwechsel. Eines Morgens, in der Zeit, als ich im Gebirge hauste, kam ich dort hinauf und ging den Wechsel entlang; da fand ich die frische Fährte und Losung eines Rudels von Antilopen. Die großen friedfertigen Tiere sind wohl gegen Sonnenaufgang in einer langen Kette den Kamm entlanggewandert, und man kann sich nicht vorstellen, daß sie zu einem anderen Zweck dort oben waren, als um tief hinab nach beiden Seiten ins weite Land zu schauen.

Auf meiner Farm wurde Kaffee angebaut. Die Gegend lag eigentlich etwas zu hoch für Kaffee, man mußte sich mühselig durchschlagen; wir sind nie reich gewesen auf der Farm. Aber eine Kaffeepflanzung ist etwas, das einen festhält und nicht losläßt, es gibt immer etwas auf ihr zu tun, und meistens hinkt man mit seiner Arbeit ein wenig hintennach. Mitten in einem wilden, ungepflegten Lande ist ein Stück Boden, das bearbeitet und regelrecht bepflanzt ist, ein schöner Anblick. Später, als ich Gelegenheit hatte zu fliegen und meine Farm aus der Vogelschau kennenlernte, war ich sehr stolz auf meine Kaffeeplantage, die hellgrün in der graugrünen Landschaft dalag, und fühlte so recht, wie der Mensch ein tief eingewurzeltes Verlangen nach geometrischen Figuren hat. Das ganze Gebiet rings um Nairobi, besonders im Norden der Stadt, ist ähnlich bebaut; der Siedler, der da lebt, denkt und spricht unausgesetzt vom Pflanzen, Beschneiden oder Ernten des Kaffees und sinnt und grübelt nachts über Verbesserungen seiner Kaffeeaufbereitung.

Kaffeeanbau ist eine langwierige Arbeit. Sie geht durchaus nicht so glatt, wie man sich's vorstellt, wenn man jung und hoffnungsvoll bei strömendem Regen die Kisten mit den zarten jungen Kaffeepflänzchen von der Baumschule holt und mit allem Gesinde aufs Feld zieht und darüber wacht, daß die Pflänzchen in die ordentlich gereihten Löcher ins nasse Erdreich gesetzt werden, in dem sie wachsen sollen, dicht beschattet gegen den Sonnenbrand durch Zweige aus dem Walde – denn Dämmerung ist die Zuflucht allen zarten Lebens. Es währt vier oder fünf Jahre, ehe die Sträucher Frucht tragen, und derweil können dürre Jahre über das Land kommen oder Krankheiten – die frechen wilden Unkräuter schießen in den Feldern dick empor, die Schwarzeiche mit ihren langen kratzigen Samenhülsen, die sich einem an die Kleider und Strümpfe heften. Einige Bäumchen sind schlecht gepflanzt, ihre Hauptwurzel ist verbogen, und sie sterben, sowie sie zu blühen beginnen. Man setzt über sechshundert Bäume auf einen Morgen, und ich hatte sechshundert Morgen Land mit Kaffee bepflanzt. Meine Ochsen zogen Pflüge und Eggen durch die Felder, auf und nieder, viele tausend Meilen zwischen den Baumreihen, geduldig in Erwartung künftigen Lohnes.

Zuzeiten ist es sehr schön auf einer Kaffeepflanzung. Zu Beginn der Regenzeit, wenn die Pflanzung in Blüte stand, bot sich ein leuchtendes Bild, eine Wolke von Kreide schien im Nebel und Geriesel sechshundert Morgen weit übers Land gebreitet. Die Kaffeeblüten haben einen zarten bitterlichen Duft, ähnlich wie Schwarzdornblüten. Wenn das Feld sich von den reifen Kirschen rötete, wurden die Weiber und die Kinder – die Watoto – mit hinausgenommen, um mit den Männern den Kaffee von den Bäumen zu pflücken. Auf Wagen und Karren wurde er dann hinuntergeschafft zur Aufbereitung am Fluß. Unsere technischen Einrichtungen waren nie so auf der Höhe, wie sich's gehört hätte, aber wir hatten unsere Anlage selbst entworfen und gebaut und waren stolz auf sie. Einmal brannte sie gänzlich ab und mußte neu aufgebaut werden. Die große Trockentrommel drehte und drehte sich ohne Unterlaß, und die Bohnen rauschten in ihrem eisernen Bauch wie Kies, der am Strande unter der Brandung knirscht. Zuweilen wurde der Kaffee mitten in der Nacht getrocknet und mußte aus der Trockentrommel herausgeholt werden. Das war ein malerisches Schauspiel, wenn die vielen Windlichter den riesigen dunklen Raum voller Spinnweben und Kaffeeschalen erleuchteten und die glänzenden schwarzen Gesichter in ihrem Schein sich um die Trockenmaschine scharten – man hatte das Gefühl, als hinge das Anwesen in der Schwärze der afrikanischen Nacht wie ein heller Edelstein im Ohr eines Äthiopiers. Dann wurde der Kaffee geschält und gesichtet, mit der Hand sortiert und in Säcke verstaut, die mit Packnadeln vernäht wurden.

Wenn alles vorüber war, konnte ich in der Frühe, noch ehe es tagte, von meinem Bett aus hören, wie die Wagen, mit Kaffeesäcken hoch beladen – zwölf Säcke die Tonne –, von je sechzehn Ochsen gezogen, unter großem Gebrüll und Lärm der nebenherlaufenden Treiber den langen Hügel von der Aufbereitung herauf auf dem Weg nach dem Bahnhof Nairobi davonzogen. Es war angenehm, zu wissen, daß dieser Berg der einzige auf ihrem Wege war, denn die Farm lag tausend Fuß höher als die Stadt Nairobi. Abends ging ich dann dem heimkehrenden Zug entgegen; die müden Ochsen schritten vor den leeren Wagen mit hängenden Köpfen einher, von einem müden kleinen Toto gelenkt, und die Treiber ließen ihre Peitschen matt im Staub der Straße schleifen. Wir hatten alles getan, was wir konnten. Morgen oder übermorgen schwamm der

Kaffee auf dem Meere, und wir durften nur hoffen, daß uns bei den großen Versteigerungen in London das Glück hold war.

Ich besaß sechstausend Morgen, also außer der Kaffeepflanzung noch genug freies Land. Einen Teil der Farm bedeckte Urwald und etwa tausend Morgen Squatterland oder sogenannte Schambas. Die Squatter sind Eingeborene, die auf der Farm eines Weißen mit ihrer Familie einige Morgen Land bekommen und dafür eine bestimmte Zahl von Tagen im Jahr für ihn arbeiten müssen. Meine Squatter freilich faßten das Verhältnis anders auf; viele von ihnen waren auf der Farm geboren und ebenso auch ihre Väter, so daß sie wahrscheinlich mich als eine Art Obersquatter auf ihrem Grund und Boden ansahen. Auf dem Squatterland ging es sehr viel lebendiger zu als auf der ganzen übrigen Farm, und das Schauspiel wechselte ständig mit den Jahreszeiten. Der Mais schoß hoch auf und ragte einem über den Kopf, wenn man auf den schmalen festgetretenen Fußpfaden durch die hohen, grünen, raschelnden Regimenter schritt. Dann wurde er geerntet, die Kolben wurden von den Weibern abgelesen und gedroschen, die Stengel und Hülsen wurden in Haufen gesammelt und verbrannt, so daß zuzeiten überall auf der Farm die dünnen blauen Rauchsäulen aufstiegen. Die Kikuju bauen auch Bataten an, mit Blättern wie Weinlaub, die sich am Boden zu einer dichtgeflochtenen Matte verschlingen, und verschiedene Arten großer gelber und grüngesprenkelter Kürbisse. Wenn man durch die Felder der Kikuju geht, ist immer das erste, was einem in die Augen sticht, das Hinterteil irgendeines alten Weibleins, das in seinem Acker buddelt, wie das Sinnbild des Vogels Strauß, der sein Haupt in den Sand steckt. Jede Kikujufamilie besitzt eine Reihe kleiner runder, spitzer Wohnhütten mit den zugehörigen Vorratshütten und dazwischen einen freien Platz, wo der Boden festgestampft ist wie Zement, wo der Mais geputzt wird und die Ziegen gemolken werden und die Kinder und Hühner umherlaufen. Ich habe auf den Kartoffelfeldern zwischen den Squatterhäusern in der blauen Abenddämmerung Spornhühner gejagt, die Waldtauben gurrten laut ihr Lied in den hochstämmigen zerzausten Bäumen, die hie und da in den Schambas aufragten als Reste des Urwalds, der einst die ganze Farm bedeckt hatte.

Und dann gehörten zur Farm noch einige tausend Morgen Grasland. Da wogte und bog sich das lange Gras wie Wellen des Meeres unter einem steifen Winde, und die kleinen Kikujububen hüteten die Kühe ihrer Eltern. In der kalten Jahreszeit nahmen sie sich in kleinen geflochtenen Körben glühende Kohlen aus den Hütten mit und verursachten zuweilen große Grasbrände, die für die Weidewirtschaft der Farm recht verhängnisvoll waren. In dürren Jahren kamen die Zebras und Antilopen bis zu den Weidegründen der Farm herab.

Beryl Markham

Frag nur dein Herz

Peter Shaw war aus dem Cockpit geklettert und lehnte sich an den Rumpf seiner Avro. Er zerrte noch ungeduldig am Kinnriemen seines Schutzhelms, da kam ihm Juanita entgegengelaufen. Gleich in mehreren Lagen verkrustete der Staub Ostafrikas Peters Gesicht, und seine Augen waren blutunterlaufen. Offenbar war er zum Umfallen müde, was die gereizte Hast entschuldigen mochte, mit der er jetzt das Sturmband zerriß und seinen Helm zu Boden schleuderte. Ungehindert konnte nun der Wind durch sein schwarzes Haar fahren, und im Nu wurden die plattgedrückten Locken lebendig. Staub hin oder her, niemand hätte leugnen können, daß Peter Shaw ein gutaussehender junger Mann war, und Juanita hatte das wohl nie deutlicher empfunden als in diesem Moment. Seinen wohlgeformten Zügen konnte ein bißchen Schmutz nichts anhaben, und seine Augen blitzten zu keck und herausfordernd, um ernstlich unter Windböen und Erschöpfung zu leiden. Seine Nase war gerade wie eine Degenklinge, er hatte volle Lippen und schmale Wangen, die er im Augenblick kräftig rubbelnd vom Wüstensand zu befreien suchte.

Juanita eilte leichtfüßig auf ihn zu, und er empfing sie mit einem aufmunternden Lächeln, faßte sie leicht um die Taille und küßte sie auf die Stirn. Dann hielt er sie auf

Armeslänge von sich ab, um mit gespielter Feierlichkeit ihre weit auseinanderstehenden blauen Augen zu bewundern und ihr sonnengelbes Haar.

»Hallo, Äffchen«, sagte er. »Ich bin heilfroh, daß ich's geschafft hab.«

»Was denn geschafft?« Juanita machte sich sanft von ihm los und warf einen prüfenden Blick auf die Avro. Ihr war, als sacke die Maschine nach Backbord ein klein wenig ab, doch ansonsten schien sie völlig intakt. Sie wollte lächeln – allein, das Lächeln kam nicht. Nichts kam, bis auf ein seltsames Unbehagen, gefolgt von einer blitzartigen Erkenntnis. Ihr Blick schärfte sich. Natürlich hing die Avro durch – ein Holm war zerbrochen, gesplittert wie ein Holzscheit unter einem mächtigen Axthieb –, und der Vordersitz, Michaels Platz, war leer. Sie stellte keine Fragen, trat nur einen Schritt näher, legte Peter die Hand auf den Arm und wartete.

Er warf einen Blick auf seine Maschine und stieß einen unterdrückten Fluch aus. »Meine erste Notlandung«, erklärte er. »Der verdammte Regen, weißt du, ich konnte Marsabit nicht orten. Das war gestern. Es wurde dunkel, und ich mußte in dieser elenden Lavawüste runtergehen, etwa achtzig Meilen nördlich von der Station.« Er reichte ihr seine Navigationskarte, auf der die Landestelle deutlich mit Bleistift markiert war. »Genau hier«, sagte er. »Beim Landeanflug ist mir ein Holm gebrochen – und ich kann's immer noch nicht fassen, daß ich den Vogel überhaupt wieder hochgekriegt hab.«

»Und Michael?«

»Dem fehlt nichts. Kein Grund zur Sorge.« Die Worte kamen rasch, aber seiner Stimme war die Erschöpfung sehr wohl anzumerken. »Heut morgen hab ich gesehen, daß die Kiste sich mit uns beiden drin unmöglich wieder vom

Boden bewegen würde – zuviel Gewicht, verstehst du? Wir haben uns besprochen, und Michael mußte zurückbleiben. Es war der einzige Ausweg. Ich ließ ihm unseren gesamten Wasservorrat da und flog allein nach Marsabit. Die schicken eine Kamelkarawane los, um ihn rauszuholen.« Er brachte ein müdes Lächeln zustande. »Nun kennst du die ganze Geschichte. Wie wär's jetzt mit einem Schluck Tee?«

Sie hatten die Piste hinter sich gelassen und waren Arm in Arm bis zu dem Bougainvilleen-Wäldchen gelangt, das die Veranda ihres Vaterhauses gegen die Sonne abschirmte.

Juanita war tief in Gedanken. »Das muß die Koroli-Wüste sein«, sagte sie schließlich, nachdem sie nochmals einen prüfenden Blick auf die Karte geworfen hatte. »Die gilt als eine der schlimmsten.«

Er nickte. »Und das zu Recht. Ich sag dir, sie ist grauenhaft.«

Juanita schwieg einen Moment. Zögernd blieb sie stehen, die Hand schon auf der Klinke der schweren Lamu-Tür, die gleich einem Fallgitter der umliegenden Wildnis trotzte. Als wolle sie ihm ihr Gesicht ganz unverhüllt und frei darbieten, strich sie sich die widerspenstigen blonden Locken aus der Stirn, ehe sie sich ihm wieder zuwandte.

»Peter«, begann sie zögernd und in beinahe entschuldigendem Ton, »ich weiß, du bist völlig erschöpft – und vielleicht ist es ja auch ganz kindisch, was ich mir da einbilde. Ich versteh noch nicht genug von der Fliegerei –, aber sollte man nicht doch etwas mehr unternehmen? Könntest du nicht umkehren und Michael dort rausholen? Wenn er achtzig Meilen nördlich von Marsabit ist, kann es Tage dauern, bis die Kamele ihn erreichen.« Sie wies mit der Hand zum Rollfeld hinüber. »Dort steht mein Flugzeug; wenn du die Sitze rausnimmst, damit's leichter wird – oder ...« Wieder stockte sie verlegen, so als spüre sie, daß sie nicht das Recht habe, sein Urteilsvermögen in Frage zu stellen. »Es bleibt noch etliche Stunden hell«, fuhr sie fort. »Ich dachte, wenn du vielleicht ...« Ehe sie noch die richtigen Worte finden konnte, merkte Juanita, daß Peter sie mit einem verwunderten Blick maß, und gab sich geschlagen.

»Darling«, entgegnete er ruhig, »du hast nie was für Heldentum übrig gehabt oder für Hysterie, und du solltest jetzt nicht damit anfangen. Michael würde niemals erwarten, daß ich völlig sinnlos meine Maschine aufs Spiel setze, und das gilt für deine genauso. Das wäre heller Wahnsinn, zumal die Rettungsmannschaft schon unterwegs ist. Ein guter Pilot riskiert nie zweimal das gleiche Malheur. Merk dir das, wenn du eine brauchbare Fliegerin werden willst. Auf sentimentalen Gefühlen kann man nicht fliegen.« Seine Stimme klang jetzt beinahe väterlich. Er war wieder ganz der Lehrer, wie sie ihn im Cockpit erlebt hatte – ruhig, vernünftig, überlegen. Auf diese Eigenschaften gründete sich ihr Vertrauen zu ihm. »Die verrückten Piloten sind schuld, daß vielen Leuten die Fliegerei suspekt ist, diese jungen Himmelsstürmer, denen noch die tollkühnen Flausen aus dem letzten Krieg im Kopf rumspuken und die schon wieder drauf brennen, sich im nächsten den Hals zu brechen.«

Nein, sie mußte es sich eingestehen, auf Gefühlen konnte man wahrhaftig nicht fliegen. Es war ihre eigene realistische Philosophie des gesunden Menschenverstands, mit der Peter da argumentierte, und daraus konnte sie ihm weiß Gott keinen Vorwurf machen. Wenn ein Mann in der Wüste festsaß, so war nichts damit gewonnen, daß man auch noch einen zweiten in Gefahr brachte. So mußte es sein – so war es. Und doch ...

Einen Augenblick tauchte sie zurück in ihre Kindheitserinnerungen, sah sich und Michael, den Rotschopf, unermüdlich durch die Wälder tollen, barfuß und glücklich. Nur mühsam brachte sie ein Lächeln zustande, als sie jetzt zu Peter aufsah. »Sei mir nicht böse«, sagte sie. »Aber wir sind von klein auf befreundet gewesen, da muß ich mir einfach Gedanken machen.«

»Das brauchst du wirklich nicht«, erwiderte er. »Die Kamele werden ihn schon finden.«

Sie hatte allen Grund, froh zu sein, daß Peter nicht zu dieser Art von Helden gehörte. Daß er den vernünftigen und gewiß einzig richtigen Weg gewählt hatte und ebenso klug wie umsichtig auf Michaels und auf seine eigene Sicherheit bedacht gewesen war. Nur um Michael auf dem schnellsten Weg heil aus dieser Wüste herausholen zu können, hatte Peter ihn, versorgt mit Trinkwasser, dort zurückgelassen, war nach Marsabit geflogen und hatte die Kamele losgeschickt, die ihn befreien würden. Die Kamele schafften es bestimmt. Bald, vielleicht schon in ein paar Stunden, würde die Nachricht eintreffen, daß alles in Ordnung sei, und dann würde sie froh sein, daß auch sie vernünftig gewesen war, so vernünftig wie Peter, und es den Männern überlassen hatte, ein Männerproblem zu lösen.

Doch sie konnte keine Ruhe finden, rutschte in ihrem Sessel hin und her und strich sich mit einer raschen, fast ärgerlichen Bewegung das Haar aus der Stirn, so als könne ihre Hand die Frage verscheuchen, die in ihrem Kopf hämmerte. Nur nicht denken, ermahnte sie sich, ich muß aufhören zu denken. Warum, das wußte sie freilich selbst nicht.

Sie schloß die Augen und schlug sie auch nicht wieder auf, als Ismail, der Somali-Hausboy, auf leisen Sohlen ins Zimmer trat, um sein tägliches Ritual zu zelebrieren.

Jeden Nachmittag, genau zu dieser Stunde, zündete Ismail den Weihrauch an. Dieser Weihrauch kam aus Aden am Roten Meer, und als Somali zollte Ismail ihm schon deshalb die gebührende Ehrerbietung. Das Gemisch aus Myrrhe, Tolubalsam, Zimtrinde und Lavendelblüten verströmte eine süße Wehmut, und sein aromatischer Duft gehörte ebenso zum Hause Martin wie Ismail selbst.

Vielleicht war es diese kleine Zeremonie, von Ismail bis auf das sanfte Rascheln seiner Khansa völlig geräuschlos ausgeführt, die Juanita einnicken ließ, obwohl sie das ganz gewiß nicht vorgehabt hatte. Ganz still saß sie in ihrem tiefen Sessel und schlummerte friedlich wie ein Kind, und als sie erwachte – nicht jählings, sondern behutsam und sacht –, da fiel ihr Blick als erstes auf das eiserne Kohlenpfännchen, in dem der Weihrauch brannte. Verträumt schaute sie eine Weile in den blauen Rauch, doch mit einmal war ihr, als steige er nicht so ruhig und gleichmäßig empor wie sonst. Plötzlich schien er ein Signal in den dämmrig-verhangenen Raum zu senden, das ihr vertraut vorkam, wenngleich sie sich nur schemenhaft darauf besinnen konnte.

Nördlich von Marsabit, im Grenzgebiet zwischen Kenia und Äthiopien, erstreckt sich die Koroli-Wüste, scheinbar endlos wie jede Wüstenlandschaft, die keine Schranken kennt, außer dem Himmel. Aber dem erfahrenen Auge dessen, der mit der Wüste vertraut ist, zeigen sich in der Koroli durchaus Symbole ihres unverwechselbaren Charakters. Das ist kein Meer aus gelbem Sand, dessen Wellen hin und wieder an die Gestade einer Oase schlagen; dies ist eine bizarr gegliederte Wüste, bevölkert von zahllosen, ungeschlachten schwarzen Lava-Gebilden, der Schöpfung und Hinterlassenschaft eines umstürzlerischen Gottes aus grauer Vorzeit. Wie ausgebleichte Skelette ragen die gräßlichen Monumente vom Boden empor, und verirrt sich ein Mensch dazwischen, so darf er auf kein Erbarmen zählen, ist schlimmer als verloren. Sein Leben ist ohne Bedeutung. Falls er Wasser besitzt, kann er sich in Illusionen wiegen, solange der Vorrat reicht. Hat er Hoffnung, so mag er singen; hat er Mut, dann arbeitet er vielleicht – denn das vertreibt die Zeit.

Michael vertrieb sich die Zeit nach Kräften. Er arbeitete und sang dabei. Falls am Gesicht des ziemlich großen, gertenschlanken und drahtigen Mannes etwas auffiel, dann war es seine naive Offenheit. Dieses hagere Gesicht voller Sommersprossen, gekrönt von einem wirren rötlichen Haarschopf und erleuchtet von zwei strahlend blauen Augen, hatte offenbar nie ein Geheimnis verborgen und kaum je einen Zweifel überdeckt. Freimut und Gelassenheit sprachen aus seinen Zügen.

Michael trug die Uniform eines Offiziers der King's African Rifles: Khaki-Shorts, einen ebensolchen Rock mit mathematisch exakt plazierten Taschen und Tropenhelm. An einem Riemen baumelte ihm eine metallene Wasserflasche von der Schulter und schlenkerte jedesmal in weitem Bogen durch die Luft, wenn Michael sich gar zu ungestüm gegen einen der schwarzen Felsen stemmte. Er wollte eine Schneise freiräumen, eine Art Landebahn für ein Flugzeug schaffen – ein völlig aussichtsloses Unterfangen. Bei seiner Arbeit sang er – wenn auch ohne jeden Respekt vor der Melodie – Schuberts melancholisches »Ständchen«, doch die inbrünstigen Worte verhallten ungehört im Felsenlabyrinth.

Bis jetzt hatte er ein Feld von etwa sieben Meter Breite und fünfzehn Meter Länge freigeräumt – kaum Platz genug, um eine Katze hochzuwerfen, geschweige denn, sie im Kreis herumzuwirbeln. Aber das war egal, denn wahrscheinlich würde sowieso kein Flugzeug kommen, doch die Arbeit vertrieb ihm immerhin die Zeit bis zur Ankunft der Kamele.

»Leise flehen meine Lieder durch die Nacht zu dir«, schmetterte er in einer Lautstärke, die dem Text einen ungewollt ironischen Beigeschmack verlieh. »Hörst die Nachtigallen schlagen ...« Hier stockte er, allerdings nur, weil er nicht weiter wußte, und nicht etwa, weil ihm aufgefallen wäre, daß der einzige Vogel in Sichtweite ein Geier war, der lautlos und wachsam am Himmel seine Bahnen pflügte. Kaum stockte er in seinem Gesang, da schalt er sich auch schon, überhaupt damit begonnen zu haben. Vom Singen kriegte man nur einen trockenen Hals. Michael griff nach der Wasserflasche an seiner Hüfte, hielt sie ans Ohr und schüttelte sie. Heute morgen hatte es darin noch kräftig gegurgelt, doch jetzt vernahm er nur mehr ein leises Plätschern. Wie gern hätte er einen Schluck getrunken, doch er dachte an morgen und kämpfte sein Verlangen nieder.

Nach seiner Uhr war es eine Stunde nach Mittag. Er hatte eine Handvoll Datteln bei sich, eingewickelt in ein Taschentuch. Vier davon aß er und steckte die übrigen zurück in seine Hemdtasche. Sein Hunger war nicht gestillt, und seine Kehle fühlte sich so trocken an wie der Sand, durch den er watete, aber er merkte doch, daß er sich allmählich an die Hitze gewöhnte. Sie war überall, stieg aus der Erde empor, strahlte von den Lavablöcken ab, entströmte sogar seinem Körper, so daß Michael sich nicht länger als Fremdling in der Wüste fühlte, sondern fast wie ein Teil von ihr.

Er erinnerte sich, daß – der Theorie nach – ein Mensch ohne ausreichenden Wasservorrat nicht länger als achtundvierzig Stunden in dieser Gluthitze überleben könnte, betrachtete dies jedoch als törichte Unkerei. Die kurzen Schwindelanfälle, die ihn hin und wieder zwangen, die Arbeit zu unterbrechen, schrieb er seiner Erschöpfung zu; schließlich hatte er schon eine stattliche Anzahl von Felsbrocken versetzt; ihm fehlte nichts weiter als ein wenig Rast.

Michael schloß die Augen und schmiegte sich eng an einen Felsschaft, der neben ihm aus dem Sand aufragte. Beim Atmen spürte er einen stechenden Schmerz in der Brust, doch der würde bestimmt gleich wieder vergehen. Er kramte in seinen Taschen und brachte ein Stück glänzendes Papier zum Vorschein. Es war ein Foto, ein kunstloser Schnappschuß und überdies schon ein paar Jahre alt. Das Bild zeigte Juanita Martin und ihn Hand in Hand über den Leichnam eines räuberischen Leoparden gebeugt, den sie gemeinsam zur Strecke gebracht hatten. Das war für sie beide ihr erstes großes Abenteuer gewesen. Michael hing dem Gedanken nicht weiter nach, aber als er das Bild in die Tasche zurücksteckte, war ihm die Lust am Singen vergangen. Selbstmitleid gestattete er sich freilich nicht; es war doch sinnlos, von heimlichen Wünschen zu zehren.

Längst hatte er sich damit abgefunden, daß er nicht zum romantischen Liebhaber taugte, zumal er sich von allen Mädchen, mit denen er je in Berührung gekommen war, in dieser Meinung bestärkt fühlte. In ihm sah man unwiderruflich den beständigen Freund, den verläßlichen Kumpel – ein guter, stärkender Wein, der nie schäumt.

Noch einmal schüttelte Michael seine Wasserflasche, aber wieder bezwang er den Durst und machte sich erneut ans Werk. Es kostete ungeheure Anstrengung, den Felsbrocken aus seiner Kuhle zu wuchten, aber schließlich hatte er es doch geschafft und stemmte ihn mit beiden Armen vor dem Körper hoch. So wankte er zum Rand seiner kleinen Schneise, wobei er bis zu den Knöcheln im Sand waten und ständig den Kopf schütteln mußte, damit ihm der salzige Schweiß nicht in die Augen rann.

Die fast vergrabene Lavaklinge, die auf seinem Weg lag, hatte er offenbar nicht bemerkt, und so stolperte er mitsamt der schweren Last darüber und fluchte im Fallen leise über die eigene Ungeschicklichkeit. Zum Glück hatte er sich bei dem Sturz nicht verletzt. Nicht einmal seine Finger taten weh; er war weich aufgekommen, und erst als er wieder auf den Beinen stand und mechanisch den Staub von seinen Kleidern klopfte, sah er, daß seine Wasserflasche unter der Wucht des Aufpralls geplatzt und das kostbare Naß ausgelaufen war. Michael untersuchte den Schaden nicht näher, sondern blieb völlig reglos stehen. Er wankte ein wenig unter der sengenden Hitze, die ihm den Atem benahm, und starrte auf den dunklen Fleck, den der Bechervoll Wasser zu seinen Füßen hinterlassen hatte. Schließlich nahm er eine der beiden Zigaretten, die ihm noch geblieben waren, aus dem Päckchen, zündete sie an und sog den Rauch tief in die Lunge ein.

Leise flehen meine Lieder durch die Nacht zu dir – ziellos gaukelten die Worte ihm durch den Sinn, ohne freilich den Weg zu seinen Lippen zu finden. Der Rauch seiner Zigarette stieg kerzengerade in den Himmel, wie ein Seil, das sich auf Geheiß eines Zauberers in die Lüfte hebt. Träge sah er dem blauen Wölkchen nach, bis ein neuerlicher Schwindelanfall ihn zwang, die Augen zu schließen.

Das ist sie also, dachte er – die klassische Wüstentragödie vom Gestrandeten ohne Wasser. Es war eine so abgedroschene, so melodramatische Situation, daß er sie beinahe als Schmach empfand. Er versuchte, den Gedanken fortzulächeln, obgleich er wußte, wie sinnlos das war. Er wußte auch, daß nicht seine Müdigkeit ihm die Kraft aus

Armen und Beinen sog und den Blick trübte, sondern die gnadenlose Sonne über ihm. Seit Stunden schon wußte er das.

Jetzt kam sie wieder – die Schwäche, die seinen Körper schüttelte wie ein Fieber und ihn matt und zitternd zurückließ, nur noch von dem Wunsch beseelt, sich in den Sand fallen zu lassen und liegenzubleiben und alles zu vergessen. Aber wieder raffte er sich auf, sobald der Anfall vorüber war, und machte sich an die Arbeit. Plötzlich jedoch stockte er und starrte auf seine brennende Zigarette, so als hingen Verstandeskraft und Hoffnung allein an dem unscheinbaren grauen Rauchfähnlein, das so zügig der Sonne entgegenstrebte.

Rauch. Er schloß die Augen und erinnerte sich an ein Spiel, das sie oft gespielt hatten – Juanita und er –, ein Spiel mit Rauch. Es war ganz einfach gewesen. Man suchte sich irgendwo in der Steppe, aber nicht zu weit von der Farm entfernt, ein Versteck und zündete ein Feuer an. Dann nahm man seinen Hut und zerteilte den Rauch in Signalzeichen, genau wie die Eingeborenen. Dreimal kurz und einmal lang bedeutete zum Beispiel: »Komm schnell, das Fort ist in Gefahr.« Es hatte Spaß gemacht, den Hilferuf loszuschicken und abzuwarten, wie lange seine beste Freundin wohl brauchen würde, um ihn zu finden. Atemlos kam sie angerannt, mit einer Handvoll Steine oder mit einem Wandorobo-Pfeil-und-Bogen, um ihm gegen den Feind beizustehen.

Drei kurze und ein langes Zeichen. Fast wie im Traum, ein halbes Lächeln auf den Lippen, kniete Michael Cole nieder, zog einen Fetzen Papier aus der Tasche und steckte ihn in Brand. Auf den Knien rutschte er durch den Sand und sammelte Wüstengrashalme, um das schwache Flämmchen anzufachen. Er fand ein paar dürre Dornstrauchzweige und legte sie einen nach dem anderen dazu, wie ein Geizhals, der mit Pfennigen knausert. Er hätte weitergesucht, wäre er nur stark genug gewesen, sich einen Schritt weiterzuschleppen, aber seine Kraft schien versiegt wie das Wasser aus der kaputten Flasche.

Als die Flamme zur Größe eines kleinen Busches emporgewachsen war, nahm er den zerbeulten Hut vom Kopf, und bis der Schlaf ihn übermannte, gab er das Rauchsignal: dreimal kurz und einmal lang. Unverdrossen sandte er die kindliche Botschaft himmelwärts, solange sein Arm ihm noch gehorchte.

Wüstengras und Dornensträucher sind kein ergiebiger Brennstoff. Etwa fünf Minuten lang schwelte das Feuerchen, doch als es erlosch, merkte er nichts mehr davon. Er lag mit seinem roten Schopf im Sand und atmete stockend, während sein einziger Gefährte, der Geier über ihm, mit unerbittlichem Flügelschlag näher kam.

Antoine de Saint-Exupéry

Die Wüste

I

So gut wie in der Oase, von der ich eben erzählte, ging es uns nicht ein einziges Mal in der ganzen Zeit, in der wir als Verkehrsflieger der Saharalinie auf Wochen, Monate, ja auf Jahre Gefangene des Sandes waren und von einer Wüstenfestung zur anderen flogen, ohne aus dem Bannkreis der Dürre je hinauszukommen. Oasen, wie die geschilderte, gab es in dieser Wüste nicht; Gärten und Mädchen waren eine ferne Sage. Gewiß, in weiter Zukunft, wenn wir einmal mit unserer Arbeit fertig sein würden, dann gab es einen Ort, wo wir aufleben wollten, wo wohl tausend Mädchen auf uns warteten. In der Stille bildeten sich bei zahmen Tieren und beschaulichen Büchern ihre schönen Seelen aus. Und von Tag zu Tag wurden sie schöner ... Inzwischen habe ich die Einsamkeit kennengelernt. Drei Jahre Dienst in der Wüste haben sie mir ausgiebig zu kosten gegeben. Sie ist gar nicht schrecklich, und in ihrer Gesellschaft empfindet man kein Grauen davor, die besten Jahre seiner Jugend in einem öden Steinland zu verbringen. Es kommt einem vielmehr so vor, als ob weit draußen die Welt alt würde. Die Bäume haben ihre Früchte gebildet, die Felder treiben ihre Ähren, die Frauen sind schön geworden im reifenden Jahr. Die Zeit fliegt, man müßte heimkehren! Die Zeit fliegt und man wird in der Ferne zurückgehalten. Die Güter der Welt gleiten uns durch die Finger wie der Sand der Dünen.

Den Ablauf der Zeit empfinden die meisten Menschen für gewöhnlich gar nicht; sie sind von der Vergänglichkeit vorläufig auf freien Fuß gesetzt. Wir aber empfanden ihn, denn auf uns drückten ohne Unterlaß die ewigen Passatwinde. Es ging uns wie dem Reisenden im Schnellzug, dem der Lärm der Schienenstöße, die ihren Takt in die Nacht hinaussenden, die Ohren erfüllt. Er sieht durch seine Fensterscheibe hinaus ins Dunkle und ahnt an den zerstreuten Lichtern, daß Felder, Dörfer und stille Winkel an ihm vorüberfliegen, von denen er nichts behalten darf; er ist ja auf Reisen. Auch wir fühlten uns trotz der Stille der Flughäfen ständig unterwegs. Ein leichtes Fieber machte einen überwach, und die Ohren waren noch immer erfüllt vom Motorengeräusch. Wir hatten das Gefühl, einer unbekannten Zukunft entgegenzureisen, denn pausenlos trug uns der Schlag unseres Herzens im Zug der steten, nie rastenden Winde.

Der Aufstand der Einheimischen verstärkte die Wirkung der Wüste. In die stillen Nächte von Cap Juby klang alle Viertelstunden eine eigenartige Glocke: die Wachen riefen einander mit dem vorgeschriebenen lauten Rufe an. So sicherte sich die spanische Festung Cap Juby gegen die schleichenden Gefahren, die sich niemals ins Gesicht sehen ließen. Und wir, Fahrgäste auf diesem blindgesteuerten Schiff, wir lauschten dem Anruf, der von Posten zu Posten weitergegeben wurde und um uns kreiste wie der Schrei der Möwen.

Und dennoch liebten wir die Wüste.

Zuerst ist sie nur Leere und Schweigen, denn sie gibt sich nicht zu Liebschaften von einem Tage her. Schon in der

Heimat hält sich das stille Dorf scheu zurück. Niemand kann es kennen, der nicht ihm zuliebe auf die ganze übrige Welt verzichtet, sich in seine Überlieferungen, seine Sitten, seine Streitigkeiten einlebt; und dabei ist es für so viele Menschen Heimat und Weltall zugleich. Noch tiefer einsam freilich ist der Mensch neben uns, der sich seine Klause gemauert hat und in ihr nach Ordensregeln lebt, die wir nicht kennen. Kein Lamakloster, keine erdenweite Entfernung kann eine solche Einsamkeit bieten, in die nicht einmal ein Flugzeug dringt. Und wenn wir schon gelegentlich die Zelle des Einsamen zu sehen bekommen, so ist sie leer und verrät uns nichts von dem inneren Reich ihres Bewohners. So ist auch die Wüste nicht aus Sand gemacht, und nicht aus verschleierten Tuaregs, und nicht einmal aus gewehrtragenden Beduinen.

Das aber ist sie: wir haben einen ganzen Tag Durst gelitten und plötzlich spüren wir zum allerersten Male, daß die Wasser des altbekannten Brunnens ständig fließen. Eine unsichtbare Frau kann ein ganzes Haus verzaubern; ein ferner Brunnen wirkt weit, weit, so weit wie die Liebe.

Das aber ist sie: die Sandmassen schienen erst so öde! Eines Tages aber fürchten wir einen Kriegszug der Aufständischen, und plötzlich entdecken wir, daß der Sand ein weiter, faltiger, verhüllender Mantel ist. Schleichende Streifscharen von aufständischen Berbern geben der Wüste ein neues Gesicht.

Diese Spielregeln haben wir angenommen und uns dem Spiel eingegliedert. Nun ist die Sahara in uns, und da erst zeigt sie sich. Ihr nahekommen, das bedeutet nicht, eine Oase besuchen. Vielmehr bedeutet es, an einen Brunnen tief und brünstig zu glauben.

II

Gleich auf meinem ersten Fluge sollte ich erfahren, was Wüste heißt. Wir, das heißt Riguelle, Guillaumet und ich, mußten bei dem Vorposten Nuatchott notlanden. Diese winzige Festung in Mauretanien war damals so einsam und fern von allem Leben wie eine Insel im Weltmeer. Ein älterer Unteroffizier lebte dort weltabgeschieden mit seinen fünfzehn Senegalschützen. Er empfing uns wie Abgesandte des Himmels: »Kinder, was das für mich bedeutet, daß ich mit euch reden kann, ach ja, was das für mich bedeutet!«

Und ob es für ihn etwas bedeutete – er weinte.

»Seit bald einem halben Jahr seid ihr die ersten. Alle halben Jahre werden nämlich meine Vorräte ergänzt. Einmal kommt der Leutnant, einmal der Hauptmann. Das letzte Mal war es der Hauptmann.« Wir waren bestürzt. Zwei Stunden vor Dakar, wo man schon das Essen für uns kocht, bricht eine Pleuelstange, und schon wartet ein ganz anderes Schicksal auf uns: wir spielen die Rolle einer wundersamen Erscheinung bei einem alten Unteroffizier, der darüber weinen muß.

»Trinkt, Kinder, es macht mir ja solche Freude, einschenken zu können! Denkt euch nur, wie der Hauptmann das letzte Mal durchgekommen ist, da hatte ich keinen Wein zum Zutrinken. Jawohl, wir konnten nicht anstoßen! Ich habe mich so geschämt, daß ich um meine Versetzung eingekommen bin.« Ja, anstoßen muß man können, kräftig anstoßen mit dem Ankömmling, der schweißtriefend von der Kamelstute springt. Ein halbes Jahr hat man auf diese Minute gewartet. Seit einem Monat schon wurden die Waffen geputzt und der Posten vom Keller bis zum Boden gereinigt. Seit mehreren Tagen lagerte über allem das Vorgefühl des herrlichen Tages, und unermüdlich hatte das Auge da oben von der Terrasse des kleinen Festungswerkes das ganze Blickfeld abgesucht, um die Staubwolke zu entdecken, aus der sich dann die fliegende Schwadron von Atar entpuppte.

Aber es fehlt an Wein; das Fest kann nicht begangen werden, denn man kann nicht anstoßen. Da fühlt man sich entehrt. –

»Nun muß der Hauptmann aber bald wiederkommen. Ich warte schon sehr.«

»Und wo ist denn dein Hauptmann, Unteroffizier?«

Er zeigt auf die weiten Sandwellen: »Das weiß man nie. Der Hauptmann ist überall.«

Ich habe dieses kleine Erlebnis in einem meiner früheren Romane verwendet. Dieser Zug war aber kein Roman, er kam aus der Wirklichkeit. Wir haben die Nacht auf der Terrasse des befestigten Postens erlebt, auf der wir von den Sternen sprachen. Etwas anderes gab es ja auch nicht zu bewachen. Dafür waren sie auch so vollzählig da wie im Flugzeug, nur standen sie still.

Im Flugzeug tun sie das nämlich nicht. Dann kann es einem Flieger vorkommen, daß er in einer gar zu schönen Nacht zu steuern vergißt. Das Flugzeug legt sich etwas auf die linke Seite. Der Flieger freilich meint, daß es noch immer waagerecht liegt. Da entdeckt er unter dem rechten Flügel die Lichter eines Dorfes; in der Wüste aber gibt es keine Dörfer. Dann ist es wohl eine Fischerflotte beim nächtlichen Fischfang? Aber mitten in der Wüste fahren keine Fischerboote. Was ist es dann, fragt sich der Flieger. – Ja dann, dann muß er über den Irrtum lächeln, behutsam richtet er sein Flugzeug wieder gerade. Das »Dorf« kommt wieder an seinen Platz, und er hängt das Sternbild wieder ans Himmelsgewölbe, von dem er es hatte herunterfallen lassen, sein Sternendorf.

Oben von unserer Festung aus gesehen, war die Wüste erstarrt und ihre Wogen standen unbewegt. Die Sternbilder aber hingen fest am Himmel und unser Unteroffizier sagte von ihnen: »Glaubt mir's nur, ich kenne meine Himmelsrichtungen. Fliegt nur einmal auf den Stern dort drüben zu, dann kommt ihr nach Tunis!«

»Du bist wohl von dort?«

»Ich nicht, aber meine Kusine.«

Nach diesen Worten trat eine lange Pause im Gespräch ein. Aber der Unteroffizier konnte uns nichts verschweigen: »Ich gehe auch einmal nach Tunis, irgend einmal.«

Nun, dazu wirst du dir schon einen anderen Weg wählen als den, immer einem Stern zu folgen. Es sei denn, daß dich eines Tages auf einem Wüstenmarsch ein versiegter Brunnen der Verzückung des Durstfiebers in die Arme treibt. Da würdest du wohl gar Kusine und Stern und Tunis für eines halten. Dann würdest du jenen von wahnsinniger Erleuchtung getriebenen Marsch antreten, den nur die für qualvoll halten, die es nicht besser wissen.

Doch er sprach weiter: »Einmal habe ich den Hauptmann um Urlaub nach Tunis gebeten, eben wegen dieser Kusine. Und da hat er mir geantwortet …»

»Was hat er dir geantwortet?«

»Er hat mir geantwortet: Kusinen gibt es überall. Und weil es weniger weit war, hat er mich nach Dakar geschickt.«

»War deine Kusine schön?«

»Die in Tunis? O gewiß; sie war blond.«

»Nein, die in Dakar!«

Ach, guter Unteroffizier, wir wären dir fast um den Hals gefallen wegen deiner Antwort, die so halb verdrossen und betrübt herauskam: »Die war eine Negerin.«

Was war die Sahara für dich, Unteroffizier? Ein Gott, der stets zu kommen versprach, und eine sanfte blonde Kusine hinter fünftausend Kilometer Sand.

Und was war sie für uns? Das, was in uns reifte, was wir über uns selbst erfuhren. Wir haben gleich dir in jener Nacht eine tiefe Liebe empfunden zu einer Kusine und zu einem Hauptmann.

III

Port-Étienne, am Rande des ununterworfenen Gebietes, verdient den Namen Stadt nicht. Außer der Festung gibt es dort nur einen Flugzeugschuppen und eine Holzbaracke für unsere Mannschaften. Die Wüste rundum ist so von Kern auf Wüste, daß Port-Étienne trotz seiner geringen kriegerischen Mittel nahezu unbesiegbar ist. Die feindlichen Kriegszüge haben einen so breiten Gürtel von Sand und Glut zu durchqueren, ehe sie zum Angriff kommen, daß sie nur erschöpft und fast ohne Wasser anlangen. Und doch ist seit Menschengedenken immer eine kampfgierige Schar im Anmarsch auf die Festung, irgendwo im Norden. Jedesmal wenn der Hauptmann, der den Platz befehligt, bei uns ein Glas Tee trinkt, zeigt er uns ihren Vormarsch auf den Karten. Es klingt, wie wenn man von einer verwunschenen Prinzessin erzählt. Aber die Schar kommt niemals an, sie versickert im Sande wie ein Fluß, so daß wir sie unter uns die Geisterschar nennen. Ruhig liegen die Handgranaten und Patronen, die der Hauptmann allabendlich an uns ausgibt, in ihren Kisten unter unseren Betten. Unser einziger Feind ist die Stille, unser bester Schutz unsere Armut. Lucas, der Vorstand des Flughafens, läßt sein Grammophon bei Tag und Nacht gehen, und dieses spricht zu uns eine schon halb verlorene Sprache und weckt eine trübe Sehnsucht, die merkwürdig dem Durstgefühl ähnelt.

Heute abend haben wir auf der Festung gesessen, und der Hauptmann-Befehlshaber hat uns seinen Garten gezeigt. Er hat sich aus Frankreich drei Kisten wirkliche Erde kommen lassen, die viertausend Kilometer weit gereist ist. Darin pflegt er drei grüne Kräutlein, deren Blätter wir mit dem Finger streicheln wie große Kostbarkeiten. Wenn der Hauptmann von dieser Anlage spricht, nennt er sie seinen Park. Und wenn der Sandsturm weht und alles ausdörrt, wird der Park vorsorglich in den Keller gesetzt.

Wir hausen einen Kilometer von der Festung entfernt und kehren im Mondschein nach dem Essen heim. Im Mondenlicht ist der Sand rosig.

Einen Augenblick fühlen wir uns verlassen und arm. Aber der Sand ist so wunderbar rosig. Und nun stellt auch der Anruf einer Schildwache die dramatische Größe dieser Wüstenwelt wieder her. Die ganze Sahara fürchtet ja unsere Schatten und ruft uns an. Denn irgendwo im Norden ist ein Mauretanierzug unterwegs!

In diesem Anruf der Wache klingen alle Stimmen der Wüste wider. Diese ist eben doch kein leeres Haus. Eine kamelberittene Schar bewaffneter Mauretanier belebt ihre Nacht.

Man könnte sich hier so sicher wähnen. Dabei lauern so viele Drohungen, Krankheit, Unfall, Mauretanierhorden. Der Mensch ist ständig Zielscheibe für Schüsse aus dem Hinterhalt. Daran hat uns der Postenanruf des Senegalschützen erinnert.

Wir antworten: »Franzosen!« und gehen an dem schwarzen Erzengel vorbei. Wir atmen freier. Welch herrliches Gefühl schenkt uns die ferne Drohung, so fern, so unaufdringlich sie ist, gedämpft durch so viel Sand. Aber sie genügt: Die Welt ist nicht eintönig, die Wüste treibt Aufwand. Eine bewaffnete Schar, die irgendwo vorrückt und nie zum Ziele kommen wird, gibt ihr göttlichen Reichtum.

Jetzt ist es elf Uhr abends. Lucas kommt aus der Funkstation und meldet mir für Mitternacht das Flugzeug aus Dakar. »Alles wohl an Bord.« Da kann die Post bis zehn nach Mitternacht in mein Flugzeug umgeladen sein und ich nach Norden abfliegen. Ich rasiere mich vor einem zerkratzten Spiegel. Von Zeit zu Zeit gehe ich, ohne das Handtuch vom Hals zu nehmen, zur Türe und spähe in den nackten Sand hinaus. Dann kehre ich zum Spiegel zurück und beende träumend meine Arbeit. In der Zeit, in der die Passatwinde nach monatelangem Wehen sich zur Ruhe begeben, gibt es nicht selten große Unordnung am Himmel. Wie wird es heute nacht? Ich schirre mich an: Notlampen am Gürtel, Höhenmesser und Bleistifte in die Taschen. Ich gehe zu Néri, der in dieser Nacht mein Bordfunker sein soll. Er rasiert sich auch.

»Alles in Ordnung?«

Für den Augenblick, ja. Diese vorbereitenden Handlungen sind ja schließlich das wenigste am ganzen Flug. Doch da höre ich ein leises Schwirren. Eine Libelle schlägt an meine Lampe. Ohne daß ich weiß, warum, geht mir das nahe. Ich trete nochmals vor die Tür und halte Ausschau. Die Luft ist rein. Ein Steilhang am Ende des Flugplatzes hebt sich so scharf vom Himmel ab wie am hellen Tage. Über der Wüste liegt tiefe Stille wie über einem Hause, in dem alles in Ordnung ist. Aber schon wieder prallen zwei Libellen und ein grüner Schmetterling an meine Lampe. Und erneut regt sich in mir das dunkle Gefühl, gemischt aus Freude und Besorgnis, als ob jemand von sehr weit her mit mir redete. Ist das Instinkt? Er treibt mich nochmals hinaus. Nun ist es ganz windstill und ebenso kühl wie vorher. Und doch habe ich eine Warnung erhalten. Ich ahne, oder glaube zu ahnen, was mich erwartet. Habe ich recht? Weder Himmel noch Sand geben mir ein noch so leises Anzeichen. Aber Libellen und ein grüner Schmetterling haben mir etwas zugeflüstert.

Ich klettere auf eine Düne und setze mich hin, das Gesicht ostwärts gewendet. Und ich habe recht gehabt, ja es wird recht bald losgehen. Was täten denn auch sonst diese Libellen hier, Hunderte von Kilometern von den Oasen im Landinnern entfernt? Kleine Trümmer, die die Brandung an den Strand wirft, berichten von dem Taifun, der auf hoher See gewütet hat. Diese Insekten beweisen, daß ein Sandsturm naht, ein Oststurm, der die fernen Palmenwälder, die Heimat der grünen Schmetterlinge, heimgesucht hat. Schon hat der Schaum bis zu mir gespritzt. Ganz leise setzt sich der Ostwind in Bewegung; feierlich naht er, denn er ist ein Beweis, er ist eine furchtbare Drohung; feierlich naht er, denn in sich birgt er einen schweren Sturm. So leise kommt er zuerst, daß ich sein Ächzen nicht hören kann. Ich bin die äußerste Grenze, bis zu der seine Wellen branden. Wenige Meter hinter mir hätte ein Wimpel unbeweglich gehangen. Nur ein einziges Mal hat mich sein heißer Atem berührt, ein einziges Mal hat er mich mit lebloser Hand gestreichelt. Aber ich weiß genau: jetzt holt die Wüste einige Minuten lang tief Atem. Und dann wird sie zum zweiten Male seufzen. Ehe dann noch drei Minuten vergangen sind, wird sich der Luftsack über unserem

Flugzeugschuppen blähen. Dann noch zehn Minuten und Sand wird die Luft erfüllen. Wir werden im prasselnden Feuer aufsteigen, Néri und ich, in den Flammen der windgepeitschten Wüste!

Das bringt mich nicht aus der Ruhe. Aber etwas ganz anderes erfüllt mich mit wilder Freude. Ich habe die geflüsterten Worte einer Geheimsprache verstanden. Ich habe wie ein Indianer eine Fährte gewittert, in der sich die Zukunft meldete. Ich habe aus dem Flügelschlag einer Libelle die Kunde vom nahenden Wüstensturm gelesen.

Paul Bowles

Die Stunden mit Belqassim

Als sie die Augen öffnete, wußte sie sofort, wo sie war. Der Mond stand tief am Himmel. Sie zog den Mantel um ihre Beine, fröstelte leicht und dachte an gar nichts. Es gab eine Stelle in ihr, die schmerzte und Ruhe brauchte. Es war gut, einfach dazuliegen, dazusein und keine Fragen zu stellen. Sie war überzeugt, daß sie, wenn sie es wollte, alles, was geschehen war, wieder in ihr Gedächtnis zurückrufen konnte. Es kostete sie nur eine kleine Anstrengung. Aber sie war durchaus glücklich in ihrer jetzigen Lage, mit dem undurchsichtigen Vorhang, der alles verhängte. Sie würde ihn nicht aufheben, um in den Abgrund des Gestern zu schauen und wieder seinen Kummer und Reue zu erleiden. Im Augenblick war das, was vorher war, unklar und nicht identifizierbar. Entschlossen wandte sie ihre Gedanken davon ab, weigerte sich, es zu analysieren, und richtete ihre ganze Energie darauf, eine sichere Wand zwischen sich und dem anderen aufzurichten. Wie ein Insekt, das seinen Kokon immer dichter und widerstandsfähiger spinnt, verstärkte ihr Wille diese dünne Trennwand vor dem Gefahrenpunkt ihres Ichs.

Sie lag ganz ruhig, mit angezogenen Beinen. Der Sand war weich, aber seine Kälte drang durch ihre Kleider. Als sie fühlte, daß sie die Kälte nicht länger aushalten konnte, kroch sie aus dem Schutz des Baumes und begann, davor auf und ab zu gehen, in der Hoffnung, sich zu erwärmen. Die Luft war totenstill; nicht ein Hauch rührte sich, und die Kälte nahm minütlich zu. Sie begann, feldeinwärts zu gehen und kaute dabei Brot. Jedesmal, wenn sie zu dem Tamarindenbaum zurückkehrte, war sie versucht, wieder unter seine Zweige zu schlüpfen und zu schlafen. Als jedoch das erste Licht der Dämmerung aufsprang, war sie hellwach und warm.

Die Wüstenlandschaft ist immer am schönsten im Zwielicht der Morgen- oder Abenddämmerung. Das Gefühl für Entfernungen fehlt dann: ein naher Hügel kann wie ein weitentfernter Höhenzug wirken, jedes kleine Detail kann zu einer Größe erster Ordnung im monotonen Thema der Landschaft werden. Der nahende Tag verspricht eine Überraschung; erst wenn er sich voll entfaltet hat, kommt dem Betrachtenden der Verdacht, daß es der vorangegangene Tag sein könnte, der wiedergekommen ist – der gleiche Tag, den er wieder und wieder erlebt hatte, immer noch blendend hell und von der Zeit unberührt. Kit atmete tief und sah sich um; sie sah die weiche Linie der kleinen Dünen, das sich ausbreitende klare Licht, das hinter dem Rand der hammada emporstieg, den Palmenwald in ihrem Rücken, der noch in Nacht versunken war, und wußte, daß es nicht der gleiche Tag war. Selbst als es völlig hell wurde, selbst als die Riesensonne aufflammte und Sand, Bäume und Himmel langsam ihren Tagesaspekt annahmen, hatte sie keinerlei Zweifel über die Neuheit und Andersartigkeit des Tages.

Eine Karawane, die aus mehr als zwei Dutzend mit unförmigen Wollbündeln beladenen Kamelen bestand, näherte sich ihr vom oued her. Mehrere Männer gingen neben den Tieren. Am Ende der Prozession ritten zwei Männer auf hohen Meharis, deren Nasenringe und Zügel ihnen einen noch hochmütigeren Ausdruck verliehen, als ihn die gewöhnlichen Kamele hatten. Schon als sie diese zwei Männer sah, wußte sie, daß sie sie begleiten würde, und diese Gewißheit gab ihr ein unerwartetes Gefühl von Macht: anstatt ihre Omen zu fühlen, würde sie sie jetzt selbst verkörpern. Aber selbst über diese neue Möglichkeit des Daseins war sie nur wenig erstaunt. Sie vertrat der nahenden Prozession den Weg, rief ihr zu und wedelte mit den Armen in der Luft. Und ehe noch die Tiere stehengeblieben waren, rannte sie zu dem Baum zurück und zerrte ihren Koffer hervor. Die beiden Reiter sahen sie und sich erstaunt an. Sie zügelten ihre Meharis, beugten sich vor und starrten sie fasziniert und neugierig an.

Da jede ihrer Bewegungen autoritativ war, ein äußerer Ausdruck völliger innerer Sicherheit, die nicht die leisesten Zweifel zeigte, kam es den Herren der Karawane nicht in den Sinn, sie daran zu hindern, daß sie ihren Koffer einem der Männer gab und ihm bedeutete, ihn oben auf einen Wollsack zu binden, der sich auf dem nächsten Lastkamel befand. Der Mann sah nach seinen Herren, bemerkte auf deren Gesichtern kein Zeichen, den Befehl der fremden Frau nicht auszuführen, und ließ das störrische Tier niederknien, damit es die zusätzliche Last aufnehme. Die anderen Kameltreiber sahen schweigend zu, wie sie wieder zu den Reitern zurückging, ihre Arme dem jüngeren Mann entgegenstreckte und ihn auf englisch fragte: »Ist für mich noch Platz?«

Die Reiter lächelten. Mächtig brummend, ließ das Mehari sich auf die Knie zwingen; sie setzte sich seitlich, wenige Zentimeter vor den Mann. Als das Tier sich erhob, mußte er sie halten, wobei er seinen Arm um ihre Taille legte, sonst wäre sie heruntergefallen. Die beiden Reiter lachten ein wenig und tauschten einige kurze Bemerkungen, während sie ihren Weg am oued entlang wieder aufnahmen.

Nach einer gewissen Zeit verließen sie das Tal und bogen in eine weite, pflanzenlose, steinübersäte Fläche ein. Vor ihnen lagen die gelben Dünen. Da war nichts als die Glut der Sonne, das langsame Steigen auf die Hügelkuppen und das weiche Abwärtsreiten in die Mulden – wieder und wieder, und die lebendige Nähe des Armes, der sie umschlang. Es gab keine Probleme für sie; sie war froh, sich entspannen zu können und die sanfte, einförmige Landschaft an sich vorüberziehen zu sehen. Um genau zu sein – es schien ihr, daß sich die Landschaft überhaupt nicht veränderte, daß sie sich überhaupt nicht fortbewegten und daß die Düne, an deren scharfem Rand sie jetzt entlang ritten, die gleiche war, die sie vor langer Zeit hinter sich gelassen hatten, und daß es unmöglich war, daß sie irgendwo hingelangten, da sie sich ja nirgends befanden. Und indem diese Gefühle sie anrührten, weckten sie in ihr leise Regungen von Gedanken. »Bin ich tot?« sagte sie sich, aber ohne Angst, denn sie wußte, daß dem nicht so war. Solange sie sich fragen konnte: »Ist hier etwas?« und »Ja« antworten, konnte sie nicht tot sein. Und hier war der Himmel, die Sonne, der Sand und die langsame, monotone Bewegung des Meharis. Sie überlegte, daß, selbst wenn der Augenblick käme, wo sie nicht mehr antworten konnte, die unbeantwortete Frage doch noch gegenwärtig sein und sie wissen lassen würde, daß sie noch lebte. Der Gedanke tröstete sie. Dann fühlte sie sich hochgestimmt und heiter; sie lehnte sich gegen den Mann zurück und spürte, wie äußerst unbequem sie saß. Ihre Beine mußten schon lange eingeschlafen sein. Jetzt zwang der immer stärker werdende Schmerz sie zu dauerndem Sitzwechsel. Sie hob sich ein wenig und schlenkerte ihre Glieder. Der Reiter verstärkte den Druck seines Armes und sagte ein paar Worte zu seinem Gefährten; beide lachten.

Als die Sonnenhitze ihren Höhepunkt erreicht hatte, kam eine Oase in Sicht. Die Dünen senkten sich, und das Terrain wurde fast flach. In einer Landschaft, die von der Hitze entfärbt war, wirkten die paar hundert Palmen zuerst nur wie ein grauer Streifen am Horizont – ein Streifen, dessen Breite sich beim Anschauen veränderte, der sich wie ein träge fließendes Band bewegte: ein breites Band, ein langes graues Kliff, dann nichts, dann wieder die eine feine Bleistiftlinie zwischen Himmel und Erde. Sie beobachtete teilnahmslos dieses Phänomen und zog dabei ein Stück Brot aus der Tasche ihres Mantels, der über der plumpen Schulter des Meharis lag. Das Brot war völlig vertrocknet.

»Stenna, stenna. Chouia, chouia«, sagte der Mann.

Bald darauf löste sich ein einsames Gebilde aus der ungewissen Masse am Horizont und stieg plötzlich wie ein djinn in die Luft. Einen Augenblick später fiel es in sich zusammen, wurde kleiner und war nichts als eine Palme, die ganz regungslos am Rande der Oase stand. Sie ritten schweigend eine Stunde weiter, und schließlich waren sie unter den Bäumen. Der Brunnen war von einer niedrigen Mauer umschlossen. Es gab keine Menschen, keinerlei Zeichen menschlicher Nähe. Die Palmen wuchsen sehr weit auseinander; ihre Zweige, mehr grau als grün, schimmerten metallisch und gaben kaum Schatten. Froh, ausruhen zu können, lagerten sich die Kamele, nachdem man ihnen die Lasten abgenommen hatte. Die Diener entnahmen den Ballen riesige gestreifte Teppiche, ein vernickeltes Teeservice, in Papier gewickelte Brote, Fleisch und Datteln. Ein schwarzer Wasserschlauch aus Ziegenhaut mit einem Holzspund wurde gebracht, und die drei tranken daraus; das Brunnenwasser wurde als gut genug für die Treiber und die Tiere befunden. Sie saß am Rande des Teppichs, an den Stamm einer Palme gelehnt, und beobachtete faul die Vorbereitungen zu einer Mahlzeit. Als sie fertig war, aß sie herzhaft und fand alles köstlich; trotzdem war es nicht genug, um ihre beiden Gastgeber zufriedenzustellen, die ihr immer weiter Essen aufzwingen wollten, als sie schon längst nicht mehr konnte.

»Smitsek? Kuli!« sagten sie zu ihr und hielten ihr kleine Bissen vor das Gesicht; der Jüngere versuchte ihr Datteln in den Mund zu stopfen, aber sie lachte und schüttelte den Kopf, so daß sie auf den Teppich fielen und der andere sie rasch aufhob und verspeiste. Die Treiber brachten Holz und bauten eine Feuerstelle, damit der Tee gekocht werden konnte. Als dies geschehen war – der Tee getrunken, wieder neu zubereitet, wieder getrunken –, war es Nachmittag. Die Sonne brannte immer noch am Himmel.

Ein zweiter Teppich wurde neben den beiden liegenden Meharis ausgebreitet, und die Männer bedeuteten ihr, sich dort im Schatten des Tieres mit ihnen hinzulagern. Sie gehorchte und streckte sich auf dem bezeichneten Platz, der zwischen ihnen war, aus. Der Jüngere ergriff sie daraufhin sofort und hielt sie in einer leidenschaftlichen Umarmung fest. Sie schrie auf und versuchte sich wieder aufzusetzen, aber er ließ sie nicht los. Der andere Mann fuhr ihn mit scharfen Worten an und deutete auf die Kameltreiber, die an die Brunnenmauer gelehnt dasaßen und sich bemühten, ihre Heiterkeit zu verbergen.

»Luh, Belqassim! Eßbar!« flüsterte er, schüttelte mißbilligend seinen Kopf und strich sich mit der Hand liebevoll über seinen schwarzen Bart. Belqassim war nicht sonderlich erfreut, aber da er bis jetzt noch keinen eigenen Bart hatte, fühlte er sich verpflichtet, auf den weisen Rat des anderen zu hören. Kit setzte sich auf, strich ihren Rock glatt, sah den älteren Mann an und sagte: »Ich danke Ihnen.« Sie versuchte über ihn hinwegzuklettern, so daß er zwischen Belqassim und ihr liegen würde; er stieß sie unsanft auf den Teppich zurück und schüttelte den Kopf. »Nassi«, sagte er und bedeutete ihr, sie solle schlafen. Sie schloß die Augen. Der heiße Tee hatte sie schläfrig gemacht, und da Belqassim keine Miene machte, sie wieder zu belästigen, entspannte sie sich und fiel in einen tiefen Schlaf.

Sie fror. Es war finster, und ihre Bein- und Rückenmuskeln schmerzten. Sie richtete sich auf, sah sich um und entdeckte, daß sie allein auf dem Teppich war. Der Mond war noch nicht aufgegangen. In ihrer Nähe bauten die Kameltreiber ein Feuer; sie warfen ganze Palmzweige in die bereits lodernden Flammen. Sie legte sich wieder hin, blickte zum Himmel empor und sah, wie sich die hohen Palmen rot färbten, sobald ein neuer Zweig ins Feuer geworfen wurde.

Kurz darauf stand der ältere Mann neben ihr vor dem Teppich und bedeutete ihr, aufzustehen. Sie gehorchte, folgte ihm eine kurze Strecke durch den Sand bis zu einer flachen Mulde hinter einer Gruppe junger Palmen. Dort saß Belqassim, ein dunkles Etwas auf einem weißen Teppich, und sah nach dem Himmel, an dem bald der Mond aufgehen mußte. Er griff nach ihr und zog sie an ihrem Rock rasch zu sich herunter. Ehe sie auch nur versuchen konnte, sich wieder zu erheben, umklammerte sie schon seine Umarmung. »Nein, nein, nein!« schrie sie, als ihr Kopf zurückgebogen wurde und die Sterne aus dem dunklen Raum über ihr zusammenstürzten. Aber er war allgegenwärtig und ungeheuer stark; sie konnte keine Bewegung machen, die sein Wille nicht zuließ. Zuerst war sie steif, keuchte wütend und versuchte verbissen, gegen ihn anzukämpfen, wenn sich dieser Kampf auch ausschließlich in ihrem Innern abspielte. Dann erkannte sie ihre Hilflosigkeit und gab ihr nach. Sofort war sie sich nur seiner Lippen bewußt und des Atems, der süß und frisch wie ein Frühlingsmorgen in der Kindheit war. In der Festigkeit, mit der er sie hielt, lag etwas Tierhaftes, zärtlich, sinnlich, völlig unbewußt – sanft, aber von einer Bestimmtheit, die nur der Tod widerlegen konnte. Sie war allein in einer unendlichen und unbekannten Welt, aber nur einen Augenblick allein; dann erfühlte sie seine gute leibliche Gegenwart. Nach und nach ertappte sie sich dabei, wie sie Zärtlichkeit für ihn empfand: alles, was er tat, all seine überwältigenden, kleinen Aufmerksamkeiten waren für sie bestimmt. In seinem Benehmen war eine vollkommene Ausgeglichenheit zwischen Zartheit und Brutalität, die in ihr ein unbekanntes Lustgefühl erweckten. Der Mond ging auf, aber sie sah ihn nicht.

»Yah, Belqassim!« schrie eine ungeduldige Stimme. Sie öffnete ihre Augen: Der andere Mann stand über ihnen und sah auf sie herab. Der Mond lag voll auf seinem Adlergesicht. Eine unglückselige Ahnung sagte ihr, was geschehen würde. Verzweifelt klammerte sie sich an Belqassim und bedeckte sein Gesicht mit Küssen. Aber wenig später war ein andersartiges Tier bei ihr – borstig, fremd und schrecklich, und ihr Weinen blieb unbeachtet. Sie hielt ihre Augen offen und starrte Belqassim an, der lässig an einer nahen Palme lehnte. Der Mond malte Glanzlichter auf seine hohen Backenknochen. Immer wieder verfolgte sie die Linien seines Gesichtes, von seiner Stirne abwärts bis zu seinem feinen Nacken, erforschte die tiefen Schatten auf der Suche nach seinen Augen, die im Dunkel versteckt lagen. Einmal schrie sie laut auf und weinte, weil er so nah war und sie ihn doch nicht berühren konnte.

Die Liebkosungen des Mannes waren brüsk, seine Bewegungen plump und unannehmbar. Endlich erhob er sich. »Yah latif! Yah latif!« murmelte er und ging langsam fort. Belqassim lachte vor sich hin, ging zu ihr hinüber und warf sich neben sie auf den Teppich. Sie versuchte ihn vorwurfsvoll anzusehen, wußte aber schon im voraus, daß es sinnlos war, daß er sie, selbst wenn sie eine gemeinsame Sprache sprechen würden, nie verstehen würde. Sie hielt seinen Kopf zwischen ihren Händen. »Warum hast du's ihm erlaubt?« konnte sie sich nicht enthalten zu sagen.

»Habibi«, murmelte er und streichelte zärtlich ihre Wange.

Wieder war sie eine Zeitlang glücklich, trieb auf der Oberfläche der Zeit und war sich ihrer Erwiderung seiner Zärtlichkeiten erst bewußt, als sie sie bereits ausführte. Seit dem Anfang aller Dinge hatte jede dieser Gesten darauf gewartet, geboren zu werden, und nun wurden sie endlich Wirklichkeit. Später, als der steigende Mond immer kleiner im Riesenraum des Himmels wurde, hörte sie den Klang von Flöten vom Feuer her. Sogleich kam der ältere Kaufmann wieder und rief Belqassim mit mürrischer Stimme etwas zu, worauf dieser ungnädig antwortete.

»Baraka!« sagte der andere und ging wieder. Wenige Minuten später seufzte Belqassim bedauernd auf und setzte sich. Sie bemühte sich nicht, ihn zu halten. Dann erhob auch sie sich und ging zum Feuer hinüber, das heruntergebrannt war und dessen Glut ausgenützt wurde, um einige Stücke Fleisch zu rösten. Sie aßen schweigend; bald darauf wurden die Bündel geschnürt und auf die Kamele geladen. Es war fast Mitternacht, als sie aufbrachen und wieder zurück auf den Treck entlang der hohen Dünen gingen, von wo aus sie auf der Route weiterreisten, die sie am vorhergehenden Tag eingeschlagen hatten. Diesmal trug sie einen Burnus, den Belqassim ihr zugeworfen hatte, als sie im Begriff waren, loszureiten. Die Nacht war kalt und märchenhaft klar.

Sie ritten unaufhörlich bis tief in den Vormittag hinein und rasteten an einer Stelle in den Dünen, die keinerlei Vegetation zeigte. Wieder schliefen sie während des Nachmittags, und wieder wurde der zweifache Liebesritus bei Anbruch der Dunkelheit an einer vom Lagerplatz abgelegenen Stelle vollzogen.

Und so vergingen die Tage, von denen jeder einzelne merkbar heißer war als sein Vorgänger, während sie sich südwärts durch die Wüste bewegten. Vormittage – die qualvolle Reise unter der unerträglichen Sonne –, Nachmittage – die weichen Stunden neben Belqassim (das kurze Zwischenspiel mit dem anderen störte sie nicht mehr, da Belqassim immer danebenstand) – und Nächte – der Aufbruch unter dem schwindenden Mond, zu anderen Dünen, anderen Ebenen, jede noch ferner als die vorhergehende und dennoch nicht von ihr zu unterscheiden.

Aber wenn auch die Umgebung immer die gleiche zu sein schien, so zeigten sich doch gewisse Veränderungen in der Stellung der drei zueinander: Die Leichtigkeit und der Mangel an Spannung in ihrem unkomplizierten Verhältnis wurde durch einen deutlichen Mangel an gutem Willen von seiten des älteren Mannes gestört. Er und Belqassim hatten endlose Dispute während der heißen Nachmittage, als die Kameltreiber schliefen. Auch sie hätte diese Stunden gerne ausgenutzt, aber sie wurde durch die beiden wachgehalten, und obwohl sie kein Wort verstehen konnte, schien es ihr doch, als warnte der ältere Mann Belqassim vor einer Absicht, auf der letzterer eigensinnig beharrte. In einer wahren Orgie von Aufregung deutete er in einer langen Pantomime das Benehmen einer Gruppe von Menschen an, die nacheinander Erstaunen, ärgerliche Mißbilligung und schließlich Wut äußerten. Belqassim pflegte dann nachsichtig zu lächeln und seinen Kopf geduldig widersprechend zu schütteln; in seiner Haltung lag zugleich etwas Unwiderrufliches und Selbstsicheres, das den anderen aufs äußerste reizte; jedesmal, wenn es schien, daß weitere Worte überflüssig und sinnlos waren, pflegte er aufzustehen und sich einige Schritte zu entfernen, um einen kurzen Augenblick später wiederzukommen und seine Angriffe zu erneuern. Aber es war ganz klar, daß Belqassim seinen Entschluß gefaßt hatte und daß keine Drohung oder Prophezeiung seines Begleiters ihn wieder umstimmen konnte. Gleichzeitig nahm Belqassim Kit gegenüber eine immer stärker werdende Besitzerhaltung an. Jetzt ließ er deutlich fühlen, daß er nur aus besonderer Großzügigkeit die kurzen nächtlichen Vergnügungen des anderen duldete. Jeden Abend erwartete sie, daß er sich endlich weigern würde, sie herzugeben, daß er nicht mehr aufstehen würde und nicht mehr zu dem Baum hinübergehen würde, wenn sich der andere näherte. Und tatsächlich begann er auch zu murren, wenn dieser Augenblick kam, aber dennoch überließ er sie seinem Freund, und sie vermutete, daß es ein gentlemen-agreement war, das die beiden für die Dauer der Reise geschlossen hatten.

Während der Mittagszeit war es jetzt nicht mehr allein die Sonne, die sie verfolgte, sondern die ganze Himmelskuppel war wie aus weißglühendem Metall. Das erbarmungslose Licht griff aus allen Richtungen an; der Himmel wurde zu einer einzigen Sonne. Sie verlegten ihre Reise ganz auf die Nachtstunden, brachen kurz nach der Dämmerung auf und hielten bei den ersten Strahlen der aufgehenden Sonne wieder an. Der Sand lag lange hinter ihnen, ebenso die weiten, steinigen Ebenen. Jetzt umgab sie eine graue, insektenartige Vegetation, zerquälte Büsche, die hart wie Muscheln waren, und steife, haarige Dornen, die die Erde wie wuchernder Haß bedeckten. Die aschgraue Landschaft, durch die sie sich vorwärts bewegten, war flach wie ein Fußboden. Tagtäglich waren die Pflanzen höher und die Dornen, die aus ihnen wuchsen, stärker und grausamer. Jetzt hatten manche schon die Gestalt und die Höhe von Bäumen erreicht, aber eine Rauchwolke hätte ebensoviel Schutz vor dem Angriff der Sonne gegeben wie sie. Die Nächte waren mondlos und viel wärmer. Während ihres Rittes durch die dunkle Landschaft hörten sie manchmal die erschrockenen Laute fliehender Tiere. Sie überlegte, was sie wohl im Tageslicht gesehen hätten, aber sie hatte nie ein Gefühl wirklicher Gefahr. Zu diesem Zeitpunkt fühlte sie überhaupt nichts als ein nagendes Bedürfnis, immer in Belqassims Nähe zu sein. Es war so lange her, daß sie ihre Gedanken durch Sprechen geordnet hatte, und sie hatte sich daran gewöhnt, zu handeln, ohne sich ihrer Handlungen bewußt zu sein. Sie empfand nur Dinge, die sie wirklich tat.

Eines Nachts, als sie die Karawane zum Halten veranlaßt hatte, um in den Büschen ein Bedürfnis zu verrichten, sah sie die Konturen eines großen Tieres in der Dunkelheit neben sich. Sie schrie auf, und sofort war Belqassim an ihrer Seite, der sie tröstete und dann brutal auf den Boden zwang, um sie unerwartet zu überfallen, während die Karawane wartete. Sie hatte trotz der schmerzenden Dornen, die in verschiedenen Stellen ihres Fleisches zurückblieben, das Gefühl, daß dies ein nicht weiter ungewöhnlicher Vorfall war, und litt schweigend den Rest der Nacht. Am nächsten Tag waren die Dornen immer noch da, und die Stellen hatten sich entzündet, und als Belqassim sie auszog, sah er die roten Schwellungen und war zornig, weil sie ihren weißen Körper verunzierten und dadurch sein Vergnügen schmälerten. Ehe er sie anrührte, mußte sie sich der schauderhaften Schmerzen des Dornenausziehens unterwerfen. Dann rieb er ihren Rücken und ihre Beine mit Butter ein.

Jetzt, wo ihre Liebesstunden bei Tage stattfanden, verließ er jeden Morgen, nachdem sie damit fertig waren, die Decke, auf der sie lag, nahm sich einen Wasserschlauch, ging an eine entfernte Stelle und badete ausgiebig im frühen Morgenlicht. Danach holte auch sie sich einen Wasserschlauch und ging so weit wie möglich fort, um sich zu waschen, mußte aber meistens feststellen, daß ihr das ganze Lager zusah, da es nirgends eine Möglichkeit gab, sich zu verstecken. Aber die Kameltreiber schenkten ihr nicht mehr Beachtung als die Kamele selbst. Denn obgleich sie einen Unterhaltungsstoff von äußerstem und dauerndem Interesse bildete, blieb sie doch ein Besitz ihrer Herren, so persönlich und unantastbar wie die weichen Lederbeutel voll Silberstücke, die diese an Riemen über ihre Schultern geschlungen mit sich führten.

Paul Celan

Ein Lied in der Wüste

Ein Kranz ward gewunden aus schwärzlichem Laub in der Gegend von Akra:
dort riß ich den Rappen herum und stach nach dem Tod mit dem Degen.
Auch trank ich aus hölzernen Schalen die Asche der Brunnen von Akra
und zog mit gefälltem Visier den Trümmern der Himmel entgegen.
Denn tot sind die Engel und blind ward der Herr in der Gegend von Akra,
und keiner ist, der mir betreue im Schlaf die zur Ruhe hier gingen.
Zuschanden gehaun ward der Mond, das Blümlein der Gegend von Akra:
so blühn, die den Dornen es gleichtun, die Hände mit rostigen Ringen.

So muß ich zum Kuß mich wohl bücken zuletzt, wenn sie beten in Akra …
O schlecht war die Brünne der Nacht, es sickert das Blut durch die Spangen!
So ward ich ihr lächelnder Bruder, der eiserne Cherub von Akra.
So sprech ich den Namen noch aus und fühl noch den Brand auf den Wangen.

Albert Camus

Minotaurus

für Pierre Galindo

Es gibt keine Wüsten mehr. Es gibt keine Inseln mehr. Das Bedürfnis danach ist jedoch spürbar. Will man die Welt verstehen, muß man sich manchmal von ihr abwenden; um den Menschen besser zu dienen, muß man sie zeitweise fernhalten. Doch wo findet man die Einsamkeit, so notwendig für die Kraft, wo den tiefen Atem, in dem der Geist sich sammelt und der Mut sich messen kann? Es gibt die großen Städte. Nur braucht es da noch Bedingungen.

Die Städte, die Europa uns darbietet, sind übervoll vom Aufruhr der Vergangenheit. Feinhörige können das Schwirren von Flügeln, das Beben von Seelen vernehmen. Man spürt den Taumel der Jahrhunderte, der Revolutionen, des Ruhmes. Man wird daran erinnert, daß das Abendland unter Getöse geschmiedet wurde. Das gibt nicht genügend Stille.

Paris ist für das Herz oft eine Wüste, doch weht zu manchen Stunden vom Père-Lachaise her ein Revolutionswind, der diese Wüste plötzlich mit Fahnen und besiegtem Adel erfüllt. So sind manche spanischen Städte, so Florenz und Prag. Salzburg wäre friedlich ohne Mozart. Aber dann und wann eilt über die Salzach der hochmütig stolze Schrei Don Juans, der in die Hölle stürzt. Wien scheint schweigender, ist ein junges Mädchen unter den Städten. Die Steine dort sind nicht älter als drei Jahrhunderte, und ihre Jugend weiß nichts von Melancholie. Doch Wien liegt an einem Kreuzweg der Geschichte. Ringsumher erdröhnt der Aufprall der Kaiserreiche. An manchen Abenden, wenn der Himmel sich blutrot färbt, scheinen die steinernen Denkmalspferde am Ring emporzufliegen. In diesen flüchtigen Augenblicken, in denen alles Macht und Geschichte ist, hört man deutlich unter dem Ansturm der polnischen Schwadronen den dröhnenden Zusammenbruch des Osmanischen Reiches. Auch das gibt nicht genügend Stille.

Gewiß, es ist diese bevölkerte Einsamkeit, die man in den Städten Europas sucht. Jedenfalls jene Menschen, die wissen, was sie zu tun haben. Sie können sich dort ihre Gesellschaft auswählen, sie pflegen und wieder fallenlassen. Manche haben sich gestärkt auf diesem Gang von ihrem Hotelzimmer zu den alten Gemäuern der Ile Saint-Louis! Andere, es ist wahr, gingen an Vereinsamung zugrunde. Die ersten jedenfalls fanden darin ihre Gründe, zu wachsen und sich zu bestätigen. Sie waren allein und waren es doch nicht. Jahrhunderte von Geschichte und Schönheit, glühende Zeugen von Tausenden von vergangenen Leben begleiteten sie die Seine entlang und erzählten gleichzeitig von Traditionen und Eroberungen. Ihre Jugend trieb sie, solche Gemeinschaft zu rufen. Es kommt eine Zeit, eine Epoche, wo dies lästig wird. »Es ist an uns zweien!« rief Rastignac aus vor der ungeheuren Fäulnis der Stadt Paris. Zwei, ja, auch das ist noch zuviel!

Die Wüste selbst hat einen Sinn erlangt, man hat sie mit Poesie überladen. Allen Leiden der Welt wurde sie ein geweihter Ort. Was das Herz jedoch zuweilen begehrt und sucht, sind Orte, frei von Poesie. Descartes wählte sich für die Meditation seine eigene Wüste: die geschäftigste Handelsstadt seiner Zeit. Dort findet er seine Einsamkeit und die Möglichkeit zur vielleicht größten unserer männlichen Dichtungen: »Der erste Grundsatz war, nie eine Sache für wahr anzunehmen, bevor ich sie offensichtlich als solche erkannt hatte.« Man kann weniger Ehrgeiz und ebenso große Sehnsucht haben. Doch hat sich Amsterdam seit drei Jahrhunderten mit Museen bedeckt. Um der Poesie zu entfliehen und den Frieden der Steine zu finden, braucht es andere Wüsten, andere Stätten ohne Seele und Zuflucht. Ein solcher Ort ist Oran.

Die Straße

Ich hörte oft die Oraner sich über ihre Stadt beklagen. »Es gibt keine interessanten Kreise.« Fürwahr! Ihr wünschtet es ja nicht! Einige gute Leute versuchten, die Gepflogenheiten einer andern Welt in diese Wüste zu verpflanzen, nach dem Grundsatz, daß man der Kunst und den Ideen nicht gut dienen kann, wenn man sich nicht zusammentut. Man begegnet in Oran jenem Klestakoff von Gogol. Er gähnt und sagt: »Ich fühle es, ich werde mich mit etwas Erhabenem beschäftigen müssen.«

Daraus ergibt sich, daß einzig jene Kreise anregend sind, zu denen die Pokerspieler, die Boxsportanhänger, die Boulomanen und die regionalen Vereine zählen. Hier wenigstens geht es natürlich zu. Es gibt schließlich eine gewisse Größe, die nicht nach Erhabenheit strebt. Ihr Zustand ist unfruchtbar. Und wer diese Größe sucht, verläßt die besseren Kreise und begibt sich auf die Straße.

Die Straßen Orans sind dem Staub geweiht, den Steinen und der Hitze. Regen erzeugt eine wahre Sintflut und ein Meer von Schlamm. Doch bei Regen oder Sonne haben Auslagen und Läden das gleiche extravagante und absurde Aussehen. Der ganze schlechte Geschmack Europas und des Orients treffen hier zusammen. Man findet kunterbunt durcheinander Windhunde aus Marmor, Tänzerinnen mit Schwan, Dianen aus grünem Galalith, Diskuswerfer und Schnitter, alles, was als Geburtstags- oder Hochzeitsgeschenk gebraucht wird, dieser ganze Kitsch, der unaufhörlich von einem handelstüchtigen und zugleich spöttischen Geist auf unsre Kaminsimse gestellt wird. Aber diese Betriebsamkeit nimmt hier ein derartig barockes Ausmaß an, daß man alles verzeiht. Hier auf einem Teppich von Staub der Inhalt eines Schaufensters: scheußliche Gipsmodelle von verkrüppelten Füßen, ein Stoß Rembrandt-Zeichnungen »zum Spottpreis von 150 Francs das Stück«, Scherzartikel, Brieftaschen mit der Trikolore, eine Pastellskizze aus dem 18. Jahrhundert, ein mechanischer Plüschesel, Flaschen mit Eau de Provence zur Konservierung von grünen Oliven und eine würdelose hölzerne Muttergottes mit einem unanständigen Lächeln. (Um keinen Irrtum aufkommen zu lassen, hat die »Direktion« zu ihren Füßen eine Aufschrift plaziert: »Muttergottes in Holz«.)

In Oran findet man:

1. Cafés, deren Theken vor Fett und Schmutz glänzen, übersät mit Fliegenbeinen und Insektenflügeln, mit einem Patron, der trotz des stets leeren Saals immer lächelt. Der »petit noir« kostet zwölf Sous und der große achtzehn.

2. Photogeschäfte, wo die Technik seit der Erfindung des lichtempfindlichen Papiers keinen Fortschritt gemacht hat. Eine seltsame Fauna wird ausgestellt, die man auf der Straße nicht findet, vom Pseudomatrosen, der sich mit dem Ellbogen auf eine Konsole stützt, bis zum jungen Mädchen im heiratsfähigen Alter, mit geschnürter Taille, hängenden Armen, vor waldigem Hintergrund. Vermut-

lich sind es keine Porträts nach Natur, sondern »Créations«.

3. Eine vielsagende Menge von Begräbnisinstituten. Nicht, daß man gerade in Oran mehr stirbt als anderswo, aber man macht vermutlich mehr Aufhebens davon.

Die sympathische Naivität dieses Handelsvolkes erstreckt sich auch auf die Werbung. Ich lese auf einer Kinoreklame in Oran die Ankündigung eines drittrangigen Filmes und finde die Adjektive »prunkvoll«, »blendend«, »außerordentlich«, »phänomenal«, »erschütternd«, »maximal«. Zum Schluß klärt die Direktion ihr Publikum darüber auf, welche erheblichen Opfer sie hat bringen müssen, um diesen erstaunlichen Film vorführen zu können, ohne die Preise zu erhöhen.

Es wäre unrecht anzunehmen, daß sich hier einzig die südliche Freude an Übertreibungen manifestiert. Eben dieselben Verfasser dieses herrlichen Prospektes beweisen ihren psychologischen Sinn. Es gilt, die Indifferenz und tiefe Apathie zu überwinden, die einen in diesem Land überkommen, wenn man zu wählen hat zwischen zwei Filmen, zwei Berufen und oft auch zwei Frauen. Man entscheidet sich nur gezwungenermaßen. Und die Werbung weiß das. Sie wird amerikanische Ausmaße annehmen, aus den gleichen peinlichen Gründen wie dort.

In den Straßen von Oran werden wir endlich über die zwei Hauptvergnügen der hiesigen Jugend aufgeklärt: sich die Schuhe wichsen zu lassen und in diesen Schuhen über den Boulevard zu spazieren. Um einen richtigen Begriff vom ersten dieser Genüsse zu bekommen, vertraue man an einem Sonntagmorgen um zehn Uhr seine Schuhe den Schuhputzern des Boulevard Galliéni an. Auf einem der hohen Sessel thronend, wird man jene besondere Genugtuung genießen, die auch einen Laien beim Anblick von

Menschen befällt, die in ihren Beruf so verliebt sind wie die Schuhwichser von Oran. Alles ist bis ins Detail ausgearbeitet. Mehrere Bürsten, drei verschiedene Sorten von Lappen, die mit Benzin kombinierte Schuhwichse: Man glaubt den Vorgang beendet, wenn man den vollendeten Glanz bestaunt, der unter der weichen Bürste entsteht. Doch die gleiche hartnäckige Hand wichst die glänzende Fläche nochmals ein, reibt sie, nimmt ihr den Glanz, massiert die Crème bis ins Innerste des Leders und bringt es dann unter der gleichen Bürste zu doppeltem und von der Tiefe her endgültig erstrahlendem Glanz. Das so entstandene Wunderwerk wird dann den Kennern vorgeführt. Um diese Freuden des Boulevards schätzenzulernen, ist es unumgänglich, an einem der maskierten Bälle der Jugend teilzunehmen, die jeden Abend in den großen Verkehrsadern Orans stattfinden. Die bessere Jugend Orans – zwischen sechzehn und zwanzig – kleidet sich dann vor dem Essen wie ihre eleganten Ideale aus dem amerikanischen Film. Gewellte und pomadisierte Haare, einem Filzhut entquellend, der zum linken Ohr geneigt und über dem rechten Auge geknickt ist, den Hals in einen an die Stelle der Haare tretenden Kragen gezwängt, den mikroskopisch kleinen Krawattenknoten von einer Nadel gehalten, das Sakko bis zur Mitte der Oberschenkel reichend und die Taille nah den Hüften, die Hosen hell und kurz, blitzende Schuhe auf dreifacher Sohle – so läßt diese Jugend jeden Abend ihr unerschütterliches Auftreten mit eisenbeschlagener Sohlenspitze aufklingen. Sie bemüht sich vor allem, die Allüren, die Gewandtheit und die Überlegenheit Mister Clark Gables nachzuahmen. Aus diesem Grunde haben kritische Zungen in der Stadt, ganz allgemein und unbekümmert um die Aussprache, diese jungen Männer die »Clarques« genannt. Jedenfalls sind die großen Boulevards von Oran gegen Abend voll von einer Armee sympathischer Jünglinge, die sich größte Mühe geben, wie schlechte Subjekte auszusehen. Weil seit jeher die jungen Oranerinnen sich als die künftigen Bräute dieser Gangster mit weichen Herzen betrachten, tragen sie ebenfalls das Make-up und die Eleganz der großen amerikanischen Schauspielerinnen. Die gleichen schlechten Zungen nennen sie daher die »Marlènes«. Wenn auf den abendlichen Boulevards das Zwitschern der Vögel aus den Palmen steigt, treffen sich Dutzende von Clarques und Marlènes, messen sich mit Blicken, glücklich, zu leben und zu scheinen, für eine Stunde dem Taumel vollkommener Existenzen hingegeben. Dies seien, behaupten Neider, Treffen der amerikanischen Clique. Doch spürt man bei diesen Worten die Bitterkeit der über Dreißigjährigen, die nicht mehr an diesem Spiel teilhaben. Sie verkennen diese täglichen Zusammenkünfte der Jugend und des Überspannten. Es sind in Wahrheit die Parlamente der Vögel, die man in der indischen Literatur trifft. Doch wälzt man auf den Boulevards von Oran nicht die Frage des Seins und kümmert sich nicht um den Weg zur Vollkommenheit. Es bleibt lediglich beim Flattern von Flügeln, Pfauenrädern, koketten und siegesgewohnten Gunstbezeugungen, diesem vollen Glanz eines unbekümmerten Gesangs, der mit Einbruch der Nacht verschwindet.

Ich höre schon Klestakoff: »Man wird sich mit Erhabenem beschäftigen müssen.« Ach! er wäre es imstande. Man gebe ihm den Impuls, und er wird diese Wüste in wenigen Jahren bevölkern. Doch im Augenblick muß sich eine eher geheimnisvolle Seele in dieser leichten Stadt befreien, in dieser Stadt mit ihrem Aufzug von geschminkten jungen Mädchen, die dennoch unfähig sind zu erregen, da sie die Koketterie so schlecht simulieren, daß der Trug sogleich bemerkt wird. Sich mit Erhabenem auseinanderzusetzen! Seht vielmehr: Santa-Cruz aus dem Felsen ziseliert, die Berge, das flache Meer, der heftige Wind und die Sonne, die großen Kräne des Hafens, die Züge, die Hangars, die Quais und gigantischen Auffahrten zur Stadt, und in der Stadt selber, diese Spiele und diese Langeweile, dieser Tumult und diese Einsamkeit. Vielleicht ist dies alles nicht erhaben. Doch der große Preis dieser übervölkerten Inseln liegt darin, daß das Herz sich entblößt. Die Stille ist nur mehr möglich in den lärmigen Städten. Aus Amsterdam schrieb Descartes dem alternden Balzac: »Ich spaziere täglich inmitten der Wirrnisse eines großen Volkes mit ebensoviel Freiheit und Ruhe, als Sie auf Ihren Alleen finden.«

In Erinnerung vermutlich an diese guten Worte, hat sich eine Gesellschaft für Vorträge und Diskussion in Oran organisiert unter dem Namen »Cogito-Club«.

Die Wüste in Oran

Gezwungen, mit einer der wundervollsten Landschaften vor Augen zu leben, haben die Bewohner von Oran diese furchterregende Heimsuchung gemeistert, indem sie sich mit häßlichen Bauten umgaben. Man erwartet eine Stadt, die gegen das Meer hin offen ist, gebadet und erfrischt vom Abendwind. Und man findet eine Stadt, die, mit Ausnahme des Quartier Espagnol und des neuen Boulevard Front-de-Mer, dem Meer den Rücken kehrt, die sich in sich selber windet wie die Spiralen einer Schnecke. Oran ist eine große gelbe Rundmauer, von einem harten Himmel überdacht. Anfänglich irrt man wie in einem Labyrinth, sucht das Meer wie das Zeichen Ariadnes.

Doch man dreht sich im Kreise durch die falben und bedrückenden Straßen, und schließlich werden die Bewohner Orans vom Minotaurus verschlungen: der Langeweile. Schon längst irren sie nicht mehr. Sie haben darin eingewilligt, verschlungen zu werden.

Man kann nicht wissen, was Steine bedeuten, bevor man in Oran war. In dieser staubigsten aller Städte ist der Stein Herrscher. Er wird so geliebt, daß ihn die Verkäufer in den Schaufenstern und Auslagen ausstellen, sei es, um Papierblätter zu beschweren, sei es nur zum Schein. Man häuft Steine an den Straßenrändern auf, wahrscheinlich als Augenweide, da diese Haufen nach einem Jahr noch genauso daliegen. Die Poesie, die andernorts durch die Vegetation entsteht, erhält hier ein versteinertes Antlitz. Sorgfältig wurden die etwa hundert Bäume, die man in dieser Handelsstadt findet, mit Staub bedeckt. Es sind versteinerte Pflanzen, und von ihren Ästen fällt ein herber Staubgeruch. In Algier haben die arabischen Friedhöfe die Sanftheit, die man kennt. In Oran, oberhalb der Schlucht Ras-el-Ain, und diesmal dem Meer zugewandt, sind es gegen den blauen Himmel aufgeworfene steinige Felder, kreidig und locker verwittert, auf denen die Sonne blendende Feuersbrünste entzündet. Inmitten dieser Gebeine der Erde belebt da und dort eine purpurrote Geranie die Landschaft mit ihrem frischen Blut. Die ganze Stadt ist zu Gestein erstarrt. Von den Planteurs aus gesehen ist die Breite des Gestades, das Oran einengt, so groß, daß die Landschaft vor lauter Mineral unwirklich wird. Der Mensch ist daraus verbannt. Soviel wuchtige Schönheit scheint aus einer andern Welt zu kommen.

Ist die Wüste ein Ort ohne Seele, wo der Himmel einziger König ist, dann erwartet Oran seine Propheten. Rings um die Stadt und darüber ist die ganze brutale

Natur Afrikas überladen mit ihrem glühenden Zauber. Sie zersprengt die unglückliche Dekoration, mit der man sie bedeckt, sie stößt ihre heftigen Schreie aus, neben jedem Haus und über alle Dächer. Steigt man auf einer der Straßen auf die Bergflanke von Santa-Cruz, so werden zuerst die verstreuten und bemalten Würfel von Oran sichtbar. Ein wenig höher, und schon ducken sich die ausgefransten Felsriffe, welche die Hochebene umringen, ins Meer wie rote Tiere. Noch höher, und große Wirbel aus Sonnenlicht und Wind überfluten, durchwehen und verwirren die lockere Stadt, die wahllos über die Felsen verstreut daliegt. Hier bekämpfen sich die herrliche Anarchie des Menschen und die beständige Dauer des immer gleichen Meeres. Und daraus hervor steigt über die Hügelwellen ein überwältigender Geruch nach Leben.

Die Wüste ist unversöhnlich. Durch den stahlblauen Himmel von Oran und die von Staub übertünchten Straßen und Bäume wird jenes dichte Universum geschaffen, wo Herz und Geist niemals von sich selbst, noch von dem einzig Wichtigen, dem Menschen, abgelenkt werden.

Romain Gary

Am Wasserloch

Es war der schönste Augenblick des Tages. Es war nicht heiß, und die Vögel über den Herden hatten die Farben der Morgenröte. Tausende von Stelzvögeln, Marabus und Jabirus irrten auf den Dünen und Felsen rings um die Tiere herum, und den Pelikanen blieb kaum Platz genug, aufzufliegen. Jeden Morgen trat die rote Erde etwas mehr aus dem Wasser hervor; die Felsen mit ihren Büscheln von Gräsern, Vögeln und Schilf waren gewöhnlich nur bewachsene Inseln, die kaum aus dem Wasser ragten: jetzt sah man bis zu fünf Meter Fels und Erdboden, der von einer Klippe zur anderen reichte; man konnte den See zu Fuß durchqueren, ohne naß zu werden. Die Zahl der Tiere war während der Nacht noch gestiegen. Die zuletzt Angekommenen entfernten sich manchmal achtundvierzig Stunden lang nicht vom Wasser und verharrten ganze Tage in völliger Erschöpfung. Zweifellos handelte es sich dabei nicht nur um physische Entkräftung, sondern auch um eine nervöse Reaktion nach den eben durchstandenen Wochen: Morel wußte, daß die Elefanten sich langsamer als andere Tiere von Gemütsbewegungen erholen. Haas hatte zwischen Kenia und dem Tschad fünfundzwanzig Jahre lang unter Elefanten gelebt, viele Artikel über sie verfaßt und darin beschrieben, daß Weibchen, denen er die Jungen nahm, einige Stunden wüteten und wie rasend herumliefen, um sie zu suchen, dann aber häufig auf einmal jede Energie verloren und regungslos liegenblieben, während die anderen Tiere der Herde vergeblich versuchten, sie mit Kopfstößen wieder zum Aufstehen zu bringen. Er behauptete, er habe sich, sobald die Artgenossen ihre Bemühungen aufgegeben hatten, einer dieser hingestreckten Mütter nähern und ihren Rüssel streicheln können, ohne daß sie im geringsten darauf reagierte. Ihren Rüssel streicheln – so lautete der Ausdruck, den dieser bemerkenswerte Mann gebrauchte. Das hinderte ihn nicht, ihnen weiter ihre Jungen wegzunehmen, um sie in Gefangenschaft zu schicken. In Gefangenschaft, Elefanten in Gefangenschaft ... Morel fühlte, wie ihm das Blut ins Gesicht stieg, und in einem wilden Haß auf alle Elefantenfänger der Welt preßte er sein Gewehr an sich. Als es ihm endlich gelungen war, Haas eine Kugel in den Hintern zu jagen, fühlte er: er hatte nicht umsonst gelebt. Dann näherte er sich dem Holländer, er sollte wissen, woher die Kugel kam. Die Boys standen in ehrerbietiger Entfernung unter den Akazien. »Ich habe Ihren Artikel über den Elefantenfang gelesen«, sagte er. »Ich habe mir gesagt: ich werde etwas zu seinen Tantiemen beitragen ...« Ein kurzes Lachen schüttelte Haas, der gleich darauf den Mund vor Schmerz verzog. Dann stützte er sich auf den Ellbogen: »Geben Sie mir die Hand, wenn Sie sich nicht zu sehr vor mir ekeln«, sagte er.

Der Elefant lag auf der linken Seite, die andere Flanke war noch dicht bedeckt von feinem rotem Wüstenstaub, den kein Wassertropfen berührt hatte. Zwei Reiher stolzierten zwischen seinen Beinen herum und Morel dachte zuerst, er sei tot, aber als er aus dem Schilf heraustrat, bemerkte er ein kurzes Zucken des Ohres, den Beginn eines Alarmsignals, und er sah, wie das Auge sich bewegte und an ihm haften blieb. Er berührte den Staub mit dem Finger: das Tier hatte nicht einmal mehr die Kraft, sich mit Wasser zu bespritzen, das keine dreißig Zentimeter hoch stand; die schlammige Oberfläche bewegte sich an einigen Stellen heftig, und ringsherum hörte man ein unaufhörliches trockenes Klatschen, ein ständiges Geknatter: die Sumpffische verließen den See, indem sie sich auf ihren Schwanzflossen weiterschnellten. Es war das erstemal, daß er dieses Geräusch bei Tag hörte; gewöhnlich warteten sie den Einbruch der Nacht ab, um ihre Wanderung anzutreten. Er fragte sich, wohin sie wohl zu kommen hofften und warum sie so lange gewartet hatten. Sie konnten, sich weiterschnellend, Dutzende von Kilometern zurücklegen, aber das genügte diesmal nicht. Und doch hatte er nur selten einen toten Sumpffisch gefunden. Er setzte sich auf einen Felsen, das Gewehr über den Knien, in der Nase den Geruch des Schlammes und der verfaulten Pflanzen, vor Augen die Zickzackflüge der Insekten. Es kam vor, daß die Kais aus dem Dorf einem vereinzelten Tier wie diesem die Sehnen durchschnitten, er hatte sie schon dabei ertappt. Sie würden wohl nicht wieder damit anfangen, nachdem sie gründlich von ihm verprügelt worden waren; aber er hatte nichts anderes zu tun, als Wache zu halten, er war ja auch schließlich nur zu diesem Zweck hierher gekommen. Nach einer halben Stunde hob der Elefant den Kopf und besprengte sich matt. Morel zwinkerte ihm zu.

»Brav, mein Junge«, sagte er. »Man darf nie verzweifeln. Das bringt nur ein Narr fertig, aber das erste Reptil, das seinen Bauch aus dem Wasser zog, um auf der Erde zu leben, ohne Lungen, und das trotzdem versuchte, zu atmen, war auch verrückt. Zum Schluß wurden doch die Menschen daraus. Man muß immer versuchen, so viel zu tun, als man nur kann.«

Er fragte sich, ob er das nur gedacht oder laut ausgesprochen hatte und wandte sich Jussef zu, aber sie waren jetzt schon ein Jahr zusammen und gewiß wunderte sich der Junge über gar nichts mehr.

»Bleib nicht da drinnen«, sagte er, »da sind Krokos.«

Der junge Bursche kam langsam aus den Schilfbüscheln heraus.

»Jussef!«

»Ja, Herr.«

»Wenn du einmal der Chef bist, mußt du dich um die Elefanten kümmern ...«

»Ja, Herr.«

Aber er interessierte sich nicht für die Herden. Er sah nicht einmal hin. Morel hatte sogar den Eindruck, daß er sie verachtete. Und doch hatte er sich spontan seinem Feldzug zum Schutz der afrikanischen Fauna angeschlossen. Eines Tages, ganz zu Beginn des Kampfes, war er aus dem Wald gekommen, ohne ein Wort zu sagen, und seither folgte er, eine Maschinenpistole in der Hand, ihm überall hin wie ein schwarzer Schutzengel. Manchmal machte Morel sich über Jussef Gedanken. Dann betrachtete er ihn, wie eben jetzt, amüsiert und freundschaftlich. In seinem Benehmen lag keinerlei Servilität, und man konnte unmöglich übersehen, wie leidenschaftlich und ernst die Augen blickten. Nahezu ein Jahr lang waren sie zusammen, aßen und schliefen Seite an Seite, und einmal hatte Morel den Jungen im Schlaf reden hören. Es war eine helle Wüstennacht, Morel tat einige Schritte in dem blauen Licht und blieb neben Jussef stehen, der auf der Seite lag, das Gesicht zur Erde gekehrt. Der junge Bursche sagte plötzlich ein paar Worte, und so erfuhr Morel, woran er war, wenige Sekunden hatten genügt, um ihm zu zeigen, welche Mächte um die Seele Afrikas stritten, und er vertraute darauf, daß die beste von diesen Mächten sich durchsetzen würde. Seither erinnerte Jussefs Gegenwart ihn unablässig daran, was auf dem Spiel stand – es war nicht nur sein eigenes Leben.

»Hast du nicht schon genug davon, mir dauernd zu folgen?«

»Nein, Herr.«

»Du meinst es gut mit mir, ich weiß.«

Ein rasch unterdrücktes unruhiges Zucken um den Mund. Morel wollte schon sagen, was er erraten hatte, was er wußte, hielt aber rechtzeitig inne. Es hätte nichts genützt. Es gab keinen abkürzenden Weg. Man mußte es diesem Jungen überlassen, sich selbst zum Menschen zu erziehen, und ob er dabei Erfolg haben oder versagen würde, lag ebenfalls bei ihm. Er vertraute ihm. Es war kein Grund, warum er versagen sollte. Er lächelte ihm zu.

»Du hast Angst, daß mir etwas passiert?«

Der Junge schlug die Augen nieder. Über sein Gesicht glitt flüchtig der Widerschein inneren Kampfes – ein Gesicht, in dem nur die geschwungenen Nasenflügel an seine Abkunft von den ersten arabischen Eroberern erinnerten.

»Ich, überall hin mit dir gehen.«

Peer Qvist hatte gesagt: das letzte Vertrauen, das Afrika verschenkt. Waïtari hatte es anders genannt: Paternalismus. Die Treue eines Dieners zu seinem Herrn ... Morel bückte sich zu dem Elefanten, berührte seinen unbeweglichen Rüssel, lächelte dem Auge zu, das zwischen den Hautfalten hervorblinzelte:

»Komm, mach dir nichts draus, wir kriegen sie schon«, sagte er zu ihm. »Wir kriegen sie alle mit Haut und Haar. Die Weißen, die Schwarzen, die Grauen, die Gelben und die Rötlichen. Wir kriegen sie schon. Der Schlamm, das dauert nur eine Zeitlang. Dann buddelt man sich heraus. Und du wirst sehen, zum Schluß werden sie alle Lungen bekommen, um zu atmen.«

Ingeborg Bachmann

Liebe: Dunkler Erdteil

Der schwarze König zeigt die Raubtiernägel,
zehn blasse Monde jagt er in die Bahn,
und er befiehlt den großen Tropenregen.
Die Welt sieht dich vom andren Ende an!

Es zieht dich übers Meer an jene Küsten
aus Gold und Elfenbein, an seinen Mund.
Dort aber liegst du immer auf den Knien,
und er verwirft und wählt dich ohne Grund.

Und er befiehlt die große Mittagswende.
Die Luft zerbricht, das grün und blaue Glas,
die Sonne kocht den Fisch im seichten Wasser,
und um die Büffelherde brennt das Gras.

Ins Jenseits ziehn geblendet Karawanen,
und er peitscht Dünen durch das Wüstenland,
er will dich sehn mit Feuer an den Füßen.
Aus deinen Striemen fließt der rote Sand.

Er, fellig, farbig, ist an deiner Seite,
er greift dich auf, wirft über dich sein Garn.
Um deine Hüften knüpfen sich Lianen,
um deinen Hals kraust sich der fette Farn.

Aus allen Dschungelnischen: Seufzer, Schreie.
Er hebt den Fetisch. Dir entfällt das Wort.
Die süßen Hölzer rühren dunkle Trommeln.
Du blickst gebannt auf deinen Todesort.

Sieh, die Gazellen schweben in den Lüften,
auf halbem Wege hält der Dattelschwarm!
Tabu ist alles: Erden, Früchte, Ströme …
Die Schlange hängt verchromt an deinem Arm.

Er gibt Insignien aus seinen Händen.
Trag die Korallen, geh im hellen Wahn!
Du kannst das Reich um seinen König bringen,
du, selbst geheim, blick sein Geheimnis an.

Um den Äquator sinken alle Schranken.
Der Panther steht allein im Liebesraum.
Er setzt herüber aus dem Tal des Todes,
und seine Pranke schleift den Himmelssaum.

Nagib Machfus

Kasim, der Hirte

Im Viertel hatte sich kaum etwas verändert. Noch immer hinterließen nackte Füße ihre Spuren im Sand, noch immer spielten die Fliegen abwechselnd auf dem Müll und um die Augen der Menschen. Noch immer sahen die Gesichter der Menschen verhärmt und welk aus, war ihre Kleidung zerlumpt. Beschimpfungen wurden wie Grußworte gewechselt, und heuchlerische Schmeicheleien machten die Ohren taub. Das Große Haus verbarg sich noch immer hinter den Mauern und ertrank in Schweigen und Erinnerung. Rechts davon stand das Haus des Verwalters, links das des obersten Wächters. Dann schloß sich der Gabalteil an, gefolgt vom Rifaateil, der mitten im Viertel lag. Der Rest des Viertels aber, der sich hangabwärts in Richtung Gamalija zog, war von einer Masse eigenschaftsloser und herkunftsloser Menschen, den Garabis, den »Wüstenmäusen«, bewohnt. Diese Menschen waren die allerärmsten und elendsten im Viertel. Zu jener Zeit verwaltete Rifat die Stiftung, wobei er sich darin von seinen Vorgängern in nichts unterschied. Der Wächter des Viertels war Lahita, dessen schlankem, kleinem Körper man nicht ansah, daß er durchaus kräftig zuschlagen konnte. Wenn er in einen Kampf verwickelt war, schien er sich blitzschnell in eine wütende, alles verheerende Feuerflamme zu verwandeln. Er hatte sich nach einer Reihe von

Kämpfen im Viertel, bei denen unendlich viel Blut geflossen war, als oberster Wächter durchgesetzt. Der Gabalteil, dessen Wächter Galta hieß, prahlte noch immer damit, dem Stiftungsgründer am nächsten verwandt und überhaupt der Wächter des besten Straßenteils zu sein. Die Gabals rühmten sich, daß einer von ihnen, nämlich Gabal, der erste und letzte gewesen sei, mit dem Gabalawi gesprochen und dem er seine Huld erwiesen hätte. Deshalb mochten die anderen Leute im Viertel nur selten einen von den Gabals. Der Wächter der Rifaafamilie war Haggag, nur leider nahm er sich nicht so sehr an Ali ein Beispiel als an Chonfus, Galta und ähnlich gewalttätigen Räubern. Er bemächtigte sich ganz allein des ihm übertragenen Stiftungsanteils, schlug die, die dagegen Klage erhoben, und ermunterte die Familienmitglieder zugleich heuchlerisch, sich an Rifaas Verachtung von Reichtum und Rang ein Beispiel zu nehmen. Selbst die armen Garabis hatten ihren Wächter, Sawaris mit Namen, der aber natürlich keinen Stiftungsanteil für seine Leute erhielt.

So sah die Lage aus, und die Rababsänger bekräftigten, daß dies eine gerechte Ordnung sei – wenn nötig, halfen ein paar Stockschläge, um die Menschen davon zu überzeugen. Grundlage dieser Ordnung wären die zehn Gebote des Stiftungsgründers, und Verwalter und Wächter würden sich gleichermaßen darum bemühen, auf ihre Einhaltung zu achten.

Unter den Garabis war Sakarija, der Kartoffelverkäufer, für seine Gutmütigkeit bekannt. Von den anderen Leuten seines Straßenteils unterschied er sich ein wenig dadurch, daß er ein entfernter Verwandter des Wächters Sawaris war. Er zog durch die verschiedenen Teile des Viertels, schob den Handkarren vor sich her und rief seine Kartoffeln aus. Mitten auf dem Karren stand ein kleiner Ofen, von dem appetitlich duftender Rauch aufstieg. Die Jungen aus dem Gabal- und Rifaateil wurden davon ebenso angezogen wie die aus Gamalija, Utuf, ad-Darrasa, Kafr as-Sirari und Bait al-Kadi. Sakarija hatte keine Kinder, obwohl er schon ziemlich lange verheiratet war. Dafür aber war der kleine Kasim, sein Neffe, seine ganze Freude. Er wohnte bei ihm, seit seine Eltern verstorben waren. Der Kleine stellte für Sakarija keine große Last dar, denn das Leben der Menschen war gerade in diesem Teil des Viertels nicht viel besser als das der Hunde, Katzen und Fliegen, die ja auch ihren Lebensunterhalt mit dem bestritten, was sie im Abfall und auf dem Müll fanden. Sakarija liebte den Jungen wie ein Vater, und als seine Frau doch noch schwanger wurde, schien es ihm, daß Kasims Aufnahme in die Familie ein gutes Vorzeichen gewesen war. Als ihm sein Sohn Hasan geschenkt wurde, liebte er Kasim um nichts weniger als diesen.

Kasim verbrachte seine Zeit zumeist allein, denn sein Onkel zog tagsüber mit dem Karren umher, und seine Tante hatte mit dem Haushalt und dem Säugling zu tun. Je älter er wurde, desto größer wurde seine Welt. Nach und nach begann er, auf dem Hof des Gehöfts oder in den Straßen des Viertels zu spielen. Er fand gleichaltrige Freunde in seinem Wohnteil und in dem der Gabals und Rifaas. Manchmal zog er in die Wüste zu Hinds Felsen hinaus, streifte dort umher und stieg auf den Berg hinauf. Neugierig starrte er mit den anderen kleinen Jungen zum Großen Haus hinüber und war auf den Großvater und dessen Haus sehr stolz. Nur – wenn die anderen über Gabal oder Rifaa zu streiten begannen, da wußte er nichts zu sagen. Artete der Streit gar in Beschimpfungen und Handgreiflichkeiten aus, stand er unbeteiligt daneben. Er konnte auch nie genug davon bekommen, das Haus des Verwalters zu bewundern und die Früchte der Bäume im Garten sehnsüchtig anzustarren. Als er eines Tages entdeckte, daß der Torwärter eingeschlafen war, schlich er sich unbemerkt in den Garten. Verzückt ging er die Wege entlang, hob hier und da eine Guavenfrucht aus dem Gras auf und aß sie genüßlich. Als er schließlich beim Springbrunnen ankam und die aufsteigenden Wasserfontänen sah, ließ er sich von seiner Freude hinreißen, zog den Gilbab aus und stieg ins Becken. Er tapste darin herum, planschte, tauchte unter und vergaß völlig, wo er sich befand. Plötzlich schrie eine wütende, barsche Stimme: »Du Hundesohn! Komm her, du blinder Krüppel und Sohn eines blinden Krüppels!« Aus seiner Selbstvergessenheit jäh erwachend, sah Kasim auf und erblickte auf der Terrasse einen Mann, der in eine rote Abaja gehüllt war. Mit vor Zorn zitternder Hand wies er auf ihn, Kasim. Vor lauter Wut sah der Mann rot im Gesicht aus. Kasim stürzte zum Rand des Springbrunnens und stützte sich mit den Ellbogen auf, um schnell herauszukommen. Schon nahte der Torwärter, und so verschwand er flugs unter einem Jasminbusch, der dicht an der Gartenmauer stand. Den Gilbab hatte er völlig vergessen. Von der Mauer aus rannte er zum Gartentor und schoß wie ein Pfeil ins Viertel hinaus. Er lief und lief. Als ihn die anderen Kinder sahen, rannten sie ihm kreischend hinterher, Grund genug für die Hunde, ihnen ebenfalls hinterherzukläffen. Aber der Torwärter Osman hatte auch schon das Viertel erreicht, und als Kasim seinen Straßenteil erreichte, erwischte er ihn. Er packte ihn am Arm und blieb keuchend stehen. Kasim begann aus Leibeskräften zu schreien. Im Nu kam seine Tante mit dem Säugling auf dem Arm angelaufen, und auch Meister Sawaris trat aus dem Kaffeehaus. Als die Tante den Torwärter sah, staunte sie. Sie nahm seine Hand und sagte: »Bei Allah, Onkelchen

Osman, hast du den Jungen erschreckt! Was hat er denn getan, und wo ist sein Gilbab?«

»Der Herr Verwalter hat ihn entdeckt, als er im Springbrunnen planschte! Dieser kleine Teufel verdient die Peitsche! Ich war eingenickt, und er hat sich hereingeschlichen. Warum verschont ihr uns nicht vor diesen Bösewichtern?«

Bittend antwortete die Tante: »Vergebt, Onkelchen! Der Junge ist eine Waise, ich werde mich um ihn kümmern.« Sie zog Osmans Hand vom Jungen. »Ich werde ihm die Schläge verabreichen, die du ihm zugedacht hast. Aber deine Haare mögen grau werden, wenn du ihm nicht den einzigen Gilbab, den er besitzt, zurückgibst!«

Der Torwärter drohte wütend mit der Hand und knurrte beim Weggehen: »Wegen dieses Ungeziefers wurde ich beschimpft und verflucht! Es gibt hier nur solche Satansbraten! Das ganze Viertel ist voll von solchen Hundesöhnen!«

Die Frau kehrte ins Gehöft zurück. Den kleinen Hasan trug sie auf der Hüfte, den heulenden Kasim zerrte sie an der Hand hinter sich her.

Sakarija betrachtete Kasim voller Wohlgefallen. »Kasim«, sagte er, »du bist nun kein Kind mehr. Du wirst bald zehn Jahre alt, da ist es Zeit für dich, zu arbeiten.«

Kasims große schwarze Augen leuchteten freudig auf. »Wie lange habe ich mir schon gewünscht, Onkel, daß du mich mitnimmst.«

Der Mann lachte. »Da hast du wahrscheinlich gedacht, du könntest dabei spielen und müßtest nicht arbeiten. Jetzt bist du aber verständig geworden und kannst mir helfen.«

Der Junge lief hinaus und versuchte den Karren in Bewegung zu setzen. Sakarija konnte das gerade noch verhindern. »Paß lieber auf«, warnte seine Frau, »daß die Kartoffeln nicht herunterfallen, sonst verhungern wir.«

Sakarija packte also mit beiden Händen die Stangen und sagte: »Lauf vor dem Karren her und rufe ›Süße Kartoffeln! Gebackene Kartoffeln!‹ Und paß genau auf, was ich sage oder tue! Du wirst den Kunden die Kartoffeln in die Wohnung bringen. Überhaupt – halt die Augen offen!«

Kasim blickte sehnsüchtig auf den Karren. »Aber ich kann ihn bestimmt auch schon schieben.«

Doch Sakarija schob ihn selbst weiter. »Mach, was ich gesagt habe, und sei nicht so halsstarrig! Denk daran, daß dein Vater einer der gutmütigsten Menschen war.«

Sie zogen in Richtung Gamalija los, und Kasim rief mit hoher, durchdringender Stimme: »Süße Kartoffeln! Gebackene Kartoffeln!« Nichts konnte ihm mehr Freude bereiten, als endlich in fremde Viertel zu kommen und wie ein Mann richtig zu arbeiten. Sie erreichten mit dem Karren das Watawit-Viertel, und Kasim schaute sich neugierig um. Dann sagte er: »Hier hat sich Idris Adham in den Weg gestellt!« Gleichgültig nickte Sakarija mit dem Kopf. Der Junge lachte:

»Adham schob damals genau wie du einen Karren vor sich her, Onkel!«

Der Karren machte die tägliche Runde – von al-Husainija nach Bait al-Kadi, von Bait al-Kadi nach ad-Darrasa. Staunend betrachtete Kasim die Leute, die Läden und die Moscheen. Als sie auf einen kleinen Platz kamen und der Onkel ihm erklärte, daß dies der Mukattam-Markt sei, blickte sich Kasim bewundernd um. »Ist das wirklich der Mukattam-Markt? Hierher ist doch Gabal geflohen, und hier wurde Rifaa geboren!«

Sakarija war nicht aus der Ruhe zu bringen. »So ist es«, sagte er lediglich. »Wir haben aber weder mit dem einen noch mit dem anderen etwas zu tun.«

»Aber wir sind doch alle die Kinder von Gabalawi! Weshalb gehen sie uns dann nichts an?«

Der Onkel stieß ein bitteres Lachen aus. »Zumindest sind wir alle gleich arm.« Er schob den Karren auf einen kleinen Laden zu, in dem es Rosenkränze, Weihrauch und Amulette gab. Der Laden lag am Rand des Marktes, und man konnte von dort weit in die Wüste blicken. Auf einem Fell saß ein alter Mann mit weißem Bart. Sakarija stellte den Wagen ab und begrüßte den Alten freudig. »Ich habe heute noch genug Kartoffeln«, sagte der Alte.

Sakarija setzte sich trotzdem hin. »Ein Weilchen bei dir zu sein ist mir wichtiger, als etwas zu verdienen.« Er bemerkte, daß der Alte aufmerksam zu dem Jungen hinüberschaute, und rief: »Komm her, Kasim, und küsse Meister Jachja die Hand!« Kasim trat zu dem Alten, nahm die runzlige Hand und berührte sie ehrerbietig mit den Lippen. Der Alte fuhr mit der Hand leicht über Kasims Locken und betrachtete sein hübsches Gesicht. »Wer ist der Junge?« fragte er dann.

Sakarija hatte die Beine weit von sich gestreckt. »Das ist der Sohn meines verstorbenen Bruders.«

Der Alte deutete mit einem Zeichen an, daß Kasim sich mit auf das Fell setzen solle, und fragte: »Kannst du dich denn noch an deinen Vater erinnern, mein Sohn?«

Kasim schüttelte den Kopf. »Nein, Onkel.«

»Dein Vater war ein Freund von mir, er war ein sehr freundlicher Mann.«

Kasim hob den Kopf und besah sich die vielen bunten Sachen, die im Laden herumstanden. Der Alte griff in ein Regal und nahm ein Amulett heraus. Als er es Kasim um den Hals legte, sagte er: »Hüte es gut, es wird dich vor dem Bösen schützen.«

»Meister Jachja«, begann Sakarija zu erklären, »stammt auch aus unserem Viertel, er gehörte zur Rifaafamilie.«

Überrascht blickte Kasim den Alten an. »Warum hast du unser Viertel verlassen, Onkel?«

Sakarija antwortete für ihn. »Er hat vor langer Zeit den Wächter der Rifaafamilie verärgert und es dann vorgezogen, aus dem Viertel wegzugehen.«

»Dann hast du ja das gleiche getan wie Meister Schafii, der Vater von Rifaa«, sagte Kasim verblüfft.

Als der Alte laut loslachte, sah Kasim, daß er kaum noch Zähne im Mund hatte. »Ach«, sagte Meister Jachja mit einem Schmunzeln, »das weißt du also? Da kennen die Kinder unseres Viertels die alten Geschichten so gut, aber lernen tun sie nichts daraus.«

Aus dem Kaffeehaus kam ein Junge mit einem Tablett. Nachdem er Tee vor den alten Jachja gestellt hatte, ging er wieder. Der Alte holte ein kleines Päckchen aus seiner Brusttasche, öffnete es und sagte genüßlich: »Ich habe guten Stoff. Der wirkt bis morgen früh.«

»Dann laß uns mal versuchen«, antwortete Sakarija neugierig. Der alte Jachja lachte. »Ich habe dich noch nie nein sagen hören!«

»Wie könnte ich denn so etwas Angenehmes ablehnen?«

Die Männer teilten sich das Stück, und jeder schob sich etwas in den Mund. Gebannt sah Kasim zu, wie sie kauten. Als sein Onkel dies merkte, schmunzelte er. Jachja schlürfte den Tee. »Träumst du denn auch wie die anderen davon, ein Wächter zu werden?«

Strahlend blickte Kasim ihn an. »Aber ja!«

Sakarija lachte laut auf. »Nimm's ihm nicht übel, Meister Jachja«, sagte er. »Du weißt ja, daß man in unserem

Viertel entweder zu diesen Schlägern gehört oder die Prügel einsteckt.«

Der alte Jachja seufzte. »Ach, Rifaa, Allah sei deiner armen Seele gnädig, aber wie hast du es nur geschafft, in diesem höllischen Viertel deiner Aufgabe nachzugehen?«

»Deshalb mußte er ja so enden, wie du weißt.«

Der Alte runzelte die Stirn. »Rifaa ist nicht bei dem Blutbad damals gestorben. Richtig tot war er erst an jenem Tag, als sein ehemaliger Gefährte sich zum Wächter gemacht hat.«

Kasim, der aufmerksam zuhörte, fragte: »Wo ist er denn begraben, Onkel? Die Leute aus seiner Familie erzählen, daß unser Großvater ihn in seinem Garten beerdigt hat. Aber die von der Gabalfamilie sagen, daß sein Leichnam irgendwo in der Wüste liegt.«

»Diese verdammten Lumpen!« rief der Alte empört. »Bis zum heutigen Tag haben sie doch tatsächlich nicht aufgehört, ihn zu hassen!« Dann aber fiel ihm der Junge wieder ein. »Sag mal, Kasim«, wandte er sich an ihn, »hast du Rifaa gern?«

Kasim schaute unsicher seinen Onkel an, antwortete dann aber freiweg: »Ja, ich habe ihn sogar sehr gern.«

»Wie würdest du lieber sein, so wie er oder so wie die Wächter?«

Kasim sah den alten Jachja verwirrt an und lächelte. Seine Lippen bewegten sich, aber er sagte kein Wort. Als Sakarija merkte, wie verunsichert der Junge war, lachte er und sagte: »Er soll sich mal lieber mit dem Verkauf von Kartoffeln begnügen!«

Nachdenklich schwiegen die drei. Plötzlich brach auf dem Markt Lärm aus. Ein Esel wälzte sich auf der Erde und hatte den Wagen, vor den er gespannt war, umgeworfen. Die Frauen, die darauf gesessen hatten, krochen darunter hervor.

Der Kutscher hingegen schlug wie wild auf den Esel ein. Sakarija erhob sich und sagte: »Vor uns liegt noch ein weiter Weg, also auf Wiedersehen, Meister.«

»Bring den Jungen mit, wenn du wieder herkommst«, antwortete der Alte. Er reichte Kasim die Hand, strich ihm noch einmal über die Locken und sagte: »Was bist du doch für ein hübscher Junge.«

Der einzige Platz, der in der Wüste Schutz vor der erbarmungslosen Hitze der Sonne bot, war Hinds Felsen. Genau dort hockte Kasim im Sand. Seine einzigen Gefährten waren die Schafe und Ziegen. Er trug einen blauen, sauberen Gilbab, so sauber jedenfalls, wie das bei einem Hirten möglich war. Um den Kopf hatte er sich ein grobes Schaltuch gebunden, zum Schutz vor der Sonne, und seine Füße steckten in alten, abgetragenen Schuhen, die an der Spitze verschlissen waren. Manchmal saß er ganz in sich versunken da, manchmal schaute er zu den Schafen und Lämmern, den Ziegen und Zicklein hinüber. Den Stock hatte er beiseite gelegt. Aus der Nähe wirkte der Mukattam-Berg unheimlich und gewaltig. Es schien, als wäre er das einzige Wesen auf der von der klaren Himmelskuppel bedeckten Erde, das es wagte, sich dem Zorn der Sonne trotzig entgegenzustellen. Die sich im Unendlichen verlierende Wüste barg in sich nur lastende Stille und heiße Luft. Wurde Kasim zu sehr von seinen Gedanken, Träumen und jugendlichen Begierden bedrängt, dann ließ er den Blick zu den Tieren hinüberschweifen, um ihrem Spiel und Spaß, ihren Streitereien und Versöhnungen, ihrer Flinkheit und Trägheit zuzuschauen. Am liebsten waren ihm die Lämmer. Er bewunderte ihre schwarzen

Augen, und wenn sie ihn anschauten, hatte er das Gefühl, daß sie mit ihm sprächen. In solchen Augenblicken war er richtig gerührt. Es kam sogar vor, daß er tatsächlich mit ihnen sprach. Zumeist erzählte er ihnen dann, mit wieviel Fürsorge sie von ihm beschützt wurden und wieviel Verachtung im Gegensatz dazu die Menschen seines Viertels von den eingebildeten Wächtern erfahren mußten. Er kümmerte sich nicht darum, daß die Leute auf ihn, den Hirten, herabsahen, hatte er doch von Anfang an den Glauben, ein Hirte sei etwas viel Besseres als ein Schmarotzer, Dieb oder Bettler. Außerdem liebte er die Wüste, die frische Luft, den Mukattam-Berg, Hinds Felsen und vor allem die Himmelskuppel mit ihren immer wechselnden Wundern. Zu all diesen schönen Dingen kam hinzu, daß er als Hirte immer einmal beim alten Meister Jachja vorbeischauen konnte. Als er zum erstenmal mit der Herde bei ihm aufgetaucht war, hatte Meister Jachja verwundert gefragt: »Was ist denn das? Vom Kartoffelverkäufer zum Hirten?«

»Warum nicht?« hatte Kasim ohne Zögern erwidert. »Das ist eine Arbeit, um die mich Hunderte von Elenden in unserem Straßenteil beneiden.«

»Aber warum hast du denn deinen Onkel allein gelassen?«

»Sein Sohn Hasan ist herangewachsen, und er hat eher ein Recht darauf, mit ihm umherzuziehen. Die Schafe zu hüten ist doch besser, als zu betteln.«

Es verging kein Tag, an dem er nicht den alten Mann besuchte. Kasim liebte ihn und war glücklich, wenn er mit ihm reden konnte. Der alte Jachja kannte sich aufs beste in den Geschichten des Viertels aus, den heutigen und denen von früher. Er wußte, was die Sänger zur Rabab vortrugen, und einiges mehr. Ja, er war sogar über das unterrichtet, was ihnen manchmal entgangen war. Mit ihm konnte Kasim über alles reden. Einmal hatte Kasim ihm erklärt: »Ich hüte die Schafe aus allen Straßenteilen, die von den Gabals, die von der Rifaafamilie und die von den ganz Reichen. Seltsam ist, daß alle diese Schafe in einer Brüderlichkeit zusammen weiden, wie sie ihre Besitzer, die Menschen aus unserem Viertel, nicht kennen.« Ein anderes Mal sagte Kasim: »Humam war auch ein Hirte, trotzdem wird diese Arbeit heute von den anderen verachtet. Lieber betteln sie, bummeln herum und sind arm. Aber zur gleichen Zeit verehren sie die Wächter, obwohl sie nichts anderes sind als schamlose Diebe und Mörder. Allah möge euch verzeihen, ihr Kinder des Viertels!«

Eines Tages kam Kasim zum alten Jachja und war zum Scherzen aufgelegt. »Ich bin zufrieden«, sagte er, »obwohl ich arm bin. Ich tue niemandem etwas zuleide. Selbst meinen Schafen gegenüber bin ich immer freundlich. Findest du nicht, daß ich wie Rifaa bin?«

Der Alte sah ihn verächtlich an. »Rifaa! Du und wie Rifaa! Rifaa hat sein Leben damit zugebracht, die Menschen von ihren Dämonen zu befreien, damit sie glücklich leben können!« Er lachte trocken auf. »Du bist doch verrückt nach den Frauen! Liegst nach Sonnenuntergang auf der Lauer und wartest darauf, daß sich ein Mädchen in der Wüste sehen läßt!«

»Na und?« fragte Kasim zurück. »Ist daran was Schlimmes, Meister?«

»Nein, überhaupt nicht. Es ist deine Sache. Aber erzähl mir nicht, du wärst wie Rifaa.«

Kasim schien darüber nachzudenken. Dann sagte er: »Gabal gehörte genauso wie Rifaa zu den guten Menschen in unserem Viertel. Und obwohl er sich verliebt und geheiratet hat, erkämpfte er seiner Familie das Recht auf die Stiftung, um deren Anteil dann gerecht zu verteilen.«

»Weil alles, was er wollte, einzig und allein die Stiftung war«, erwiderte der Alte schroff.

Nachdem Kasim ein Weilchen überlegt hatte, sagte er unvermittelt: »Aber er wollte, daß alle friedlich zusammenleben und Recht und Ordnung herrschen.«

Meister Jachja sah ihn verdrossen an. »Also dann findest du Gabal besser als Rifaa?«

Kasims große, schwarze Augen blickten verwirrt. Er zögerte eine ganze Weile. Dann antwortete er: »Beide waren gute Menschen, und die sind selten genug in unserem Viertel. Adham, Humam, Gabal und Rifaa – sie waren die einzigen, die gütig gewesen sind. Nur diese Wächterbanditen – die haben wir in Hülle und Fülle.«

Der alte Jachja nickte betrübt. »Adham starb vor Kummer, und Humam wurde ermordet wie Rifaa.«

Als Kasim jetzt im Schatten von Hinds Felsen saß, mußte er an dieses Gespräch denken. Diese Männer waren wirklich die einzig guten Menschen im Viertel gewesen, und doch hatte ihr gütiges Leben ein schreckliches Ende gefunden. Aus tiefstem Innern stieg in Kasim plötzlich der heiße Wunsch auf, so zu werden wie sie. Was die Wächter mit den Menschen taten, war wirklich schrecklich. Trauer überfiel ihn und versetzte ihn in Unruhe. Um sich abzulenken, dachte er an das, was dieser Felsen schon alles miterlebt hatte. Da war Kadris und Hinds Liebe gewesen, dann der Tod von Humam, die Begegnung von Gabal mit Gabalawi, das Gespräch zwischen Rifaa und seinem Großvater. Wo war das alles hin? Es ist im Gedächtnis verankert, und dieses bleibt. Die Erinnerung an das Gute ist kostbarer als Schaf- und Ziegenherden. Das Schönste an diesem Felsen aber war, daß er einst diesen gewaltigen Großvater gesehen hatte und erleben durfte, wie er ganz allein durch die unendlichen Weiten gestreift war und soviel Land in Besitz nahm, wie er wollte. Damals hatte er all die verbrecherischen Lumpen vertrieben. Wie mag es ihm wohl jetzt ergehen, einsam und allein?

Kurz vor Sonnenuntergang stand Kasim auf, gähnte und streckte sich. Er nahm den Stock und pfiff vor sich hin. Dann schwenkte er den Stock und trieb die Herde unter lautem Rufen zusammen. Nach und nach sammelten sich die Tiere und setzten sich in Richtung der Häuser in Bewegung. Kasim verspürte Hunger, denn außer ein paar Sardinen und einem Stückchen Brot hatte er den ganzen Tag über nichts gegessen. Er wußte, daß ein gutes Abendbrot zu Hause beim Onkel auf ihn wartete. Er trieb die Herde an, schneller zu laufen. Schon bald zeigte sich ihm in der Ferne der Umriß des Großen Hauses mit den hohen Mauern, den geschlossenen Fenstern und den Wipfeln der Bäume. Wie mochte wohl der Garten aussehen, von dem die Sänger so oft erzählten und dessentwegen Adham vor Kummer gestorben war? Von weitem schon schlug der Lärm des Viertels an sein Ohr. Als er die Mauer entlangging und die ersten Häuser erreichte, lag die Landschaft im braunen Licht des nahenden Abends. Mühsam suchte er sich mit seinen Tieren einen Weg durch die Horde von spielenden und sich mit Dreck bewerfenden Kindern. Die Ohren tönten ihm vom Schreien der Händler, dem Gezeter der Frauen, den derben Spottrufen und Beschimpfungen der Männer, den Hilferufen von ein paar Verrückten und dem heftigen Klingeln der Glocke am Wagen des Verwalters. Gleichzeitig drang der durchdringende Duft des honigsüßen Tabaks, der Gestank faulenden Mülls und alten Bratenfetts in seine Nase. Kasim ging zunächst zum Gabalteil und dann zum Rifaateil, um dort den Besitzern ihre Tiere zu übergeben. Als das erledigt war, blieb nur noch ein Mutterschaf übrig, das Frau Kamar gehörte. Sie war die einzige im Wohnteil der Garabis, die Geld besaß und in einem einstöckigen Haus wohnte. In der Mitte des Hofes stand eine Palme und am äußersten Rand ein Guavenbaum. Als Kasim das Schaf, das den schönen Namen »Huldreiche« trug, in den Hof trieb, begegnete ihm Sakina, die Dienerin. Ihr schwarzes Haar war schon von grauen Strähnen durchzogen. Er grüßte sie, woraufhin sie ihn anlächelte und mit hellklingender Stimme fragte: »Wie geht's der Huldreichen?«

Kasim erklärte ihr, wie schön er dieses Schaf fand, und übergab es ihr. Als er gerade hinausgehen wollte, kehrte die Hausherrin heim. Die locker fallende Milaja verhüllte geschickt ihren etwas fülligen Körper. Durch den Gesichtsschleier hindurch schauten ihn zwei schwarze, sehnsuchtsvolle Augen an. Er trat höflich zur Seite und senkte den Blick. »Guten Abend«, grüßte sie mit feiner, zarter Stimme.

»Guten Abend, Herrin«, erwiderte er. Sie verharrte ein wenig, betrachtete das Schaf und sah ihn dann an. »Die Huldreiche wird von Tag zu Tag ansehnlicher, das habe ich nur dir zu verdanken. «

Mehr als ihre gütigen Worte verwirrte Kasim der weiche Schimmer in den Augen. »Der Dank gebührt dem Herrn und eurer Fürsorge.«

Frau Kamar drehte sich zu Sakina um. »Bring ihm was zum Abendbrot!«

Als Zeichen des Dankes hob er die Hände an den Kopf. »Du bist wie immer viel zu gütig, Herrin.« Dann verabschiedete er sich grüßend von ihr, während ein weiterer sehnsüchtiger Blick ihn traf. Beim Weggehen war Kasim zutiefst von ihrer Liebenswürdigkeit und Warmherzigkeit bewegt. Immer wenn er das Glück hatte, ihr zu begegnen, erging es ihm so. Sie strahlte eine Wärme aus, wie er sie nie zuvor erfahren hatte und von der er nur ahnte, daß Mutterliebe ähnlich stark sein mußte. Wenn seine Mutter jetzt noch lebte, dann wäre sie wie Frau Kamar ungefähr vierzig Jahre alt. Wie wunderbar war es doch, in diesem Viertel, das nur von Gewalt und Stärke strotzte, auf solch warmherzige Zuneigung zu stoßen. Übertroffen wurde dieses Wunder nur noch von ihrer scheu gezeigten Schönheit und dem ihn überflutenden Glücksgefühl. Das war doch etwas ganz anderes als die Abenteuer in der Wüste mit dem schnell aufflackernden, blinden Heißhunger und der schwermütig stimmenden, flüchtigen Sättigung.

Peter Huchel

Münze aus Bir el Abbas

Reibe die schartige Münze nicht blank.
Laß es schlafen, das fremde Gesicht,
Unter der grünen Schicht des Metalls
Wie unter dem grünen Wasser
Verschlammter Löcher der letzten Oase.

Die Münze klirrt.
Du hörst Getöse der Öde,
Die lange Klage der Karawanen,
Zerfallen zu Staub.
Vom Wind gewetzt,
Zerschneidet die Sichel des Sandes
Das Lagerfeuer,
Das schwarze Zelt aus Ziegenhaar,
Der Eselstute Nüster und Huf.

Ruhlose Münze,
Von Brunnen zu Brunnen getragen,
Auf schrundigem Rücken dürrer Kamele
Von Markt zu Markt,
Aus schmutzigem Kopftuch der Greisin fallend
Ins schmutzige Leder des Fladenhändlers,
Verborgen unter der Achsel des Diebes
Und wieder geworfen aus Räuberhand

Dem Leprakranken in den Napf,
Geschoben auf den dünnen Teppich,
Daß vor der Liebe die Ulad noch tanze,
Die über dem starren, gekalkten Gesicht
Den kleinen Mond aus Tierhaut schwingt,
Der dröhnend umkreist den Flötenton.

Ruhlose Münze,
Verschenkt und verloren,
Von Fersen getreten, von Zähnen geprüft,
Geschrieben ins Schuldbuch, ins Salz der Tränen,
Wenn unter der Fron der Mahlstein knirschte,
Du Zeuge des Schachers um Amber und Perlen,
Dem Richter den Spruch vom Munde nehmend:
Du nur kennst die Wege der Welt.
Du rolltest durch den Hunger des Volks,
Durch Prunk und Aufruhr alter Provinzen,
Durch Stammesfehden und Lachen von Blut,
Bis dich die Tatze der Wüste begrub.

Wo Öde wuchert an Wall und Mauer,
Mit stumpfer Hacke die Hitze schlägt,
Lagst du im Purpurschutt aus Scherben,
Dem Schweigen nun auf Zins geliehen –
Vom Spaten gehoben,
Das einzige Grün im grellen Sand,
Der Mammon der Toten,
Der nicht zu stillen vermochte
Den nie verlöschenden Durst der Welt.

Elias Canetti

Die allerletzte Wüste

Die Friedhöfe in anderen Teilen der Erde sind so eingerichtet, daß sie den Lebenden Freude gewähren. Es lebt viel auf ihnen, Pflanzen und Vögel, und der Besucher, als einziger Mensch unter so viel Toten, fühlt sich davon aufgemuntert und gestärkt. Sein eigener Zustand erscheint ihm beneidenswert. Auf den Grabsteinen liest er die Namen von Leuten; jeden einzelnen von ihnen hat er überlebt. Ohne daß er es sich gesteht, ist ihm ein wenig so zumute, als hätte er jeden von ihnen im Zweikampf besiegt. Er ist auch traurig, gewiß, über so viele, die nicht mehr sind, aber dafür ist er selber unüberwindlich. Wo sonst kann er sich so vorkommen? Auf welchem Schlachtfeld der Welt bleibt er als einziger übrig? Aufrecht steht er mitten unter ihnen, die alle liegen. Aber auch die Bäume und die Grabsteine stehen aufrecht. Sie sind hier gepflanzt und aufgestellt und umgeben ihn als eine Art von Hinterlassenschaft, die dazu da ist, ihm zu gefallen.

Auf diesem wüsten Friedhof der Juden aber ist nichts. Er ist die Wahrheit selbst, eine Mondlandschaft des Todes. Es ist dem Betrachter herzlich gleichgültig, wer wo liegt. Er bückt sich nicht und sucht es nicht zu enträtseln. Sie sind alle da wie Schutt und man möchte rasch wie ein Schakal darüber weghuschen. Es ist die Wüste aus Toten, auf der nichts mehr wächst, die letzte, die allerletzte Wüste.

Als ich ein Stück weit hineingegangen war, hörte ich Rufe hinter mir. Ich drehte mich um und blieb stehen. Auch auf der inneren Seite der Mauer, nahe beim Tor, standen Bettler. Es waren alte, bärtige Männer, einige von ihnen auf Krücken, einige blind. Ich stutzte, weil ich sie vorher nicht bemerkt hatte; da mein Führer es so eilig gehabt hatte, war zwischen ihnen und mir eine Entfernung von gewiß hundert Schritt. Ich zögerte davor, dieses Stück Einöde nochmals zu überschreiten, bevor ich weiter eingedrungen war. Aber sie zögerten nicht. Drei von ihnen lösten sich aus der Gruppe an der Mauer und kamen in größter Eile auf mich zugehumpelt. Der erste von ihnen war ein breitschultriger, schwerer Mann mit einem mächtigen Bart. Er war einbeinig und warf sich mit Wucht auf seinen Krücken vorwärts. Er war den anderen bald weit voran. Die niederen Grabsteine waren kein Hindernis für ihn, seine Krücken berührten den Boden immer an der rechten Stelle und glitten an keinem Stein ab. Wie ein drohendes altes Tier kam er auf mich zugestürzt. In seinem Gesichte, das mir rasch näher kam, war nichts, das Mitleid erregte. Es drückte wie die ganze Gestalt eine einzige ungestüme Forderung aus: »Ich lebe. Gib mir!«

Ich hatte das unerklärliche Gefühl, daß er mich mit seinem Gewicht erschlagen wolle; er war mir unheimlich. Mein Führer, ein leichter, schmaler Mensch, der die Bewegungen einer Eidechse hatte, zog mich rasch fort, bevor er mich erreicht hatte. Er wollte nicht, daß ich diesen Bettlern etwas gebe und rief ihnen auf arabisch etwas zu. Der schwere Mann auf Krücken versuchte uns nachzukommen, aber als er einsah, daß wir rascher waren, gab er es auf und blieb stehen. Ich hörte ihn noch ein gutes Stück zornig fluchen, und die Stimmen der anderen, die hinter ihm zurückgeblieben waren, vereinigten sich mit seiner zu einem bösen Chor.

Ich war erleichtert, daß ich ihnen entkommen war, und doch schämte ich mich, weil ich ihre Erwartungen vergebens geweckt hatte. Der Angriff des einbeinigen Alten war nicht an den Steinen abgeprallt, die ihm und seinen Krücken wohl vertraut waren; er war gescheitert an der Flinkheit meines Führers. Auf den Sieg in diesem ungleichen Wettlauf hatte man sich bei Gott nichts einzubilden. Ich wollte etwas über unseren armen Feind in Erfahrung bringen und wandte mich mit Fragen an den Führer. Er verstand kein Wort und statt einer Antwort verbreitete sich ein schwachsinniges Lächeln über sein Gesicht. Dazu sagte er »oui«, immer wieder »oui«. Ich wußte nicht, wohin er mich führte. Aber die Wüste war nach dem Erlebnis mit dem alten Mann nicht mehr ganz so wüst. Er war ihr rechtmäßiger Bewohner, ein Flurhüter der kahlen Steine, des Schuttes und der unsichtbaren Gebeine.

Doch ich hatte seine Bedeutung überschätzt. Denn es dauerte nicht lange, und ich kam an ein ganzes Volk, das hier ansässig war. Hinter einer kleinen Erhöhung bogen wir in eine Mulde ein und standen plötzlich vor einem winzigen Bethaus. Draußen, in einem Halbkreis, hatten sich vielleicht fünfzig Bettler angesiedelt, Männer und Frauen durcheinander, mit jedem Gebrest unter der Sonne behaftet, wie ein ganzer Stamm, wobei aber solche von fortgeschrittenem Alter überwogen. Sie hatten sich in farbigen Gruppen auf dem Boden niedergelassen und gerieten nun allmählich, nicht zu hastig, in Bewegung. Sie begannen Segensprüche zu murmeln und streckten die Arme aus. Doch sie kamen mir nicht zu nahe, bevor ich die Schwelle des Bethauses betrat.

Ich blickte in einen ganz kleinen länglichen Raum, in

dem Hunderte von Kerzen brannten. Sie staken in niederen Glaszylindern und schwammen in Öl. Die meisten von ihnen waren auf Tischen von gewöhnlicher Höhe ausgebreitet und man sah auf sie herab wie auf ein Buch, das man liest. Eine Minderzahl hing in größeren Gefäßen von der Decke herab. Auf jeder Seite des Raumes stand ein Mann, offenbar dazu bestellt, Gebete zu verrichten. Auf den Tischen in ihrer Nähe lagen einige Münzen. Ich zögerte auf der Schwelle, da ich keine Kopfbedeckung bei mir hatte. Der Führer nahm seine schwarze Mütze vom Kopf herunter und überreichte sie mir. Ich setzte sie mir auf, nicht ohne einige Verlegenheit, weil sie sehr schmutzig war. Die Vorbeter winkten mir, und ich trat unter die Kerzen. Man nahm mich für keinen Juden und ich verrichtete kein Gebet. Der Führer zeigte auf die Münzen und ich begriff, was ich nun zu tun hatte. Ich blieb nur ganz kurz. Ich empfand Scheu vor diesem kleinen Raum mitten in der Wüste, der von Kerzen erfüllt war, der allein aus Kerzen bestand. Es ging eine stille Heiterkeit von ihnen aus, als wäre nichts ganz zu Ende, solange sie brannten. Vielleicht waren es diese zarten Flammen allein, was von den Toten übrig war. Draußen aber spürte man nah und dicht das leidenschaftliche Leben der Bettler.

Ich trat wieder unter sie und nun gerieten sie wahrhaftig in Bewegung. Sie drängten sich an mich heran, von allen Seiten, als könnte ich gerade *ihr* Gebrechen übersehen und brachten es mir wie in einem kunstvollen und doch sehr heftigen Tanze nahe. Sie faßten mein Knie und küßten mir den Rock. Sie segneten, so kam es mir vor, jede Stelle meines Körpers. Es war, als würden eine Menge von Menschen mit Mund und Aug und Nase, mit Armen und Beinen, mit Lumpen und Krücken, mit allem, was sie hatten, mit allem, woraus sie bestanden, zu einem *beten.*

Ich erschrak, aber ich kann nicht leugnen, daß ich auch sehr ergriffen war und aller Schrecken sich bald in dieser Ergriffenheit verlor. Noch nie waren mir Menschen leiblich so nahe gekommen. Ich vergaß ihren Schmutz, er war mir gleichgültig, ich dachte nicht an Läuse. Ich fühlte, wie verführerisch es sein kann, sich für Menschen lebenden Leibes zerstückeln zu lassen. Dieses furchtbare Maß von Verehrung scheint das Opfer wert, und wie sollte es nicht Wunder stiften.

Aber mein Führer sorgte dafür, daß ich nicht unter den Händen der Bettler blieb. Seine Ansprüche waren älter und noch gar nicht befriedigt. Ich hatte nicht genug Wechselgeld für alle. Er vertrieb durch heftiges Keifen und Bellen die Ungestillten und zog mich am Arme fort. Als wir das Bethaus im Rücken hatten, sagte er mit seinem schwachsinnigen Lächeln dreimal »oui«, obwohl ich ihn gar nichts gefragt hatte. Es schien nicht mehr der gleiche Schutthaufen, als ich den gleichen Weg zurückging. Ich wußte nun, wohin sich sein Leben und sein Licht zusammengezogen hatten. Der alte Mann innen am Tore, der den Wettlauf auf seinen Krücken mit so viel Energie angegangen war, sah mich finster an, aber er blieb stumm und behielt seinen Fluch für sich. Ich schritt zum Tor des Friedhofs hinaus und mein Führer verschwand, so rasch wie er gekommen war, und an derselben Stelle. Es ist möglich, daß er in einer Ritze der Friedhofsmauer lebte und selten aus ihr hervorkam. Er verschwand nicht, ohne entgegenzunehmen, was ihm gebührte, und zum Abschied sagte er »oui«.

Rudolf Riedler

Häuser

1

Der Schlüssel
unter der Matte
wie immer
Aber das Haus
hinter der Tür
ist fortgezogen
mit dir
ohne Angabe
der Adresse

2

Leer steht das Haus
Kein Gast
seit langer Zeit
Die Schwalbe
nistet nicht
fliegt ein und aus
Sand weht durchs Fenster

Die Wüste wächst:
Wohl dem
der Wüsten liebt

Rudolf Riedler

Notiz aus Tunesien

1

Eine Taube aus Ton
Im Bündel des Berbers
kam sie zum Markt
Der Körper plump geformt
von schwerer Hand
Die Flügel flüchtig
aufgemalt
Ins Muster eingebrannt
ein Rest von Ziegenhaar

Auf meinem Tisch
zuhaus hebt sie
die Schwingen
schwebt
                singt
das Lied des Wüstenwinds

2

Eine Rose
                im Mund
hinterm Ohr
in der Hand

verbringt Ben Okbar
die Tage
am Rand
der Sahara. Wüstensturm
kommt und geht
Zurück bleibt
die Rose
aus Sand

3

Gegen Abend
Wolkenprozessionen
strenggläubig
nach Osten

Durchs Tor der Nacht
zieht die Spitze
des Zugs läßt
keinen Hinweis zurück

Nuruddin Farah

Mein Schicksal auf Gottes Tafel

Die Arbeit des vergangenen Tages saß ihr noch in den Gliedern. Sie wurde sich dessen erst bewußt, als sie aufbrechen wollte. »Ein Tag schwere Arbeit hat bei mir schon immer seine Wirkung gezeigt, weshalb sollte ich mir also Sorgen machen«, sagte sie sich.

Es war vier Uhr morgens, ein Dienstag – für sie ein Tag wie alle anderen, nicht einmal der Freitag machte eine Ausnahme. Vielleicht für die Männer, weil sie alle zu einem Betplatz oder in die Moschee gingen. Für die Frauen bedeutete der Freitag nur noch mehr Arbeit, mehr Wäschewaschen und Kochen.

Sie hatte nichts mitzunehmen. Sie hatte nie viel besessen. Nur ein zweites Kleid zum Wechseln, und das war alt. Der Muezzin hatte das Morgengebet noch nicht angekündigt. Noch war der erste Ruf nicht zu vernehmen. Und man hörte die Kamele noch nicht trinken. Sie blieb stehen, als wollte sie noch etwas mitnehmen, aber es war nur wegen der Schmerzen. Sie bewegte die Zehen mit der Hand und hörte die Gelenke knacken. Die Hütte war ziemlich dunkel. Es gab keine Streichhölzer. Das einzige Feuer, das einen schwachen Schein verbreitete, war ausgelöscht worden, bevor Ebla und ihre Freundin eingeschlafen waren. Eblas Freundin schnarchte noch immer wie ein Bär. Ebla streckte den Arm aus und ergriff die Schuhe und das Kleid, die sie am Abend zurechtgelegt hatte, und verließ damit die Hütte. Sie hatte einen Fuß schon draußen, den anderen noch drin, als sie bewegungslos stehenblieb. Einen Augenblick zögerte sie, nicht, um ihre Entscheidung in Frage zu stellen – die war nun endgültig gefallen –, sondern weil sie überlegte, ob sie der Freundin sagen sollte, wohin sie ging.

Sie zog den Fuß zurück und stand jetzt direkt hinter der Tür. Sie fühlte den warmen Luftzug, drehte sich um und ging wieder hinein. Neben der schnarchenden Freundin blieb sie stehen. Sie wollte sie wecken und ihr anvertrauen, daß sie sich entschlossen hatte wegzugehen. Sie öffnete den Mund, aber bevor sie etwas sagen konnte, hörte sie einen Schlag gegen die Außenwand der Hütte. Sie hielt inne, wollte herausfinden, woher das Geräusch kam, nachsehen, ob jemand draußen war, und wieder zu sich selbst finden, denn sie war für Sekundenbruchteile völlig aus dem Gleichgewicht geraten. Das Geräusch hatte sich nicht wiederholt, und Ebla war entschlossen, hinauszugehen und die Freundin nicht zu wecken. »Es ist besser so«, dachte sie.

Sie schwankte, als sei sie betrunken.

Ringsum war es still. Kein Laut war zu hören. Die unverheirateten Männer schliefen vor den Hütten und zwischen den Bäumen. Sie hatten sich mit weißen Tüchern zugedeckt. Ebla ging lautlos an ihnen vorüber. Sie ging barfuß, hatte ihr Kleid um die Schuhe gewickelt und das Bündel unter den Arm geklemmt. Sie lief auf Zehenspitzen wie ein Dieb, der einen Bekannten bestohlen hat. Die Augen hatte sie gesenkt. Endlich erreichte sie den Dorfausgang. Es war eine frisch gebaute Umzäunung aus Dornengestrüpp. Ein waagrecht angebrachter Stock diente als Tor. Sollte sie darunter hindurchkriechen oder den Stock hochheben? Sie blieb stehen und bückte sich, um zu sehen, ob sie unten durchpaßte. Da das nicht ging, hob sie den Stock hoch. Das Tor knarrte. Die Dornen ragten in die Höhe, und der Stock hatte ein paar berührt, als sie ihn hochhob. Das Herz schlug ihr bis zum Halse. Sie dachte, sie hätte ein lautes Geräusch gemacht. Sie blickte sich um, aber nichts passierte, niemand kam, nicht eine Menschenseele. Der Hahn krähte, dann war es wieder still. Sie legte den Stock schnell wieder an seinen Platz und stand außerhalb der Dorfgrenze.

»Mein Gott, ich bin draußen«, sagte sie.

Sie wandte sich nach Westen, wo der Zug nach Belet Wen auftauchen würde, und versteckte sich unter einem großen Baum.

»Alhamdulillah, Istagfurullah, Subhanallah.« Sie wiederholte diese Worte immer wieder, die aber einer Frau mit ihrer Bildung nicht viel sagten. Sie wußte, daß es arabische Wörter waren, die von Gott kamen und als heilig galten. Sie zählte sie an den Fingern ab, wie sie es von anderen gesehen hatte. Dabei ließ sie den Daumen über die Finger gleiten. So zählte sie im Rhythmus und manchmal falsch, sprach jedes Wort dreimal, bis sie alle Wörter neunundneunzigmal gesagt hatte. Diese Zahl stand für Gottes Namen.

Schicksal im Glauben. Ebla legte ihren Glauben und auch ihr Schicksal in Gottes Hand. »Und ich bin sicher, daß Gott mich verstehen wird. Und er wird mich bestimmt nicht im Stich lassen.«

»Wenn mich die Leute von der Karawane fragen, wohin ich will, was soll ich sagen? Ich denke, ich muß ihnen die Wahrheit gestehen. Aber was ist Wahrheit? Das, was unseren Vorstellungen entspricht, oder das, was mit unserem Handeln übereinstimmt? Warum denken wir anders, als wir handeln? Wenn ich die Wahrheit sage, dann bringt mich das mit Sicherheit nicht weiter. Wenn ich zugebe, daß ich weggelaufen bin, weil mein Großvater beschlossen hat, meine Hand einem Mann zu geben? Einem alten Mann muß ich sagen, um klarzumachen, daß ich weglaufen mußte. Aber was ist schlecht daran, einen Mann zu heiraten – ob alt oder jung? Das Alter ist doch nicht entscheidend für den Wert einer Heirat. Es gibt alte Männer, die viel liebenswertere Ehemänner sind als junge. Die Menschen sind spitzfindig. Und sicher werden sie diese Frage stellen …

»Notlügen sind erlaubt«, sagt der Prophet Mohammed. Das ist es, was unser Prophet gesagt hat, und alles, was er gesagt hat, ist zu befolgen. Aber sind diese Umstände hier eine Notlage? Jede Situation hat ihre Schwierigkeit. Ist das jetzt die größte Schwierigkeit oder werden noch viele folgen?

Ebla war noch nicht zu einer Entscheidung gelangt, als sie hörte, daß sich die Karawane näherte. Die Dinge schienen sie zu überrollen.

Die Leute von der Karawane sahen ihre schlanke Figur, durch die die Morgendämmerung reizvoller zu werden schien. Ebla war die Natur. Die Natur wurde durch sie personifiziert. Die Bäume, die Erde, der Lärm, die Unterhaltung der Männer in der Karawane, auch das war Teil der Natur. Der Morgenwind streichelte die Wangen der Menschen. Die Vögel zwitscherten. Die Sterne zogen sich in ihre winzigen Löcher im Himmel zurück, vielleicht um sich auszuruhen und sich gleichzeitig für die Nacht aufzuladen, die auf sie wartete. Der Mond verblaßte und verlor sich im Blau des Himmels. Stille. Stimmen tot. Füßescharren. Die noch unverbrauchte Energie der Bauern, aus denen die Karawane bestand, zeigte sich in ihrem kraftvollen Ausschreiten – jeder Schritt auf besondere Art. Die Milch, die sie vor dem Aufbruch getrunken hatten, schwappte in ihren Bäuchen. Die Kamele stolzierten, als sei das, was sie transportierten, ihr Eigentum und als ob die Bauern, die mit einem Stock in der Hand hinter ihnen gingen, nur dazu da wären, das Eigentum zu schützen. Der Meister selbst hielt sich für den Sklaven. Bündel um Bündel von Kuhhäuten, von Ziegenhäuten, Weihrauch und anderen Artikeln wanderten zum Verkauf auf den Altar der Stadt.

Der junge Mann, der das erste Kamel am Zügel führte, riß die Augen auf, als müsse er sich vergewissern, was er gesehen hatte. Als er seinen ersten Eindruck bestätigt fand, fragte er: »Was machst du denn hier, meine Cousine Ebla?«

Obgleich sie nicht seine Cousine war, wurde sie so angesprochen. Das war in dieser Gegend die höfliche Anrede, mit der man sogar einen Fremden zu begrüßen pflegte.

»Ich bin krank«, antwortete Ebla. Sie meinte, das erkläre alles.

»Und was machst du dann hier? Gerade wenn du krank bist?« wunderte sich der junge Mann, der ebenso groß war wie Ebla. Er hatte vergessen, daß er die Karawane führte. Das erste Kamel hatte die anderen vom Wege weggeführt. So mußte er Ebla stehenlassen, um wieder seinen Pflichten nachzukommen. Die anderen von der Karawane waren inzwischen herangekommen. Einer nach dem anderen fragte sie, was Ebla in der Stadt wolle.

Sie gab Auskunft, weshalb sie hier war: »Ich bin krank und brauche ein paar Spritzen. Und ich will mir Sachen kaufen.«

»Für die Hochzeit?« hatten einige gefragt.

»Ja«, sagte sie und nickte.

Und sie lächelte voll Ironie.

»Ich versteh mich selbst nicht««, reflektierte Ebla. »Ich verstehe mich einfach nicht. Die Propheten verkünden, daß jedermanns Schicksal auf Gottes Tafel steht. Alles wird dort oben registriert – oder wird das Register hier unten angelegt? Gibt es Engel, die auf deinen Schultern ruhen und deine Taten aufzeichnen? Auf der Mondoberfläche ist ein großer Baum, und jedes Blatt davon stellt einen Menschen dar. Man stirbt, wenn das Blatt vom Baume auf dem Mond herunterfällt. Das Blatt welkt, wenn jemand schon lange krank ist. Aber ich achte Gott, und Er weiß das, und ich verspreche, daß ich immer fünfmal am Tag beten werde, wenn mein Wunsch erfüllt wird.

Aber was will ich denn? Ich wünschte, ich wüßte es. Ich bin jetzt eine Frau, und meine Schwierigkeiten machen offenbar, daß ich nur eine Frau bin. Männer haben Probleme mit Frauen, aber es regt sie nicht so auf. Ich bin eine Frau, und weil mein Blutgeld nur die Hälfte von dem eines Mannes beträgt, ist klar, daß ich als Mensch weniger wert bin als er. Wir können nicht behaupten, daß Gott etwas falsch gemacht hat. Er, der Allmächtige Gott, hat alles festgelegt. Er ließ mich halb soviel kosten wie einen Mann, und Er muß seinen guten Grund dafür gehabt haben, warum sollte Er mir sonst so etwas angetan haben? Ich bin eine Frau, und weil die Versuchungen für mich größer sind, kommt meine Schwachheit leichter ans Licht als bei einem Mann. Ich sehe einen Mann an und komme in Versuchung. Wenn ich dieser Versuchung nachgebe, sind die Folgen so bitter, daß ich dadurch mein Leben verlieren kann.

O mein Gott, wenn die Männer nur wüßten, wie die Frauen in Versuchung kommen! Wir mögen nein sagen, uns mit Leichtigkeit verweigern, im Innern begehren wir den Mann doch mehr als er uns. Arrawello, die klügste Somalifrau, die je gelebt hat, gab den anderen Frauen ihres Volkes einige Ratschläge, bevor sie starb. Sie forderte: ›Ihr Frauen, sagt *nein*, selbst wenn ihr es später bedauert. Seid widerspenstig und laßt keinen Mann eure weibliche Entschlossenheit erschüttern. Und seid voller Achtung und auch zurückhaltend.‹ Vielleicht war sie klüger als die Männer, die doch höher angesehen waren.

Und warum habe ich zu Awill nicht *nein* gesagt? Vielleicht hätte er mich dann gar nicht unbedingt heiraten wollen! Aber schließlich hätte ich doch mein Ja gegeben.

Wenn ich auf dem Land geblieben wäre und den alten Mann geheiratet hätte, wie es der Großvater wollte, dann wären mir vielleicht all diese Schwierigkeiten erspart geblieben«, dachte Ebla. »Ich habe noch nie in meinem Leben bereut, was ich gemacht habe. Warum auch? Ich bin schwach, weil ich mir von Älteren alles vorschreiben lasse. Aber ich will keinem schaden. Ich möchte aus dem, was ich habe, das Beste machen, aber im Augenblick habe ich nur Probleme und Kopfschmerzen. Wenn ich etwas bedauere, dreht sich mir der Magen um. Das ist nicht gut. Es hilft für nichts. Was ich mache, entspricht alles meiner Natur, die ich nicht ändern kann. Das einzige wäre vielleicht, ein Messer zu nehmen und mir die Kehle durchzuschneiden, aber ich bin eine Frau und kann das nicht – mir fehlt der Mut.

Ich sehe so niedergeschlagen aus wie ein Kamel, das sein einziges Junges verloren hat. Das einzige, was ich dem Kamel voraus habe, ist, daß ich mit mir selbst ins Gericht gehen und es aussprechen kann. Aber mit wem kann ich sprechen? Vielleicht mit Gott, zu dem ich so lange nicht gebetet habe, daß ich mich an das letzte Mal gar nicht mehr erinnern kann? Ich verliere meine Bekannten einen nach dem anderen, sogar meine Verwandten. Ich habe das Vertrauen meines einzigen Bruders verloren. Er wird nie wiederkommen. Dasselbe gilt für meinen Cousin und seine Frau. Sie würden mich am liebsten bei lebendigem Leibe rösten. Asha braucht meine Freundschaft nicht mehr, und sonst kenne ich hier keinen. Zwischen Ehemann und Ehefrau gibt es keine Freundschaft; er ist ein Mann, und sie ist eine Frau, und sie haben einen unterschiedlichen Wert. Menschen müssen gleichberechtigt sein, wenn sie Freunde werden wollen. Wenn du jemand verachtest oder auf ihn herabsiehst, kann er nicht dein Freund sein, und du kannst nicht sein Freund sein.

Morgen früh werde ich als erstes Guaven kaufen«, beschloß sie. »Der Prophet sagt, wenn man Guaven ißt und innerhalb von vierzig Tagen stirbt, kommt man mit Sicherheit in den Himmel. Ich werde Asha bitten, mir welche zu kaufen. Aber sie darf nicht wissen, wozu ich sie haben will, denn sie wird mir nicht gönnen, daß ich in den Himmel komme, und mir etwas anderes kaufen. Ich bin gespannt, wie eine Guave schmeckt. Sie muß bitter sein, vermute ich, oder vielleicht auch sauer. Egal, wie sie schmeckt, ich werde sie essen. Ob sie hier in der Nähe des Meeres Guaven anbauen? Wie mag das Meer wohl aussehen? Ein riesiges blaues Wasser, haben sie es mir beschrieben. Guaven sind wahrscheinlich auch so blau wie das Meer. Und schmecken sie auch salzig? Meerwasser ist salzig, hat Asha gesagt, und alles, was an der Küste wächst, muß salzig sein. Weit draußen auf dem Land leiden wir unter Mangel an Wasser, aber die Städter haben davon mehr als genug – Flüsse, Seen und das Meer. Unsere Tiere auf dem Lande verdursten, aber hier haben sie nicht so viele Tiere, und außerdem gibt es diesen riesigen Wasserüberschuß. So ist das Leben: Wenn du etwas brauchst, bekommst du es nicht, und wenn du etwas nicht brauchst, gibt es genug. Ich frage mich, ob es einmal möglich sein wird, daß man so viel hat, wie man möchte.«

Jemand pfiff eine Melodie, die Ebla nicht kannte. Das Geräusch kam von draußen, obwohl sie einen Moment lang annahm, es wäre im Zimmer. Sie wollte am liebsten hinausgehen und dem Pfeifer sagen, er solle aufhören, weil das Pfeifen nachts die Geister anlockt. Dann erhalten entweder die Pfeifer Ohrfeigen oder die Leute ihrer Umgebung, die ihnen das Pfeifen hätten verbieten sollen. Warum muß man denn pfeifen? Aber warum denn eigentlich nicht?

Ebla ging hinaus, um mit dem Betreffenden zu sprechen. Und gerade als sie an die Tür kam, wo sie sich nach einem kleinen Schwächeanfall an die Wand lehnte, sah sie eine Sternschnuppe. Ganz unbewußt rief sie: »Stürze! Stürze herab! Stürze herab auf die Ungläubigen. Stürze auf sie nieder.«

Dann biß sie sich auf den kleinen Finger. Sie blickte sich um und sah dunkle Gestalten vor den anderen Zimmern sitzen. Sie war enttäuscht, daß sie sich nicht das gleiche wünschten. »Vielleicht hassen sie die Ungläubigen nicht so wie ich«, überlegte sie.

Sie ging wieder hinein. Es pfiff niemand mehr. Ebla streckte sich wieder auf dem Bett aus und gab sich wieder ihren Gedanken hin.

»Ich bin gewiß ziemlich durcheinander, aber – auch wenn der Schöpfer für sein Geschöpf verantwortlich ist, bin ich doch verantwortlich für meine Handlungen. Betrachte ich mir einmal meine Männer: Vielleicht sollte ich den ersten, dem ich entkommen bin, hier gar nicht mitrechnen. Wegen ihm bin ich zwar davongelaufen, und deswegen ist dann alles andere passiert, aber Giumaleh habe ich ja nicht gekannt. Ich habe ihn nie gesehen, und der Scheich hat unsere Verlobung nicht ausgesprochen. Es war nur zwischen ihm und dem Großvater mündlich abgemacht worden. Auf Dirir trifft das gleiche zu. Ich kannte ihn nicht persönlich, und ich habe nie ein Auge auf ihn geworfen. Er hat mit meinem Cousin einfach eine Abmachung getroffen.

Und Awill – ihn habe ich freiwillig geheiratet. Vielleicht hätte ich es nicht getan, wenn ich nicht vorher davongelaufen wäre. Ich hätte es mir überlegt. Aber er hat meine Situation ausgenutzt. Anfangs war er grob zu mir, aber dann wurde es anders. Wir haben nur zehn Tage zusammen verbracht, aber seine Geschichte mit dieser Frau auf dem Foto hat mir natürlich das Herz gebrochen. In tausend Stücke ist es zersprungen. Ach, wenn er das nur wüßte – entweder würde er mich verlassen oder mir näherkommen, das Unerwartete tun und bei mir liegen und wieder mein Mann sein. Und was ist, wenn er von Tiffo erfährt? Nur mal angenommen. Was würde dann passieren?

Über Tiffo ist nicht viel zu sagen. Er ist ein Geldmann. Der reichste, den ich kenne. Aber ich kenne ja nicht viele. Wenn ich auf Geld und Reichtum aus wäre, hätte ich auf dem Land bleiben und den Mann heiraten sollen, dem der Großvater meine Hand gegeben hatte. Er war so alt wie Tiffo und wahrscheinlich auch so dick.

Ich bin verantwortlich für den Tod meines Großvaters«, dachte sie noch. Damit beendete sie das Selbstgespräch.

»Vielleicht wird mit der Sonne morgen das Glück für mich aufgehen«, sagte sie laut. Und dann schlief sie ein, ohne Abendbrot gegessen zu haben.

Barbara Wood

Licht in der Dunkelheit

»Hilfe! Wir brauchen einen Arzt! Ist ein Arzt im Zug?«

Grace Treverton hörte das aufgeregte Rufen, öffnete das Abteilfenster, sah hinaus und entdeckte den Grund für das plötzliche Anhalten des Zugs: Neben den Schienen lag ein Mann.

»Was ist los?« fragte Lady Rose, als ihre Schwägerin nach der Arzttasche griff.

»Ein verletzter Mann.«

»Oje.«

Grace zögerte einen Augenblick, bevor sie das Abteil verließ. Rose sah nicht gut aus. Ihre Haut war in der letzten Stunde beunruhigend blaß geworden. Die Hafenstadt Mombasa, wo sie den Zug bestiegen hatten, lag erst achtzig Meilen hinter ihnen. Bis Voi, wo es Abendessen geben würde, lagen noch einige Meilen vor ihnen. »Du solltest etwas essen, Rose«, sagte Grace und warf Fanny, der Zofe von Rose, einen auffordernden Blick zu, »und trink etwas. Ich werde mich nur rasch um den armen Mann kümmern.«

»Mir geht es gut«, erwiderte Rose. Sie betupfte mit einem parfümierten Taschentuch die Stirn und legte die Hände auf den Leib.

Grace zögerte immer noch. Wenn etwas nicht in Ordnung war, besonders mit dem Baby, konnte man sich nicht darauf verlassen, daß Rose es zugeben würde. Grace sah Fanny noch einmal nachdrücklich an, was soviel bedeutete wie: *Weichen Sie nicht von ihrer Seite*, und verließ eilig das Abteil.

Im nächsten Moment glaubte Grace, von der Wüstensonne und dem Staub verschlungen zu werden. Nach dem wochenlangen Eingesperrtsein auf dem Schiff und den achtzig Meilen im winzigen Abteil des Zuges verschlug ihr der endlose afrikanische Himmel den Atem und machte sie benommen.

Als Grace den Verletzten erreichte, standen bereits Fahrgäste um ihn herum, die in einer Mischung aus Englisch, Hindi und Suaheli aufgeregt durcheinanderredeten. Grace sagte: »Moment bitte«, und versuchte sich durchzudrängen.

»Bleiben Sie lieber weg, Miss. Das ist kein Anblick für eine Dame.« Ein Mann drehte sich um und wollte sie aufhalten. Er zog die Augenbrauen hoch.

»Vielleicht kann ich ihm helfen«, erwiderte Grace und ging an ihm vorbei, »ich bin Ärztin.«

Die anderen Männer sahen sie überrascht an, und als sie sich neben den Gestürzten kniete, verstummten alle.

Die Männer hatten noch nie eine so seltsam gekleidete Frau gesehen.

Grace Treverton trug eine weiße Bluse mit einer schwarzen Krawatte, eine schwarze Jacke, einen dunkelblauen Rock, der bis zu den Knöcheln reichte, und, am merkwürdigsten von allem, einen breitkrempigen Dreispitz aus schwarzem Samt. Diese Siedler, die fern von jeder Zivilisation in einem Winkel des britischen Empire lebten, kannten die Uniform eines weiblichen Offiziers der königlichen Marine nicht.

Sie sahen erstaunt zu, wie sie die Wunden des Mannes

ungerührt untersuchte, ohne ohnmächtig zu werden. Der Mann *blutete*, dachten sie, und diese merkwürdige Frau blieb so ruhig wie beim Tee-Eingießen!

Unter den Männern entstand ein Gemurmel. Grace achtete nicht darauf. Sie versuchte, dem bewußtlosen Mann, einem Afrikaner, zu helfen. Er trug Felle und Perlen und schien das Opfer eines Löwen geworden zu sein. Während sie die Wunden desinfizierte und verband, hörte Grace die leisen Stimmen der Männer um sie herum und verstand sehr wohl den Tenor ihrer Worte.

Einige schockierte und entsetzte ihr Verhalten, andere amüsierten sich, und alle waren skeptisch. Keine wirkliche Dame, so hatte Grace gehört, seit sie angefangen hatte, in London Medizin zu studieren, würde sich mit solchen unangenehmen Dingen beschäftigen. Was sie tat, gehörte sich einfach nicht! Doch diese Männer hatten keine Ahnung davon, daß die Wunden dieses armen Afrikaners nichts waren im Vergleich zu den Verletzungen, die Grace an Bord des Lazarettschiffs behandelt hatte, das bei der Räumung von Gallipoli eingesetzt worden war.

»Wir müssen ihn in den Zug bringen«, sagte sie schließlich, als sie nichts weiter tun konnte.

Keiner der Männer rührte sich. Sie hob den Kopf. »Er muß richtig behandelt werden. Die Wunden müssen genäht werden. Er hat viel Blut verloren. Mein Gott, stehen Sie doch nicht einfach so herum!«

»Der ist erledigt«, brummte jemand.

»Keine Ahnung, wer es ist«, sagte einer.

»Ein Massai«, sagte ein dritter, als sei das eine Erklärung. Grace erhob sich. »Zwei von Ihnen tragen ihn in einen Wagen. Sofort!«

Die Männer waren unentschlossen. Ein paar drehten sich um und gingen. Die anderen sahen sich fragend an.

Wer war *sie*, um ihnen etwas zu befehlen? Die Männer blickten Grace wieder an. Sie war sehr hübsch und schien eine Dame zu sein.

Schließlich hoben zwei Männer den Afrikaner auf, trugen ihn zum Bremswagen und legten ihn hinein. Als Grace zu ihrem Abteil zurückging, hörte sie abfälliges Lachen, und zwei Männer musterten sie mit unverhüllter Verachtung.

Aber an ihrem Wagen wartete ein sonnengebräunter, lächelnder Mann, der ihr die unmöglich hohen Stufen hinaufhalf. »Machen Sie sich nichts daraus«, sagte er und legte die Hand an die Hutkrempe. »Die sind zehn Jahre hinter der Zeit zurück.«

Grace lächelte dankbar, blieb auf der kleinen Plattform stehen und sah dem Mann nach, der mit großen Schritten zum Wagen der zweiten Klasse ging.

Rose saß auf ihrem Platz, fächelte sich Luft zu und starrte aus dem Fenster.

Grace beugte sich vor und griff nach dem dünnen Handgelenk ihrer Schwägerin. Der Puls war stark und gleichmäßig. Dann betastete sie den Leib unter dem Batist des Sommerkleides.

Alarmiert richtete sie sich auf. Das Kind hatte sich in das Becken gesenkt.

»Rose«, fragte sie vorsichtig, »wann hat sich das Baby gesenkt?«

Lady Rose drehte den Kopf und zwinkerte, als sei sie weit weg gewesen – draußen in der Steppe unter den Dornenbäumen und dem dürren Busch. »Als du draußen warst«, sagte sie.

Grace versuchte, ihre Besorgnis nicht zu zeigen. Rose mußte vor allem ruhig und gelassen bleiben. Diese Fahrt trug natürlich nicht gerade dazu bei!

Grace öffnete die Flasche Mineralwasser, goß etwas Wasser in einen Silberbecher und reichte ihn ihrer Schwägerin. Rose trank und verschüttete etwas, als der Zug mit einem Ruck wieder anfuhr. Grace versuchte nachzudenken.

Das Kind hatte sich zu früh gesenkt. Es war zu früh. Es sollte erst in mehr als einem Monat geboren werden. Deutete das auf Komplikationen hin? Und wie lange konnte es jetzt noch bis zur Geburt dauern? *Bestimmt haben wir noch Zeit*, sagte sie sich und dachte an diesen jämmerlichen kleinen Zug, dessen Abteile alle nur Türen ins Freie hatten, wodurch die Passagiere voneinander getrennt waren. Wenn der Zug fuhr, konnte man ihn nicht anhalten und Hilfe herbeirufen.

Grace war wütend auf sich. Sie hätte nicht zulassen dürfen, daß Rose die Reise unternahm. Sie hätte es ihr energisch ausreden müssen. Rose war keine kräftige Frau, und die Strapazen der Reise von England forderten ihren Tribut. Aber Rose ließ sich nicht von ihrem Entschluß abbringen. »Ich möchte, daß mein Sohn in unserem neuen Haus geboren wird«, hatte sie auf ihre unlogische Art immer wieder erklärt, die einen zum Wahnsinn treiben konnte. Seit Valentine, ihr Mann und der Bruder von Grace, in seinen überschwenglichen Briefen das prächtige Haus beschrieb, das er im zentralen Hochland von Britisch-Ostafrika gebaut hatte, war Rose von der Idee wie besessen, das Kind dort zur Welt zu bringen. Es hatte Graces Position noch weiter geschwächt, als Valentine schrieb und darauf bestand, daß sie sich auf die Reise machten, weil er mit seiner Frau darin übereinstimmte, daß sein Sohn in der neuen Heimat geboren werden sollte.

Grace hatte ihrem Bruder mehrmals zornig geschrieben. Aber sowohl Valentine als auch Rose hatten sich über alle Vernunft hinweggesetzt, um ihren unsinnigen Traum zu verwirklichen.

Und so hatten die beiden Frauen England und BELLA HILL, das alte Herrenhaus der Familie in Suffolk, mit ihren Besitztümern und in Begleitung von sechs Dienstboten verlassen, waren über die nach dem Krieg wieder sicheren Meere gefahren und hatten das erst vor kurzem entmilitarisierte exotische und lockende Protektorat Britisch-Ostafrika erreicht.

Lady Rose beugte sich vor und machte sich an ihren Rosensträuchern zu schaffen. Die fünf anderen Dienstboten und die Hunde der Familie fuhren im Wagen der zweiten Klasse. Aber die Rosen begleiteten die Gräfin, als seien es ihre Kinder. Grace betrachtete sie ärgerlich; die Sträucher hatten seit der Abreise aus England mehr als einmal zu unangenehmen Episoden geführt; aber sie wurde weich, als sie sah, wie ihre Schwägerin sich besorgt um sie kümmerte.

Bald, dachte Grace, *wird sie das Baby haben, das dann im Mittelpunkt ihres Lebens steht*. Rose hatte sich das Baby so verzweifelt gewünscht, auch als die Ärzte in London erklärten, sie könne keine Kinder bekommen. Dieses Baby, so hoffte Rose, würde Valentine dazu bringen, ein geordnetes Leben zu führen.

Grace seufzte und blickte aus dem Fenster. Ihr Bruder war ein ruheloser Mann, und dieses wilde Land gefiel ihm. Grace verstand, weshalb Ostafrika ihn so faszinierte, und sie verstand seinen Entschluß, BELLA HILL in die Obhut ihres jüngeren Bruders zu geben und hierher zu kommen, um sich in der Wildnis ein neues Reich zu schaffen.

Vielleicht wird ihn dieses Land zähmen, dachte Grace, während das Schaukeln des Zugs sie in den Schlaf wiegte. *Vielleicht wird aus Valentine ein neuer Mensch …*

Grace dachte immer noch an Männer, als der Zug in Voi hielt und die Fahrgäste zum Essen in die Hütte strömten. Sie hatte wieder von dem Lazarettschiff und von Jeremy geträumt. Bei dem Zustand ihrer Schwägerin wäre es unschicklich gewesen, wenn sie mit den anderen Reisenden gegessen hätten. Deshalb brachte ein älterer, seriös wirkender Afrikaner ihnen das Abendessen in ihr Abteil und bediente sie. Grace rührte das gekochte Rindfleisch und den Kohl kaum an. Sie blickte durch das Fenster in die Wüstennacht und zum hellerleuchteten Bungalow, in dem das Dinner serviert wurde. Grace beobachtete die Männer; sie saßen an Tischen mit ordentlichen weißen Tischdecken, aßen mit Silberbesteck von Porzellantellern und wurden von Weinkellnern und Kellnern in weißen Jacken bedient. Das laute Lachen und Reden der Reisenden hallte durch die Nacht, und der Rauch ihrer Zigarren trieb durch die Luft. Grace beneidete sie.

Rose trank roten Bordeaux aus einem Kristallglas mit Stiel und sprach ruhig von ihren Plänen für das neue Haus. »Ich werde meine Rosen so pflanzen, daß ich sie immer sehen kann. Und ich werde jeden Mittwoch zum Tee einladen und dazu in Frage kommende Damen der Gegend in unserem neuen Haus empfangen.«

Grace lächelte ihre Schwägerin nachsichtig an. Sie sah keinen Anlaß, Rose bereits jetzt die Illusionen zu nehmen. Sie würde die Realität ihres neuen Lebens bald genug kennenlernen, wenn sie die Plantage sah, feststellte, daß die nächsten Nachbarn viele Meilen entfernt lebten, und daß die »Damen«, von denen sie sprach, schwer arbeitende Farmersfrauen mit wenig Zeit für Einladungen zum Tee waren.

Draußen vor dem Fenster erregte etwas ihre Aufmerksamkeit. Es war der Mann, der ihr die Stufen zum Abteil hinaufgeholfen hatte. Er beaufsichtigte das Verladen von Gepäckstücken auf Wagen. Grace sah, es waren Gewehre und Zelte. *Er ist also Jäger und steigt hier in Voi aus*, dachte sie.

Grace beobachtete ihn neugierig. In Khaki und mit dem Tropenhelm sah er sehr attraktiv aus. Als er sich plötzlich umdrehte und ihre Blicke sich trafen, setzte ihr Herz einen Schlag aus. Er lächelte, schwang sich auf sein Pferd, salutierte und ritt davon.

Sie sah ihm nach, als er in der Nacht verschwand, und ihr wurde plötzlich bewußt, daß es mit ihr und Männern immer so war – und immer so sein würde. Sie stieß sie entweder vor den Kopf wie diese Männer heute nachmittag, die nicht gewußt hatten, wie sie sich ihr gegenüber verhalten sollten. Oder sie weckte eine unerklärliche Ablehnung in ihnen, oder sie machten ihr das höchste Kompliment wie dieser Jäger. Das heißt, in ihren Augen war sie ebensogut wie jeder Mann und es deshalb wert, wie ein Kamerad behandelt zu werden.

Grace dachte an die Männer auf dem Lazarettschiff und an die Verwundeten, die täglich an Bord gebracht wurden. Anfangs war der Umgang mit ihnen wunderbar, denn sie hielten Grace für eine Krankenschwester. Aber das änderte sich abrupt, wenn sie feststellten, daß sie Ärztin und Offizier war. Plötzlich stellten sich Ehrerbietung und sehr großer Respekt ein. Es entstand eine unsichtbare Barriere, die Grace nicht überwinden konnte.

Als sie vor neun Jahren zum Medizinstudium angenommen worden war, hatte eine ältere Ärztin zu Grace gesagt: »Sie werden feststellen, daß Ihr neuer Titel sowohl ein Fluch als auch ein Segen ist. Viele Ärzte werden es Ihnen verübeln, daß Sie in ihre eifersüchtig gehütete Bruderschaft eindringen, und viele Patienten werden Sie für unfähig halten.« Dr. Smythe hatte hinzugefügt: »Sie werden kein normales gesellschaftliches Leben führen können, denn Sie spielen keine der akzeptierten weiblichen Rollen. Manche Männer werden Sie auf einen Sockel stellen und dadurch unerreichbar machen. Andere werden Sie als Kuriosität und als Außenseiterin abstempeln. Sie werden die einen amüsieren, die anderen einschüchtern. Sie begeben sich in eine Männerwelt, ohne als vollwertiges Mitglied akzeptiert zu sein, und man wird Ihnen wenige Privilegien dieser Welt einräumen.«

Die unverheiratete, aber 60jährige Dr. Alice Smythe hatte die Wahrheit gesagt. Grace Treverton war inzwischen neunundzwanzig und – ledig.

Sie lehnte sich im Sitz zurück und schloß die Augen.

Es war der »Preis«, vor dem man sie gewarnt hatte, als sie vor Jahren ihre Absicht verkündete, Medizin zu studieren. Ihr Vater, der alte Earl, hatte es abgelehnt, sie zu unterstützen. Ihre Brüder hatten gelacht und vorausgesagt, sie werde ihre Weiblichkeit opfern. Einiges von dieser Prophezeiung hatte sich erfüllt. Sie hatte tatsächlich Opfer gebracht. Inzwischen bestanden nur noch wenig Aussichten auf eine Ehe und Kinder. Mit beinahe dreißig war sie Jungfrau, obwohl sie zwei Jahre unter Tausenden Soldaten auf See gearbeitet hatte.

Aber nicht alle Männer waren wie ihre Brüder oder wie diese rauhen Burschen dort drüben. Es gab auch den Jäger, dem sie aufgefallen war. In Ägypten, wo sie während des Kriegs stationiert gewesen war, hatte Grace Offiziere kennengelernt, kultivierte Herren, die ihre Rangabzeichen an der Uniformjacke und den Doktor vor ihrem Namen respektierten.

Und es hatte Jeremy gegeben.

Als Jeremy ihr den Verlobungsring über den Finger schob, war ihr Dr. Smythes Voraussage als sehr übertrieben erschienen. Aber dieser Traum war mit dem torpedierten Schiff und mit Jeremy im kalten, dunklen Wasser des Mittelmeeres versunken.

Das Geschirr wurde abgeräumt, und die beiden Frauen gingen auf die Plattform hinaus, während die Betten gemacht wurden. Grace stützte ihre Schwägerin am Ellbogen, während sie am Geländer standen, die kühle Nachtluft atmeten und den prächtigen Sternenhimmel bewunderten. Bald würde der Vollmond über dem Kilimandscharo aufgehen.

England schien Welten entfernt zu sein, beinahe, als habe es nie existiert. So lange schien die Abfahrt in Southampton zurückzuliegen. Und dann die drei Wochen, in denen sie nach Süden und Osten auf dem Meer gefahren waren und jeder Tag sie weiter weg von vertrauten Plätzen und tiefer hinein in das Unbekannte geführt hatte. Port Said war Grace fremd erschienen; der Krieg war zu Ende, und die Touristen stellten sich allmählich wieder ein. Einheimische waren mit ihren Waren und den »garantiert« antiken Stücken an Bord gekommen; Händler hatten Speisen und starken ägyptischen Wein angeboten. Dann der Suezkanal inmitten der unwirtlichen, kahlen Wüste und Port Sudan mit den imposanten Kamelkarawanen und den Arabern im Burnus. Von Aden, einer trostlosen Oase in der Wildnis, hatte der Dampfer sie entlang der exotischen Somaliküste in den drückend heißen Indischen Ozean gebracht, wo der Sonnenuntergang den Himmel scharlachrot und gold färbte. Schließlich Mombasa, die Küste von Britisch-Ostafrika mit seinen ausgebleichten, weißen Gebäuden, Kokospalmen, Mangobäumen, blühenden Büschen in leuchtenden Farben und Arabern, die alles verhökerten, was man sich wünschen konnte. Wo waren die Nebel von Suffolk, die ehrwürdigen alten Steine von BELLA HILL, die elizabethanischen Pubs an den ländlichen Wegen? Sie gehörten in eine andere Welt und in eine andere Zeit.

Grace blickte zu den Männern hinüber, die mit Brandy und Zigarren auf der Veranda der Hütte saßen und darauf warteten, daß ihre Betten gemacht wurden und die Fahrt weiterging. Welche Träume hatten sie in dieses wilde, unberührte Land geführt? Wer von ihnen würde überleben? Wer würde versagen? Was wartete am Ende der Fahrt auf sie? Man mußte beinahe einen ganzen Tag auf der Bahn verbringen, ehe man Nairobi erreichte. Danach würden für Gräfin Treverton und ihr Gefolge noch viele Tage im Ochsenwagen auf dem unbefestigten Weg nach Nyeri im Norden kommen.

Grace zitterte bei dem Gedanken. Am Ende dieses Wegs durch die Wildnis lag ihr Traum – der Traum, den sie mit Jeremy während der grausam kurzen Zeit zusammen geteilt hatte. Jeremy hatte ihr diese wunderbare Vision in den Kopf gesetzt von einem Zufluchtsort der Hoffnung und der Barmherzigkeit in der Wildnis; er hatte geplant, nach dem Krieg in Afrika den Heiden das Wort Gottes zu verkünden. Sie wollten zusammen arbeiten: Jeremy würde den Geist und Grace den Körper heilen. An den Abenden auf dem Schiff führten sie lange Gespräche über die Missionsstation, die sie in Britisch-Ostafrika gründen wollten, und nun war es bald soweit. Grace würde das Krankenhaus gründen – für Jeremy; sie würde sein strahlendes Licht in die afrikanische Dunkelheit bringen …

»Ach je«, stöhnte Lady Rose und lehnte sich an ihre Schwägerin, »ich glaube, ich muß mich hinlegen.«

Grace sah sie an und erschrak; das Gesicht ihrer Schwägerin war so weiß wie das Tüllkleid. »Rose? Hast du Schmerzen?«

»Nein …«

Grace kämpfte gegen ihre Unentschlossenheit. Sollten sie die Reise fortsetzen oder hierbleiben? Aber diese Bahnstation in der Wüste war nicht der richtige Ort für eine Frau, die bald ein Kind bekommen würde. Nairobi war nur noch eine Tagesfahrt entfernt.

Gib uns Zeit, HERR, betete Grace, als Fanny und sie Rose zu Bett brachten. *Laß es nicht hier geschehen. Ich habe kein Chloroform, kein heißes Wasser.*

Nichts in ihrem Gesicht wies darauf hin, daß Rose Schmerzen hatte. Sie wirkte verträumt, als sei sie weit weg. Sie fragte nur: »Sind meine Rosen versorgt?«

Grace wartete, bis ihre Schwägerin eingeschlafen war, dann zog sie die Marineuniform aus, bürstete sie und hängte sie auf. Man warf vielen Ärztinnen vor, sie übernähmen männliche Eigenschaften. Es stieß auf Argwohn, daß Grace die Uniform trug, obwohl sie bereits vor einem Jahr aus der Marine ausgeschieden war. Alles Unsinn. Grace war einfach eine praktische Frau. Die Uniform war aus gutem Stoff; die Streifen am Ärmel waren entfernt, und es gab keinen Grund, weshalb sie die Sachen nicht noch jahrelang tragen sollte.

»Unser kleiner Matrose«, hatte Valentine sie genannt. Ihr Vater hatte zwar im Krimkrieg gekämpft, und Valentine hatte sich freiwillig gemeldet, um in Ostafrika gegen die Deutschen zu kämpfen. Er war Regimentsoffizier gewesen. Doch die Familie mißbilligte es sehr, daß Grace zur Marine gegangen war. Grace besaß die Hartnäckigkeit der Trevertons und war ihrem Gewissen gefolgt, so wie sie ihm jetzt hier in Afrika folgte. Sie war entschlossen, einen Traum zu verwirklichen, der auf einem Kriegsschiff im Mittelmeer Gestalt angenommen hatte.

Valentine billigte ihren Plan nicht, im Busch ein Krankenhaus zu bauen, da er Missionare ganz allgemein zutiefst verachtete, und er hatte seine Schwester davon in Kenntnis gesetzt, daß er sie bei einem solchen törichten Unternehmen auf keinen Fall unterstützen werde.

Aber Grace war auf Valentines Hilfe nicht angewiesen; aus ihrem Erbteil bezog sie ein kleines Einkommen; ein paar Kirchen in Suffolk unterstützten sie in bescheidenem Maß, und sie besaß ebensoviel Rückgrat wie ein Mann.

Lady Rose stöhnte. Grace drehte sich schnell um. Ihre zarte Schwägerin atmete schwer und preßte die Hände auf den Leib.

»Alles in Ordnung?« fragte Grace.

Rose lächelte. »Uns geht es gut.«

Grace erwiderte zuversichtlich das Lächeln, um ihre Angst zu verbergen. Noch so viele Meilen, noch so viele *Tage* – und der schlimmste Teil der Reise lag noch vor ihnen.

»Strampelt er?« fragte sie. Rose nickte.

Man hatte beschlossen, das Kind Arthur zu nennen – nach dem jüngeren Bruder, der sofort im ersten Kriegsjahr in Frankreich gefallen war. Der ehrenwerte Arthur Currie Treverton hatte sich als einer der ersten jungen Männer freiwillig gemeldet, als England in den Krieg eintrat.

Sie hörte die Trillerpfeife, und der Zug setzte sich in Bewegung. Grace blickte aus dem Fenster und sah, wie die tröstlichen Lichter von Voi hinter ihnen zurückblieben; dann umgab sie nur noch Nacht. Der Zug fuhr schnaufend durch eine öde und unfruchtbare Landschaft; die Strecke folgte einer alten Sklavenroute zum Victoriasee. Im Grunde trennte das moderne Jahr 1919 nur sehr wenig von den Tagen der arabischen Karawanen, als Afrikaner in Ketten sich auf diesem Weg zu den Sklavenschiffen an der Küste und somit zu ihrem bitteren Ende geschleppt hatten. Die Propaganda der britischen Regierung hatte die Peinlichkeit einer Bahnlinie, die so viel gekostet hatte und nirgendwo hinzuführen schien, zum Teil damit erklärt, man wolle diese Strecke überwachen, um den illegalen Sklavenhandel zu unterbinden. Während goldene Funken von der Lokomotive am Fenster vorbeiflogen, sah Grace im Geist die Lager der Sklavenhändler vor sich, die unter dem Sternenhimmel hockten, während die verstörten, an Ketten gefesselten Gefangenen jammerten und klagten. Wie war es für diese unschuldigen Afrikaner gewesen, auf einem furchteinflößenden Schiff aus der Heimat verschleppt zu werden? Und dann hatte man sie gezwungen, Herren auf der anderen Seite der Welt zu dienen …

Grace vergewisserte sich, daß die Fenster fest verschlossen waren. Sie hatte Geschichten von menschenfressenden Löwen gehört, die Fahrgäste aus den Abteilfenstern zerrten. Es war ein wildes, unzivilisiertes Land, und die Nacht war viel tückischer als der Tag. Noch nie hatte sie sich so verwundbar, so isoliert und einsam gefühlt. Es gab keine Verständigungsmöglichkeiten in den Wagen der ersten Klasse; die Abteile hingen wie eine Reihe kleiner Kästchen aneinander und rollten durch die Nacht. Keiner der Reisenden konnte den Kontakt zu den Fahrgästen im nächsten Wagen aufnehmen. Es bestand in Notfällen nur die Möglichkeit, den Zug anzuhalten. Grace betete, daß sie ohne Verspätung in Nairobi ankommen würden.

Sie versuchte, sich zu entspannen, behielt Rose im Auge, die offenbar schlief, und dachte darüber nach, was sie am nächsten Tag tun würde. *Wir bleiben in Nairobi*, beschloß sie, *wir werden erst weiterfahren, wenn das Kind da ist.*

Valentine würde sich natürlich ärgern, denn ein Aufenthalt in Nairobi konnte einen Aufenthalt von drei Monaten oder noch länger bedeuten, da die lange Regenzeit kurz bevorstand. Nach dem Einsetzen der Regenfälle würde es unmöglich sein, in die Zentralprovinz zu gelangen. Aber Grace fürchtete sich nicht vor ihrem Bruder. Ihr lag nicht weniger daran als ihm, Rose in dem großen Haus zu sehen, das er gebaut hatte. Aber um Mutter und Kind nicht zu gefährden, würde Grace darauf bestehen, daß sie warteten.

Grace wußte, sie würde nicht schlafen können, und beschloß, ihr neues Tagebuch anzufangen. Es war das Geschenk eines ihrer Professoren an der Universität – ein hübsches Buch mit einem marokkanischen Ledereinband und Goldschnitt. Sie hatte bis jetzt, dem ersten Tag ihres neuen Lebens, mit dem ersten Eintrag gewartet.

Grace hatte gerade *10. Februar 1919* auf die erste Seite geschrieben, als Rose aufschrie.

Die Wehen setzten ein!

Paul Theroux

Mit dem Eisernen Gockel nach Turfan

Wir verließen Lanzhou gegen Mitternacht, die beste Uhrzeit, um einen Fernverkehrszug zu nehmen. Man steigt ein, gibt seine Fahrkarte ab und legt sich schlafen. Wenn man aufwacht, ist man achthundert Kilometer weiter.

Diesen Zug hatte der Mann in Peking den »Eisernen Gockel« genannt, was soviel bedeutete wie »Geizkragen-Expreß«. Doch das war lediglich ein Vorurteil, ein Seitenhieb gegen die nationale Minderheit der Uiguren. In fast jeder Hinsicht war dieser Zug weder besser noch schlechter als andere Bahnen, mit denen ich durch China gefahren war.

So gesehen paßte der Name also nicht. Doch in jeder anderen Hinsicht war dieser Zug tatsächlich ein Eiserner Gockel. Er kreischte, krähte und schien zu flattern, während aus seinem schwarzen Kessel Dampfschwaden quollen und er über die Schienen ratterte, in die Wüste eines Gebiets, das früher einmal Turkestan hieß. Ich schlief wie ein Murmeltier. Der Zug war nicht gerade überfüllt, und Herr Fang war in einem anderen Abteil untergebracht. Ich hatte mit drückender Hitze im Waggon gerechnet, doch es war kühl. Ich mußte mir die Pferdedecke der chinesischen Eisenbahn ausleihen.

Um sechs Uhr wachte ich im Dunkeln auf. In ganz China gilt Pekinger Zeit. In Lanzhou war es bis neun Uhr abends hell gewesen. Mildred Cables Buch über die Wüste Gobi entnahm ich, daß wir gerade an einer Stelle vorbeifuhren, die von den Chinesen »Dämonentor« genannt wurde, weil dahinter heulende Winde und Ödland kamen, vor denen sie eine Heidenangst hatten. Ich las eine Stunde lang. Um sieben war es immer noch dunkel, die Sonne lag hinter den Bergen versteckt. Wir kamen zu einem kleinen Bahnhof namens Shagoutai, wo es außer einem Maultiertreiber und seinem Maultier keine Lebewesen gab; das mit Wasserschläuchen bepackte Tier wartete hinter dem Bahnübergang.

Die dunklen, baum- und graslosen Bergketten lagen da wie dicke gefaltete Steppdecken. In allen näher gelegenen Hügeln konnte man Höhleneingänge sehen: die gewölbten Türöffnungen der Höhlenbewohner von Gansu. Diese felsige Provinz war so lang und schmal, daß ich sie noch bis in den folgenden Tag hinein durchfahren würde. Wie in die sich südlich anschließende Provinz Qinghai wurden nach Gansu politische Gefangene verbannt; hier lag das chinesische Sibirien. Die Sicherheitsfrage löste sich von selbst: Durch die Wüste gab es kein Entkommen. Noch vor vierzig Jahren fanden Reisende auf dieser Strecke – und zwar genau an dieser Stelle in Gansu – eine große Steintafel mit der Inschrift: *Die größte Barriere der Welt.* Damit war die Gobi gemeint. Bei der Stadt Wuwei veränderte sich die Landschaft ganz plötzlich. Der »Eiserne Gockel« fuhr durch ein tiefes kühles Tal, in ein paar Kilometer Entfernung lagen wasserreiche Berge, auf die eine hohe braune Bergkette folgte, und noch höher und weiter entfernt sah man am Horizont einen langgestreckten schneebedeckten Gebirgskamm. Die Eisberge waren so blau und weiß, daß dieser Kamm wie eine Schwertklinge aussah.

Das Gebirge im Süden hieß Datong Shan; einige Sechstausender waren darunter, es lag in der Provinz und ehemaligen Strafkolonie Qinghai, die sich noch jenseits der Berge bis zum Rande der Tibetischen Hochebene erstreckte.

Man hatte mich gewarnt, daß diese Reise nach Westen öde und langweilig sein würde. Dem war nicht so. Ich fand, daß die menschenleersten Gegenden die schönsten Chinas waren. Die fruchtbaren Täler bildeten eine Kette von Oasen entlang der Nordroute der Seidenstraße. Auf den steinigeren Flächen weideten große Schafherden; es gab Maultiere, Krähen und aus Lehm erbaute Dörfer. Einmal sah ich sechs große und kleine Kamele in aller Seelenruhe dem fahrenden Zug nachschauen.

Der Zug war voll, aber nicht überfüllt. Der Speisewagen war fast immer leer, was daran liegen mochte, daß die meisten Passagiere Uiguren – also Moslems – waren und auf der chinesischen Speisekarte lauter Schweinefleischgerichte standen. Auch die anderen Speisen waren bestimmt nicht »halal«, die islamische Version von koscher. Weil das Geschäft mehr als schleppend lief, fragte mich der Koch nach meinen Wünschen. Wie wär's mit Huhn und Garnelen? Oder mit geschnetzeltem Schweinefleisch und Tofu? Oder mit Fisch in Ingwersoße? Blumenkohl mit getrockneten Shrimps? Sautierter Gurke? Wie so oft im chinesischen Alltag hatten die Speisen zwar großartige Namen, ließen sich in der Praxis jedoch kaum auseinanderhalten.

Am frühen Nachmittag fuhr der Zug über eine grüne Ebene zwischen zwei niedrigen Gebirgszügen, dem Qilian Shan und dem Helan Shan. Hier und da konnte ich zerfallene Reste der Großen Mauer erkennen. Flaches Land wurde intensiv bestellt, und an manchen Stellen standen hohe, schmale und ziemlich verloren aussehende Pappeln. Wald ist den Chinesen fremd. Nur in der nördlichen Provinz Heilongjian gibt es noch welchen, im Nordosten der Mandschurei also; und wie ich hörte, werden gerade die letzten kümmerlichen Reste abgeholzt und zu Eßstäbchen, Zahnstochern und Tischtennisschlägern verarbeitet.

Selbst in dieser gottverlassenen Gegend gab es Menschen und Siedlungen. Die Dörfer waren von Mauern umgeben, und die meisten Behausungen waren ebenfalls ummauert. Es handelte sich um Einfriedungen, wie man sie häufig in Afghanistan und dem Iran – am anderen Ende der Seidenstraße – antrifft, wahrscheinlich ein kulturelles Überbleibsel aus der Zeit der Plünderungen und mongolischen Horden, des zentralasiatischen Alptraums.

Es war ein sehr heißer Tag geworden, mittlerweile über fünfunddreißig Grad. Achtzehn Schafe drängten sich in einem winzigen schattigen Fleck unter einem schütteren Weißdornbusch. Kinder standen in einer Pfütze, um sich Kühlung zu verschaffen. Bauern mit Lampenschirmhüten pflanzten Korn, indem sie einen Halm nach dem anderen in den Boden steckten. Es sah aus, als stickten sie ein Muster in die Furchen. Das Land war abschüssig und wirkte so glatt und steinig wie eine Meeresküste. Obwohl es die heißeste Tageszeit war, sah man überall Menschen.

Auf einmal tauchten neben der Strecke Sanddünen auf, große glatte Hänge und helle Hügel; die schneebedeckten Gipfel blieben am Horizont.

Gegen acht Uhr, ich aß gerade in dem leeren Speisewagen zu Abend, fuhren wir durch Jiayuguan. In der Sommerdämmerung der Wüste Gobi lag im Sand eine leuchtende chinesische Stadt, und über ihr erhob sich, zehn

Stockwerke hoch, das letzte Tor in der Großen Mauer, der Jia-Yu-Wachtturm, ein festungsähnliches Bauwerk mit Pagodendächern. Der Zug verlangsamte seine Fahrt am Ende der Mauer, einem bröckelnden Haufen aus Lehmziegeln und zerfallenen Türmchen. Im nachlassenden Tageslicht lagen die gespenstischen Reste der Großen Mauer und die augenscheinlich letzte Stadt in China. Die Mauer ging zwar noch in westlicher Richtung weiter, war aber so klein und zerstört, daß sie nur noch wie eine Andeutung des großartigen Plans wirkte. Ich sah die rote Farbe und das gelbe Dach auf dem Tor und dachte, daß der Zug nun ins Unbekannte vorstieß. Die Sonne warf letzte Strahlen auf die grauen Hügel, die Wüste und das bläuliche Buschwerk. Dann verschwamm alles, und der Sonnenuntergang schien anzukündigen, daß ich mit Einbruch der Dunkelheit vom Rand der Erde fallen würde.

Auf dem Weg in mein Abteil kam ich an der Harten Klasse vorbei, wo Uiguren beteten – sie knieten auf Matten zwischen den Liegen mit dem Gesicht in Richtung Mekka. Chinesen putzten sich die Zähne, schlürften Tee und hingen Kleidung auf, und aus einem Kassettenrecorder drang sehr laute arabische Musik. Einige Reisende schliefen, viele seufzten, und ein paar spuckten aus. Ein Kartenspiel und ein wütender Streit waren im Gange. Daneben stillte eine junge Frau ihr Baby. Der Boden war übersät mit Speichel, Apfelsinen- und Erdnußschalen sowie Teeresten. Gurgelnd tauchten Männer aus dem Waschraum auf.

Jemand packte mich am Arm. Trotz der schlechten Beleuchtung sah ich seine große Nase, die gewellten Haare und einen braunen Anzug, dessen Hose einen breiten Schlag hatte, was in diesem Jahr in den Oasen der Wüste von Xinjiang (Sinkiang) modern geworden war. »Shansh marnie?«

Das war das aktuelle uigurische Schlagwort: change money? – Geld wechseln?

Die Uiguren sind in China eine offiziell anerkannte Minderheit, und Xinjiang ist ihre autonome Region. Sie sind die entfernten Nachkommen von Nomaden, deren Reich hier vor 1200 Jahren existierte, sprechen Neuuigurisch, eine Turksprache, und viele sehen aus wie italienische Bauern. Marco Polo schildert sie als freundliches und vergnügtes Volk. Im 13. Jahrhundert wurden sie von den mongolischen Horden überrannt und in die Armee des damaligen Khanats eingezogen. Sie traten zum Islam über, nahmen für ihre Sprache die arabische Schrift an, wurden wiederholt von den Chinesen erobert und rebellierten wiederholt, zuletzt vor hundert Jahren. In Xinjiang leben drei bis vier Millionen Uiguren, die für Chinesen offenbar keinerlei Zuneigung empfinden und sich häufig über sie lustig machen. Sie leben in einer ganz anderen Welt, in deren Mittelpunkt Allah und die zentralasiatischen Steppen stehen. Sie essen Hammel und Brot. Sie sind ein Volk der Händler, das nicht nur zu ausländischen Reisenden Kontakt hielt, sondern selber viel unterwegs war. Zum erstenmal seit Gründung der Volksrepublik durften sie jetzt wieder reisen.

Man sah sie vor den Freundschaftsläden in Peking und Schanghai, sie standen vor den Touristenhotels und sahen wie Austauschstudenten aus einem Mittelmeerland aus. Meist hatten sie dunkle Anzüge, Krawatten und Schuhe mit Plateausohlen an, trugen Armbanduhren und Sonnenbrillen. Sie sprachen selten fließend Chinesisch, doch das war entschuldbar: Man fand nur selten einen Chinesen, der Uigurisch sprach. Allerdings hatte dieses Volk im Laufe seiner Geschichte gelernt, in fünfzig Sprachen zu zählen; Zahlen sind schließlich die Sprache des Basars. Sie beherrschten zwei englische Worte: »Shansh marnie?«

»Wieviel?« fragte ich den Mann.

»Ein Dollar – vier Yuan.« Der offizielle Kurs war drei zu eins.

»Sagen wir sechs.« Ich feilschte nur zum Spaß.

Er fragte, wie viele Dollars ich wechseln wollte. Dann zückte er einen Taschenrechner und erklärte, ab einem bestimmten Betrag könne er mir einen besseren Kurs anbieten. Der Zug ruckelte auf Ansi (Anxi) zu. Ich verlor mein Interesse am Feilschen, denn am Geldtauschen zum Schwarzmarktkurs war ich ohnehin nicht interessiert gewesen. Mich faszinierte nur sein eisernes Festhalten an seinem Kurs von eins zu vier. Dumm war der Uigure nicht: Zwei Monate später wertete die chinesische Regierung den Yuan auf genau diesen Kurs ab.

In dieser Nacht überquerte der Zug die Pavianschlucht, die schon immer als Grenze zu Chinesisch-Turkestan gegolten hat.

»Die zwischen Ansi und Hami gelegene Wüste ist eine riesige Wildnis, und was dem Reisenden als erstes ins Auge fällt, ist die Trostlosigkeit ihrer gleichförmigen, schwarzen, kieselübersäten Oberfläche.« Mildreds Buch erinnerte mich daran, daß mir ein Glanzpunkt dieser Region entging, da ich den Höhlen von Dunhuang keinen Besuch abstattete – Buddhas, Fresken, heilige Grotten: die heilige Stadt im Sand. Doch ich hatte immerhin vor, die verlorene Stadt Gaocheng (Karakhoja) zu besuchen.

Zu Bett gegangen war ich in merkwürdigem Zwielicht, umgeben von einer zerklüfteten Landschaft, und als ich aufwachte, zockelte der Zug langsam durch eine flache Gegend voller Sand und Steine. In einiger Entfernung lagen große buckelige Sanddünen, die primitiven Riesentieren glichen.

Bald tauchte ein grüner Fleck auf, eine Oase. Noch vor dreißig Jahren hatte nur eine Straße die Oasen miteinander verbunden, die Reste der ehemaligen Seidenstraße. Die Oasen waren große Städte, die durch unterirdische Kanäle bewässert wurden, so daß Trauben und Melonen im Überfluß gediehen. Später am Tag hielten wir in Hami. Die Hami-Melone ist wegen ihrer Süße und ihres Aromas in ganz China berühmt. Hami hat große Zeiten erlebt und war bis in dieses Jahrhundert hinein Sitz eines Khans. Es war von Mongolen, Uiguren, Tibetern und Dzungaren eingenommen worden. Seit dem Jahr 73, unter der Späteren Han-Dynastie, hatten die Chinesen sie wiederholt zurückerobert, und seit 1698 ist die Stadt chinesisch geblieben. Von den Bauten ist nichts mehr da. Was nicht im Moslemaufstand von 1863 bis 1873 zerstört worden war, hatte die Kulturrevolution dem Erdboden gleichgemacht. Heute kennt man Hami nur noch wegen des hier produzierten Roheisens.

Die Berggipfel hinter Hami und noch weiter entfernt trugen Schnee auf ihren eckigen, flachen Kämmen. Doch hier unten im Zug und in der Wüste war es sehr heiß – um die vierzig Grad im Zug, noch heißer draußen. Die Sonne brannte auf Sand und Steine herab. In den trockenen Flußbetten sah man manchmal einen abgestorbenen Wutongbaum und hier und da Dornenbüsche, abgesehen von grauen Flechten die einzige erkennbare Vegetation. Wir hielten auf eine staubige Hügelkette zu, hinter der ein bläuliches Gebirge aufragte, dahinter noch mehr Berge, auf denen sich helle Schneeflecken und Eisadern – möglicherweise Gletscher – abzeichneten.

Das war mein erster Blick auf den Bogdan Shan, das

Gebirge Gottes. Unter diesen Bergen lag nichts als Wüste, die »heulende Wildnis«, die man an diesem Nachmittag nicht betrachten konnte, weil das Licht so blendete. Hier regnet es nie, dies ist der tote Mittelpunkt Asiens.

Wie schon in den vergangenen zweieinhalb Tagen bewegte sich der Eiserne Gockel nur mit etwa fünfzig Stundenkilometern Geschwindigkeit vorwärts; zum Glück, denn die Landschaft wurde immer bizarrer. Ein Flug von Lanzhou hierher hätte zu einem Schock geführt.

Ich ging in meinem Pyjama auf und ab und trank gelegentlich ein Bier. Die Flaschen enthielten einen halben Liter und kosteten fünfundzwanzig Pfennig. Weil immer noch Pekinger Zeit galt, war es um halb fünf Uhr nachmittags am heißesten, und hell genug zum Lesen blieb es bis kurz vor Mitternacht.

In dieser Welt aus Schnee und Sand wurden die Berge immer röter und kamen immer näher an den Zug heran. In der Ferne lag ein grünes, hundertfünfzig Meter unter dem Meeresspiegel gelegenes Becken, der niedrigste Ort in China und einer der heißesten: die Stadt Turfan, eine Oase. In einem Umkreis von hundertfünfzig Kilometern gab es nichts als schwärzliches Geröll, und Turfan selbst lag über vierzig Kilometer vom Bahnhof entfernt. Hier stieg ich aus.

Kuki Gallmann

Die Dürre

Am 22. März hatten wir Paolo beerdigt.

Der März war mit stürmischem Wind zu Ende gegangen, und die unglaublich schnell dahinziehenden Wolken Afrikas, die ständig in Bewegung sind und ihre phantastischen Formen verändern, waren noch nicht am klaren blauen Himmel zu sehen. Wir fingen an, in Erwartung der ersten Anzeichen für Regen nach oben zu blicken. Doch die Nächte brachten nur unablässigen Wind, der die neuen, noch zarten Pfefferbäume umbog, die ich gepflanzt hatte, und die junge gelbe Fieberakazie auf Paolos Grab mußte mit einem Bambusstab abgestützt werden, damit sie nicht umknickte. Windhosen stiegen von den heißen Ebenen auf und wirbelten Zweige und Dornensträucher hoch, und eine dünne Staubschicht ließ die Crotonen und den Immergrün glanzlos werden.

Die Pokot brannten ihre Weideflächen ab, und in der Nacht lagen Feuerbänder auf den Hügeln wie feierliche Lichter. Doch der Regen schien verlorengegangen zu sein. Einige Male wurde der Himmel grau und schwer, und hoffnungsvoll blickten wir nach Osten, von wo der Regen normalerweise nach Laikipia kam; doch nur das Heulen des Windes war zu hören, der durch die Äste der höchsten Bäume pfiff und neue Melodien spielte. Die Weiden wurden mit jedem Tag trockener und kümmerlicher; der

Zustand der Rinder verschlechterte sich. Schon zeichneten sich die Rippen deutlich unter der scheckigen Haut ab. Die Höcker hingen schlaff herab. Die Wasserlöcher trockneten aus, und der Wasserstand der Stauseen sank so tief wie nie zuvor.

Eines Nachts wurde ich durch ein wütendes, fauchendes Geräusch geweckt. Hunde bellten und knurrten. Dazu klopfte jemand wie verrückt an meine Tür. »*Chui!*« rief der Askari aufgeregt, »*chui nakula mbwa!*« (»Der Leopard frißt die Hunde!«) Der Lärm war ohrenbetäubend und schien von der Rasenfläche vor dem Wohnzimmer zu kommen.

Der Generator wird nachts abgestellt, und dann ist es, wenn man so kurzsichtig ist wie ich, nicht gerade leicht, im Dunkeln die Paraffinlampe anzuzünden, das Gewehr zu finden und zu laden, eine Taschenlampe zu suchen und sich barfuß über das taufrische, kalte Gras an eine unsichtbare, räubernde wilde Bestie heranzuschleichen. Nichts, was ich in Italien gelernt hatte, hatte mich darauf vorbereitet.

Der Leopard, zweifellos von der Witterung der Hunde angelockt, hatte gemerkt, daß er es mit sieben von ihnen aufnehmen mußte. Er hatte auf einer der jungen gelben Fieberakazien Zuflucht gesucht, wo er hartnäckig hockenblieb und nach Katzenart fauchend mit seinen Pranken schlug. Im Schein meiner Taschenlampe wirkten seine gelben Augen und blanken Fänge wild und bedrohlich. Sobald die Hunde mich witterten, verdoppelten sie ihre tapferen Bemühungen. Das Bellen wurde lauter, und einer von ihnen versuchte, auf den Baum zu springen. Der Leopard erwischte ihn mit einem schnellen Prankenschlag, der Hund jaulte auf, ich feuerte in die Luft, und meine Taschenlampe fiel zu Boden. Der Leopard sprang im Schutz der Dunkelheit davon – es war genau das, was ich beabsichtigt hatte –, und meine Hunde machten sich auf eine wütende Verfolgungsjagd. Ihr wildes Bellen, in das sich klagendes Heulen mischte, brachte die scheuen Tiere der Nacht zum Schweigen. Dieses Mal ging es noch mit Verletzungen ab, die sich mit Jod oder antiseptischem Puder behandeln ließen, doch zahlreiche weitere Leopardenangriffe auf den einen oder anderen Hund wurden bald zu einem relativ alltäglichen Ereignis. Colin Francombe mußte oft mit seiner Arzttasche hinauf nach Kuti kommen, um ernsthafte Wunden zu behandeln.

Mitte Juni flog Colin mit seiner Familie nach England, um dort zwei Monate Urlaub zu machen, was er alle zwei Jahre tat. Zum erstenmal, seit wir nach Afrika gekommen waren, war ich allein.

Bald starben die ersten Rinder. Zunächst waren es ein oder zwei am Tag, womit John Mangicho, der Stellvertreter des Verwalters, mit Hilfe der Vorarbeiter Ngobitu und Tunkuri noch fertig werden konnte. Doch als andere Symptome auftraten, mit denen sie nicht vertraut waren, und sich die Zahl der toten Tiere auf zehn und mehr erhöhte, schickte ich jemanden zu Jasper Evans. Er war der Nachbar, an den ich mich, wie Colin empfohlen hatte, im Notfall wenden konnte, und er kam sofort. Jasper gehörte zu den Menschen, bei denen man sich nicht vorstellen kann, daß sie jemals die Geduld verlieren. Er war phlegmatisch und ausgeglichen, und allein sein Anblick, als er so auf meiner Veranda stand, einen angewärmten Wodka in der einen Hand und seinen Khakihut in der anderen, und völlig ruhig über das Problem sprach, beruhigte mich. Seine Anweisungen waren vernünftig und hatten Hand und Fuß, und er empfahl einige Gegenmaßnahmen. Als er ging, war seine letzte Bemerkung bezeichnend für seine fatalistische Haltung: »Sie haben sechstausend Stück Vieh. Machen Sie sich keine Sorgen, wenn Sie hundert verlieren.«

Ich machte mir dennoch Sorgen. Ich wußte noch immer so gut wie nichts über Rinder, aber ich konnte sehen, daß sie in ihrem entkräfteten Zustand für jede Krankheit anfällig waren, gegen die sie sonst resistent gewesen wären. In diesem Fall handelte es sich um eine besondere Art von Rinderfieber, eine von Zecken verursachte Infektion, die von den Büffeln übertragen wurde und für die es noch kein Heilmittel gab. Bis Colin zurückkam, waren über vierhundert eingegangen; es war eine Lektion, die ich nie vergessen werde. Ich beschloß, wieder Felder anzupflanzen, und zwar mit Futterpflanzen, die man in Silos lagern konnte, um für derartige Notfälle vorbereitet zu sein. Die Graswiesen bei Enghelesha mußten wieder bestellt werden, und ich war der Ansicht, daß wir dort jenen Mais anbauen sollten, den wir bisher zur Verpflegung unserer Arbeitskräfte kaufen mußten. Einen Teil des Mais sowie die grünen Stiele konnten wir als Silofutter einlagern. Nie wieder sollte uns eine Dürre unvorbereitet treffen.

In der Zwischenzeit häuften sich die beunruhigenden Berichte über Wilderer. Ein gewisses Maß an »gesundem« Wildern ist wohl unvermeidlich, wenn es auf einem Landbesitz von wildlebenden Tieren wimmelt und dieser gleichzeitig rundherum von Ansiedlungen umgeben ist, wo kein einziges Wild mehr lebt. Die Pokot an unserer nordöstlichen Grenze waren äußerst arm. Sie kannten Ol Ari Nyiro seit undenklichen Zeiten, da es einst das Gebiet gewesen war, wo sie ihre Rinder und Ziegen hatten weiden lassen. Ab und zu jagten sie mit Speeren eine Elenantilope, um das Fleisch zu essen, und ich brachte es nicht übers Herz, das zu verbieten. Wildern in geringem Umfang war nie ein Problem gewesen, bis in den späten siebziger Jahren ein neuer Umstand eintrat, der die gesamte Lage veränderte. Somali-Banden, die an Elfenbein und Rhinozeroshörnern interessiert waren, unterwanderten die Pokot. Der Preis, den sie für ein Horn zahlten, entsprach mehr als einem Jahreseinkommen – eine Versuchung, der die Pokot nicht widerstehen konnten.

Damals arbeiteten sechzehn Leute bei unserem privaten Wachdienst auf der Ranch. Ihre Aufgabe war es, zu Fuß auf dem Gelände zu patrouillieren und dafür zu sorgen, daß kein Unbefugter die Ranch unbemerkt betrat. Sie waren für die Sicherheit des Viehs und der wildlebenden Tiere verantwortlich. Ihnen ist es zu verdanken, daß wir keinerlei Viehdiebstähle zu verzeichnen hatten, was eine ordentliche Leistung ist für ein Gebiet, das unmittelbar an das Land der Samburu grenzt, deren junge Krieger nach allgemein anerkannter Tradition in Vollmondnächten Vieh stahlen. Unsere Wächter waren hauptsächlich mit Pfeil und Bogen bewaffnet. Die meisten von ihnen gehörten den Tharaka an, einem Stamm von Jägern, die am Rande des Meru-Nationalparks lebten und alle Geheimnisse des Wilderns und Jagens kannten, da sie selbst einmal Wilderer gewesen waren. Sie waren klein und muskulös, so daß sie stundenlang Spuren verfolgen und sich blitzschnell verstecken konnten. Sie waren gewandt und mutig, und Luka war ihr Anführer. Es gab auch Turkana unter den Wächtern, die größer und wilder waren, lange Gliedmaßen hatten und weite Märsche unternehmen konnten, ohne zu ermüden. Ihr Anführer war Mirimuk. Außerdem gab es ein paar Somali, die schlauer, kultivierter und ungeheuer mutig sind, und an deren Spitze Hussein Omar stand. Nur diese drei Männer hatten Gewehre. Bald war es offensichtlich, daß sechzehn mit Pfeil und Bogen bewaffnete Leute nicht ausreichten, um die gesamte Ranch wirksam zu überwachen und gleichzeitig eine organisierte und gutbewaffnete Truppe von Wilderern zu bekämpfen.

Ich mußte lernen, nicht nur mit meiner eigenen Einsamkeit, sondern auch mit vielen neuen Dingen fertig zu werden. Dazu gehörte zunächst einmal, die richtige Einstellung zu dem Landbesitz zu finden, für den ich plötzlich verantwortlich war, denn davon würde dessen Zukunft abhängen.

Viele meiner alten Freunde in Italien entsetzte die Vorstellung, daß ich allein mitten in Afrika lebte, gemeinsam mit einem noch sehr jungen Sohn und einem Baby, ohne Telefon, ohne richtige Straßen, umgeben von Tausenden Hektar Buschland, wo nicht nur die wilden Tiere gefährlich waren, sondern auch Menschen, die entschlossen waren, jeden zu töten, der ihnen ihre Jagdbeute abspenstig machen wollte. Viele kamen zu Besuch oder schrieben mir und flehten mich an, meine Entscheidung zu überdenken, die Ranch mit Gewinn zu verkaufen und »nach Hause« zurückzukommen. Doch der Gedanke, Afrika zu verlassen, ist mir nicht ein einziges Mal in den Sinn gekommen, auch nicht in den trostlosesten Augenblicken, wenn ich mich einsam fühlte, das Gefühl hatte, die bevorstehenden Aufgaben nicht bewältigen zu können, und mir die Dinge, denen ich mich allein stellen mußte, zu schwierig und zu fremd erschienen. Auch wenn Paolo nicht mehr da war – die Gründe für unsere Entscheidung waren noch immer dieselben.

Meine erste symbolische Entscheidung war es gewesen, Paolo in Laikipia zu beerdigen, statt ihn nach Italien überführen zu lassen, wie man es erwartet hatte. Dadurch, daß ich ihn auf dem Land hatte beerdigen lassen, das er geliebt und ausgewählt hatte, entsprach ich, wie ich wußte, nicht nur seinem eigenen Wunsch, was an sich schon Grund genug gewesen wäre. Es war auch ein wichtiges Signal gewesen, mit dem ich meine Position und meine Wahl unterstrich: Laikipia, Ol Ari Nyiro waren »mein Zuhause«.

In Afrika legt man großen Wert darauf, die Toten auf ihrem eigenen Land zur Ruhe zu betten. Als Heimstätte gilt, wo die eigenen Vorfahren bestattet sind und wo man selbst eines Tages liegen wird. Ich war der Ansicht, daß man, wenn man sich schon seinen Geburtsort nicht aussuchen kann, zumindest den Ort auswählen sollte, wo der Körper nach dem Tode ruhen wird. Genau aus diesem Grund hatte ich die Akazie gepflanzt, den afrikanischsten aller Bäume, und den, den Paolo am meisten geliebt hatte. Eines Tages würden die Wurzeln bis zu seinem Körper reichen und sich von ihm nähren, und er würde wieder aus dem Grab herauswachsen und Teil der Landschaft werden, die er so sehr geliebt hatte. Daher hatte ich beschlossen, dem Druck zu widerstehen, doch nach Europa zu gehen, um dort Paolos Kind zur Welt zu bringen. Innerhalb weniger Monate sollte Paolo in Afrika gestorben, begraben und wiedergeboren sein.

Ich hatte mich entschieden, in diesem Land zu bleiben. Emanuele zeigte bereits alle Anzeichen dafür, daß er eines Tages durchaus in der Lage sein würde, die Ranch so fortschrittlich zu leiten, wie Paolo es sich gewünscht hätte. Seine Begeisterung für Naturwissenschaften war offensichtlich keine vorübergehende Marotte. Nach seinem Universitätsstudium sollte er zurückkommen, mit neuen Ideen und neuen Maschinen, um die Ranch nach den Grundsätzen weiterzuführen, an die Paolo und ich geglaubt hatten: der Bewahrung eines sorgsamen Gleichgewichts zwischen der Nutzung der natürlichen Rohstoffe und dem Schutz der Umwelt. Das Land zu schützen war mir ein wichtiges Anliegen. Es zu verlassen hätte bedeutet, diese Verantwortung abzulehnen und mich geschlagen zu geben. Ich konnte Paolo nicht enttäuschen. Ich mußte wegen Emanuele ein paar Jahre durchhalten, und ich konnte mich glücklich schätzen, daß ich in Colin einen sachkundigen und zuverlässigen Helfer hatte, den ich achtete und dem ich vertraute. Zuallererst jedoch galt es, eine Strategie zu entwickeln, und mir war klar, daß dies letzten Endes meine Aufgabe war. Auf den umliegenden Ranches in Laikipia machten Wilderer in zunehmenden Maße Jagd auf Nashörner, und sehr bald würde, abgesehen von denen, die in den wenigen eingezäunten und geschützten Reservaten lebten, die einer Handvoll engagierter Menschen gehörten, kein einziges mehr übrig sein. Die meisten Landbesitzer fühlten sich für den Schutz des Wildes nicht mehr verantwortlich. Seit dem Jagdverbot im Jahre 1977 waren die wildlebenden Tiere der Regierung unterstellt. Rancher durften zwar alles bekämpfen, was sie als gefährlich für sich selbst oder ihren Besitz erachteten, aber der Schutz wildlebender Tiere auf ihrem Privatbesitz fiel nicht mehr unbedingt in ihren Zuständigkeitsbereich. Darüber hinaus war es eine sehr teure Angelegenheit, die keinen Gewinn garantierte.

Als ich nach Ol Ari Nyiro kam, gab es dort Wild in Hülle und Fülle. Ich wollte es schützen, auch wenn das theoretisch nicht meine Aufgabe war und niemand es von mir erwartete. Ich wollte es schützen für Paolo, für Emanuele und aus Selbstachtung; und auch, weil ich überall um uns herum sehen konnte, was geschehen würde, wenn ich es nicht tat. Jenseits des Enghelesha-Berges war man gerade dabei, die Colobus-Farm in kleine *shambas* aufzuteilen, wo für wilde Tiere kein Platz mehr war. Der

Wald aus Zedern und Steineiben, die alten Schwarzholzakazien waren gefällt und als Brennholz benutzt worden. Für die Stummelaffen und die seltenen Vogelarten waren die kahlen Hänge der Hügel, wo einst Wildblumen und Lianen wucherten, keine Zufluchtsstätten mehr. Überall wurde Mais angebaut. Blechdächer überragten die bestellten Felder, wo es Büffel und Antilopen im Überfluß gegeben hatte.

Wenn ich ging, würde hier dasselbe passieren: denn wohin konnten die Tiere gehen? Der Wald von Enghelesha war das einzige, große ursprüngliche Waldgebiet, das in diesem Teil von Laikipia übriggeblieben war. Die Vielfalt der Pflanzenwelt war außergewöhnlich, weil die Ranch auf einem abwechslungsreichen Gelände lag. Ich konnte den Gedanken nicht ertragen, daß dies alles durch Besiedelung zwangsläufig und unwiederbringlich zerstört werden würde. Der Gedanke, diese Schönheit für Geld zu verkaufen, erschien mir nicht nur schändlich und unsinnig gierig. Es wäre darüber hinaus ein Akt der Feigheit, der zeigen würde, daß ich das Privileg, hier leben zu dürfen, nicht verdient hatte. Vor allen Dingen wollte ich beweisen, daß ich der Aufgabe, diese mir anvertraute Natur zu schützen, würdig war.

Ich saß auf dem Gipfel des Berges bei Mugongo ya Ngurue und blickte zwischen den unberührten Felsen der Mukutan-Schlucht hindurch auf Baringo hinab. Ich berührte den rauhen Stamm der alten verkrümmten Akazie, die dort am Rande der Welt wuchs, als würde sie das stille, gewaltige, majestätische Szenario bewachen. Diese Landschaft hatte es schon lange vor unserer Ankunft gegeben. Es würde sie noch geben, wenn ich längst fort sein würde. Ich hatte nicht nur kein Recht, sie zu zerstören, sondern ich mußte mich aktiv für ihren Schutz engagieren. Besondere Privilegien haben ihren Preis; und dies war mein Erbe.

Mit der Geburt meiner Tochter hatte sich mein Leben erneut völlig verändert. Der Altersunterschied von über vierzehn Jahren zwischen ihr und Emanuele war nicht leicht zu überbrücken, und all das geschah zu einem Zeitpunkt, da durch Paolos Tod viele neue Anforderungen an meine Zeit und Energie gestellt wurden, die ich weder umgehen noch hinausschieben konnte. Die zahlreichen Aufgaben einer Hausfrau und Mutter warteten weiter auf mich, und zusätzlich mußte ich mich um das Baby kümmern. Natürlich nahm Sveva bei mir die erste Stelle ein, und da ich sie nicht allein lassen wollte, besorgte ich mir ein Tragetuch und nahm sie, wie ein Känguruh sein Junges, überall mit hin, wie die afrikanischen Mütter es tun. Ich beschloß außerdem, sie so lange zu stillen, wie der Kinderarzt es empfahl. Er riet mir zu zwei Jahren, und nachdem ich den ersten Schock überwunden hatte, hielt ich mich daran, ohne einen weiteren Gedanken daran zu verschwenden. Aus heutiger Sicht war es eine der vernünftigsten Entscheidungen, die ich je getroffen habe. Außerdem hatte ich Wanjiru eingestellt, damit sie sich um alle praktischen Dinge der Babypflege kümmerte. Sie wurde von Anfang an und für immer zu einem Mitglied unserer Familie. Sie lernte schließlich Italienisch und ging mit uns auf Reisen. Sveva liebte sie wie eine zweite Mutter.

Als Colin aus dem Urlaub zurückkam, nahm ich sogleich die Punkte in Angriff, die nicht mehr aufgeschoben werden konnten. Mit seiner Unterstützung begriff ich allmählich, worauf es bei der Viehzucht und der Führung einer Farm ankommt. Ich lernte, Verhandlungen zu führen und mit so exotischen Dingen wie Bilanzen und der Ausdrucksweise in Verträgen und geschäftlichen Papieren umzugehen. Vor allem lernte ich, Entscheidungen zu treffen, die sich auf viele Menschen auswirken und weitreichende Konsequenzen haben konnten, ohne mich auf Paolos Urteil und seine sachkundige Hilfe stützen zu können. Doch zum Schutz der wildlebenden Tiere war ein Plan über die notwendigen Schritte erforderlich. Gleichgültig, wieviel es mich kosten würde – ich war entschlossen, mein Ziel zu erreichen.

Michael Ondaatje

In der Höhle der Schwimmer

Ich sollte noch eine Fahrt zum Gilf Kebir machen, um die letzten Sachen vom Basislager in Uwenat zusammenzupacken. Unser Leben dort war vorbei. Ich glaubte, daß nichts mehr zwischen uns passieren würde. Ich hatte sie fast ein Jahr lang nicht als Liebhaber getroffen. Ein Krieg bereitete sich gerade vor, wie eine Hand, die in ein Mansardenfenster eindringt. Und sie und ich hatten uns schon hinter den Wall unserer früheren Gewohnheiten verzogen, in eine scheinbar ganz harmlose Beziehung. Wir sahen einander nur noch selten.

Im Sommer 1939 sollte ich mit Gough auf dem Landweg zum Gilf Kebir reisen, um das Basislager abzubrechen, und Gough würde mit dem Lastauto abfahren. Clifton sollte hinfliegen und mich holen. Danach würden wir auseinandergehen, womit das Dreiecksverhältnis sich auflöste, das sich zwischen uns gebildet hatte.

Als ich das Flugzeug hörte, es dann sah, kletterte ich bereits das Felsgeröll des Plateaus hinunter. Clifton hatte es immer eilig.

Es gibt eine bestimmte Art und Weise, wie ein kleines Transportflugzeug zum Landen ansetzt und aus der Horizontale kippt. Es neigt die Flügel ins Wüstenlicht hinein, danach hört der Motorenlärm auf, es gleitet zur Erde. Ich habe nie ganz verstanden, wie Flugzeuge funktionieren.

Ich habe zugeschaut, wenn sie in der Wüste herannahten, und bin immer ängstlich aus dem Zelt getreten. Sie stippen die Flügel ins Licht und tauchen dann in dieses Schweigen ein.

Die Moth kam über das Plateau gestrichen. Ich winkte mit der blauen Plane. Clifton verringerte die Höhe und flog dröhnend über mich hinweg, so niedrig, daß die Akazienbüsche ihre Blätter verloren. Das Flugzeug drehte nach links ab und schlug einen Bogen, und als es mich erneut im Blickfeld hatte, richtete es sich wieder aus und steuerte direkt auf mich zu. Weniger als fünfzig Meter von mir entfernt kippte es plötzlich und stürzte ab. Ich lief darauf zu.

Ich glaubte, er sei allein. So war es ausgemacht. Aber als ich dort ankam, um ihn herauszuziehen, saß sie neben ihm. Er war tot. Sie versuchte, den unteren Teil ihres Körpers zu bewegen, blickte starr vor sich hin. Sand war durchs Cockpit hineingeweht und hatte ihren Schoß gefüllt. Sie schien nichts abbekommen zu haben. Ihre linke Hand war nach vorn gestemmt, um den Aufprall aufzufangen. Ich zog sie aus dem Flugzeug, das Clifton *Rupert* genannt hatte, und trug sie zu den Felsenhöhlen hinauf. In die Höhle der Schwimmer mit ihren Zeichnungen. Breitengrad 23° 30' auf der Karte, Längengrad 25° 15'. Ich begrub Geoffrey Clifton noch an diesem Abend.

War ich ein Fluch für sie alle? Für Katharine? Für Madox? Für die durch Krieg vergewaltigte Wüste, bombardiert, als wäre sie bloß Sand? Barbaren gegen Barbaren. Beide Heere würden durch die Wüste ziehen, ohne Sinn für das, was sie war. *Die Wüsten Libyens*. Weg mit der Politik, und es ist der schönste Ausdruck, den ich kenne. *Libyen*. Ein sexuelles, langgezogenes Wort, ein umschmeichelter

Brunnen. Das B und das Y. Madox sagte, es sei eines der wenigen Wörter, bei denen man hörte, wie die Zunge um die Ecke fuhr. Erinnern Sie sich an Dido in den Wüsten Libyens? *Ein Mann soll sein wie wasserführend' Flüsse in einem trockenen Gebiet ...*

Ich glaube nicht, daß ich in ein verfluchtes Land kam oder daß ich in eine Situation verstrickt wurde, die böse war. Jeder Ort und jede Person war ein Geschenk für mich. Als ich die Felszeichnungen in der Höhle der Schwimmer fand. Wenn ich auf den Expeditionen mit Madox die »Burdons« sang. Katharines Erscheinen unter uns in der Wüste. Die Art, wie ich zu ihr hinging über den rot glänzenden Zementboden und auf die Knie sank, ihr Bauch an meinem Kopf, als wäre ich ein Junge. Der Stamm mit den Gewehren, der mich heilte. Selbst wir vier, Hana und sie und der Pionier.

Alles, was ich geliebt oder geschätzt habe, ist mir genommen worden.

Ich blieb bei ihr. Ich entdeckte, daß drei ihrer Rippen gebrochen waren. Ich wartete auf ihren flackernden Blick, darauf, daß sich ihr gebrochenes Handgelenk bewegte, ihr stiller Mund sprach.

Wie konntest du mich hassen? flüsterte sie. Du hast fast alles in mir getötet.

Katharine ... du hast nicht –

Halt mich. Hör auf, dich zu verteidigen. Nichts ändert dich.

Ihr unentwegtes Anstarren. Ich konnte mich diesem zielenden Blick nicht entziehen. Ich werde das letzte Bild sein, das sie sieht. Der Schakal in der Höhle, der sie führt und beschützt, der sie nie betrügen wird.

Es gibt an die hundert Gottheiten, die mit Tieren assoziiert werden, erzähle ich ihr. Da sind diejenigen, die mit Schakalen verbunden sind – Anubis, Duamutef, Wepwawet. Das sind Geschöpfe, die einen in das Leben nach dem Tod geleiten – so wie mein Geist dich früher begleitete, in den Jahren, bevor wir uns kennenlernten. Auf all die Partys in London und Oxford. Dich beobachtete. Ich saß dir gegenüber, als du Schularbeiten machtest, einen langen Bleistift in der Hand. Ich war da, als du Geoffrey Clifton um zwei Uhr morgens in der Oxford-Union-Bibliothek trafst. Die Mäntel lagen verstreut auf dem Boden, und du staktest mit nackten Füßen wie ein Reiher mittendurch. Er beobachtet dich, aber ich beobachte dich ebenfalls, auch wenn du meine Gegenwart nicht bemerkst, mich ignorierst. Du bist in einem Alter, wo du nur gutaussehende Männer wahrnimmst. Du nimmst noch nicht die außerhalb deines eleganten Kreises zur Kenntnis. In Oxford ist der Schakal als Begleiter wenig gefragt. Ich für mein Teil hingegen faste so lange, bis ich sehe, was ich haben will. Die Wand hinter dir ist von Büchern bedeckt. Deine linke Hand hält eine lange Perlenschlinge, die von deinem Hals baumelt. Deine nackten Füße bahnen sich den Weg. Du suchst etwas. Du warst molliger zu der Zeit, doch fürs Universitätsleben gerade richtig attraktiv.

Wir sind zu dritt in der Oxford-Union-Bibliothek, aber du bemerkst nur Geoffrey Clifton. Es wird eine stürmische Romanze. Er hat eine Tätigkeit bei Archäologen, ausgerechnet in Nordafrika. »Ein seltsamer alter Trottel, mit dem ich da zusammenarbeite.« Deine Mutter ist direkt entzückt über dein Abenteuer.

Aber der Geist des Schakals, dessen, »der die Wege bahnt«, dessen Name Wepwawet oder Almásy war, stand mit euch beiden in dem Raum. Die Arme gekreuzt, beobachtete ich, wie ihr euch ganz hingerissen im Small talk versucht habt, ein Problem, da ihr beide betrunken wart. Das Wunderbare daran jedoch war, daß ihr beide, selbst in der Trunkenheit um zwei in der Frühe, den dauerhafteren Wert des anderen, die bleibende Freude an ihm irgendwie erkennen konntet. Ihr seid mit anderen hergekommen, verbringt die Nacht vielleicht mit anderen, aber ihr habt beide euer Schicksal gefunden.

Um drei hast du das Gefühl, du solltest gehen, kannst aber den zweiten Schuh nicht finden. Den einen hältst du in der Hand, einen rosafarbenen Slipper. Ich sehe den anderen halb begraben in der Nähe und hebe ihn hoch. Wie der glänzt. Offensichtlich sind es Lieblingsschuhe, mit der Einprägung deiner Zehen. Danke, sagst du und nimmst ihn, als du gehst, siehst mir dabei nicht einmal ins Gesicht.

Ich glaube dies. Wenn wir denen begegnen, in die wir uns verlieben, hat unser Geist etwas von einem Historiker, ein wenig von einem Pedanten, der sich ein Zusammentreffen vorstellt oder sich an eines erinnert, bei dem der andere arglos seines Wegs gegangen war, so wie Clifton dir vielleicht ein Jahr zuvor die Autotür geöffnet hat, und das Schicksal seines Lebens ist ihm unbewußt geblieben. Aber alle Teile des Körpers müssen für den anderen bereit sein, alle Atome müssen in eine Richtung drängen, damit Begehren entsteht.

Ich habe jahrelang in der Wüste gelebt, und nun glaube ich an dergleichen. Ein Ort der Taschen. Der Trompe-l'œil von Zeit und Wasser. Der Schakal mit dem einen Auge, das zurückschaut, und dem zweiten, das den Weg betrachtet, den du nehmen willst. In seinem Maul sind Bruchstücke der Vergangenheit, die er dir ausliefert, und wenn diese Zeit völlig enthüllt ist, wird es sich erweisen, daß sie schon bekannt ist.

Ihre Augen blickten mich an, wollen nichts mehr sehen. Eine furchtbare Erschöpftheit. Als ich sie aus dem Flugzeug zog, hatte ihr starrer Blick versucht, alles um sie herum aufzunehmen. Jetzt waren die Augen auf der Hut, als beschützten sie etwas im Innern. Ich kam näher und hockte mich auf die Fersen. Ich beugte mich vor und legte die Zunge an ihr rechtes blaues Auge, Salzgeschmack. Pollen. Ich trug diesen Geschmack an ihren Mund. Dann an das andere Auge. Meine Zunge, an der feinen Hornhaut des Augapfels, wischte das Blau weg; und als ich mich zurücklehnte, fegte Weiß über ihren Blick. Ich trennte die Lippen über ihrem Mund, diesmal steckte ich die Finger tiefer hinein und klemmte die Zähne auseinander, die Zunge war »zurückgezogen«, und ich mußte sie hervorholen, es gab den Todesfaden, den Todeshauch in ihr. Es war fast zu spät. Ich neigte mich vor, und mit meiner Zunge trug ich den blauen Pollen zu ihrer Zunge. Wir hatten uns einmal auf diese Weise berührt. Nichts passierte. Ich ließ ab, schöpfte Atem und drang wieder vor. Als ich auf die Zunge stieß, zuckte es darin.

Danach kam aus ihr das schreckliche Knurren, heftig, intim, zu mir hin. Ein Beben, das durch ihren ganzen Körper lief wie ein Stromweg. Sie wurde aus der aufgestützten Stellung gegen die bemalte Wand geschleudert. Das Geschöpf war in sie eingedrungen, und es sprang und stürzte gegen mich. Immer weniger Licht schien in der Höhle zu sein. Ihr Hals, der nach links, nach rechts ruckte.

Ich kenne die Schliche eines Dämons. Als Kind hatte man mir das Nötige über die dämonische Geliebte beigebracht. Man erzählte mir von einer schönen Verführerin, die ins Zimmer eines jungen Mannes kommt. Und er, wenn er klug wäre, würde fordern, daß sie sich umdrehte, denn Dämonen und Hexen haben keinen Rücken, nur das, was sie einem zeigen wollen. Was hatte ich getan? Welches Tier war durch mich in sie gefahren? Ich hatte, glaube ich, über eine Stunde mit ihr gesprochen. War ich ihr dämonischer Liebhaber gewesen? War ich Madox' dämonischer Freund gewesen? Dieses Land – hatte ich es auf einer Karte eingezeichnet und es zu einem Kriegsschauplatz werden lassen?

Es ist wichtig, an heiligen Orten zu sterben. Das war eines der Geheimnisse der Wüste. Und so ging Madox in die Kirche in Somerset, an einen Ort, von dem er spürte, daß er seine Heiligkeit verloren hatte, und übte eine, wie er glaubte, heilige Handlung aus.

Als ich sie umdrehte, war ihr Körper bedeckt von glänzender Farbe. Kräuter und Steine und Licht und Akazienasche, um sie zu verewigen. Der Körper, gegen geheiligte Farbe gepreßt. Nur das Augenblau war fortgenommen, anonym gemacht, eine nackte Karte, wo nichts abgebildet ist, keinerlei Anzeichen eines Sees, kein dunkles Gedrängel von Bergrücken wie nördlich von Borku-Ennedi-Tibesti, kein limonengrüner Fächer, wo die Nilflüsse in die offene Handfläche Alexandrias münden, am Rand Afrikas.

Und all die Namen der Stämme, der Nomaden des Glaubens, die in der Gleichförmigkeit der Wüste umherzogen und Glanz und Glauben und Farbe sahen. So wie ein Stein oder eine Gußeisenbüchse oder ein Knochen zu etwas Geliebtem und im Gebet unsterblich werden kann. In diese Herrlichkeit des Landes tritt sie nun ein und wird ein Teil davon. Wir sterben und bergen in uns den Reichtum von Geliebten und Stämmen, den Geschmack von Speisen, die wir gegessen haben, Körper, in die wir eingetaucht und die wir hochgeschwommen sind, als wären es Flüsse von Weisheit, Charaktere, in die wir geklettert sind, als wären es Bäume, Ängste, in denen wir uns versteckt hielten, als wären es Höhlen. Ich wünsche mir all dies auf meinem Körper verzeichnet, wenn ich tot bin. Ich glaube an solch eine Kartographie - von der Natur gezeichnet zu sein, nicht daß wir uns bloß auf einer Karte eintragen, wie man die Namen reicher Männer und Frauen an Gebäuden verewigt. Wir sind gemeinschaftliche Historien, gemeinschaftliche Bücher. Wir sind nicht jemandem zu eigen oder monogam in unserem Geschmack oder unserer Erfahrung. Alles, was ich mir wünschte, war, auf solch einer Erde zu gehen, die keine Karten hatte.

Ich trug Katharine Clifton in die Wüste, wo es das gemeinschaftliche Buch des Mondlichts gibt. Wir waren mitten im Gemurmel der Brunnen. Im Palast der Winde.

Cees Nooteboom

Persische Moschee

Am nächsten Tag mache ich mich wirklich nach Persien auf. Der Schah hat an diesem Tag die Karten seines Kabinetts neu gemischt, auf den Straßen hängen Schilder mit »Willkommen, Indira«, so etwas wie eine »urban land reform« wird angekündigt mit strengsten Strafen für Grundstücksspekulanten. Die englische Fotografin, mit der ich diese Reise machen werde, Christina Gascoigne, ist inzwischen ebenfalls eingetroffen. Sie spricht Persisch, ist im Irak geboren und stürzt mit ihrer langen vogelhaften Gestalt und dem Virginia-Woolf-Profil die Perser in Verwirrung.

Die Sonne scheint, wir sitzen im Fond eines großen amerikanischen Wagens, da es nicht möglich war, selbst ein Auto zu mieten, wir verschwinden aus dem rechtwinkligen Straßennetz, das Teheran ist, und kommen in die Vorstadt, wo die Ebene, angekündigt durch Staub und Sand, bereits sichtbar wird. Dann lassen wir auch die Anarchie des Verkehrs hinter uns, die letzten Wucherläden der Geldwechsler mit ihren Schaufenstern voll Goldmünzen und Banknoten, die Schneiderei Papadopoulos, »tailleur grec«, die letzten Teehäuser, in denen Männer dicht geschart sitzen und an ihrer Wasserpfeife nuckeln, und das war's.

Leere, Unendlichkeit, Dürre, Hunderte von Kilometern auf dem Weg nach Isfahan, sanfte Berge in der Ferne, die leeren Säle der Welt zwischen Europa und Asien. Keine Tankstellen, keine Rasthäuser, keine Verlockung, nur Kahlheit und Hitze, und wie ein Wunder mittags plötzlich die goldene Moscheekuppel der heiligen Pilgerstadt Ghom. Hierher kommen die Wallfahrer aus ganz Persien, eine Menge, die schnell fanatisch werden kann und Fremde nicht mag. Der Zugang zur Moschee ist verboten, man spürt die Spannung, wenn man zu nahe herankommt. Seltsam, diese Anziehungskraft des Verbotenen. Ich fühle mich immer wieder zu diesem Tor hingezogen, durch das ich nicht eintreten darf, Gold, Mäntel und Turbane sehe ich, aber wenn ich zu lange stehenbleibe, zeigen sie auf die mehrsprachigen Schilder, die den Zutritt rigoros verbieten. Wir gehen zu dem Hotel gegenüber der Moschee, einem Hotel für Pilger. Keine europäische Kleidung, alle Aufschriften in arabischen Zeichen, die Anmaßung des Englischen als Weltsprache verfliegt wie Eau de Cologne, ich werde zu einem Deuter und unverständlichen Stotterer reduziert, aber trotzdem kommen kurz darauf lange, warme Stücke *nan* (Brot) auf den Tisch, mit scharfem Käse und rohen Zwiebeln und Kräutern. Es kommt auch eine Schüssel mit dem weißestglänzenden Reis, den ich je gesehen habe. Wir tun etwas Fleisch und Reis und Zwiebeln in das *nan*. Bier oder Wein wird hier nicht ausgeschenkt, aber es gibt Tee und *dughabali*, Joghurt mit Eis und Quellwasser aus den Bergen. Der Reis wird mit *mast* vermischt, einer dickeren Form von Joghurt, und darüber streuen wir *sumac*, ein Gewürz aus gemahlener Baumwurzel. Und als wäre es damit noch nicht genug, bricht um zwölf Uhr der umherirrende, aber drängende, endlose Ruf des Muezzin aus dem Himmel, so laut, daß die Gläser auf dem Tisch vibrieren, eine Stimme, die die ganze Stadt erfaßt und bis in jeden Winkel meines Körpers dringt. Es hört nicht mehr auf, ich bin in diesem Geräusch gefangen und komme mir fern von allem vor, was ich kenne. Draußen wirbeln die blaugrauen und braunen Kaftane vorbei, weiße Turbane, glattrasierte, mit schwarzen Bändern umwickelte Köpfe, eine andere, ältere Zeit. Unsere Rechnung wird auf einem Rechenbrett addiert, wir gehen noch einmal über den großen Platz, über dem sich das ungestüme Gold der Kuppel wie eine stilisierte Faust in den Himmel reckt. Seit über tausend Jahren kommen Pilger hierher, der Seufzer, der wir sind, verfliegt ungesehen.

Die Landschaft zeigt jetzt alle Farben mit Ausnahme der fröhlichen. Darauf sind schroffe, gezackte Berge *gelegt*, nach jeder Kurve fängt die Strafarbeit von vorn an, die leeren Wartezimmer der Geschichte. Am Straßenrand hie und da pathetische Wracks, in der Ferne der schwarze Schatten einer Herde. Ein versengter Mann sitzt unbeweglich am Straßenrand, die Hand ausgestreckt. Der Fahrer hält an und gibt ihm etwas. Ich gehe ein Stück ins Gelände und breche den Stengel einer trockenen Pflanze ab: Der Saft riecht wie der Boden, trocken und unendlich alt.

Alt ist das Stichwort. Man nähert sich Persien mit blinder westlicher Arroganz und stellt fest, daß man einer mehrtausendjährigen Geschichte ohne jeglichen Bezug gegenübersteht. Das letzte, was man darüber gelernt hat, war Xerxes, aber die Jahrtausende nach ihm? Es ist, als würde man nach Frankreich reisen, ohne etwas über die Französische Revolution zu wissen, und hätte nur eine ganz schwache Ahnung von Napoleon und keinerlei Vorstellung von Karl dem Großen, der Verbreitung des Christentums, dem Unterschied zwischen Katholizismus und Protestantismus. Also bitte: Kyros besiegte die Meder und begründete die Dynastie der Achämeniden. Das war

550 v. Chr. Alexander schlug die Perser bei Issos und bei Arbela. Eine neue Dynastie folgte, die der Seleukiden. Und noch eine neue, die der Parther, Nomaden, die die Römer auf Distanz hielten. Und wieder eine neue, die der Sassaniden, mächtiger als Rom und Byzanz. Sie hinterließen ihre Königsgräber in den goldfarbenen Felsen von Naghsch-e Rostam: Menschen, größer als Menschen. Dann kommt der Islam. Kalif Omar erobert 642 das Land, und seitdem sind die Perser Muslime, obwohl sie sich der Tatsache sehr bewußt sind, daß sie eine Geschichte haben, die viel älter ist als der Islam, und daß sie einmal von den Arabern besiegt wurden. Die schismatische Form des Islam, zu dem die Perser sich bekennen, der Schiismus, kennt ihre eigenen Nachfolger Mohammeds und wird von anderen Muslimen als Ketzerei betrachtet. Wie dem auch sei, seit dem siebten Jahrhundert bestimmen Mohammed und seine Lehre den Lauf der Geschichte Persiens. Die Seldschuken aus den zentralasiatischen Steppen, deren mongolische Gesichtszüge man auch heute noch im Straßenbild sieht, regieren bis 1187. Dann kommt, wie ein Peitschenhieb, Dschingis-Khan, und hundert Jahre später die alles vernichtende Feuerwalze, Tamerlan (Timur-Leng). Doch auf den verbrannten Ruinen ihres Vorfahren baute die von ihm begründete Dynastie der Timuriden (1380–1499). Sie hinterließen Gebäude von ergreifender Schlichtheit. Das klingt übertrieben, doch nach einem Morgen unter den Ziegelsteingewölben der Freitagsmoschee in Isfahan weiß man: Es ist eine Architektur, wie von der Natur geschaffen, von einer Einfachheit, die sich nur durch Wiederholung beschreiben läßt. Erst danach beginnt Isfahans Goldenes Zeitalter, doch aller Glanz, alle blendenden Bauten und Fayencen haben mir nicht eine Sekunde lang den Schock versetzt wie jener Morgen in

der Freitagsmoschee. Die Timuriden verschwinden, die Safawiden kommen. Diese Dynastie ist so bedeutsam wie die der Bourbonen in Frankreich, der Habsburger in Spanien. Einem Perser zu erklären, daß man nicht weiß, wer Schah Abbas ist, erregt nur tiefes, inniges Mitleid. Dieser Sonnenkönig machte aus Isfahan das funkelndste Juwel seiner Zeit. Päpste und Kaiser entsandten ihre Botschafter, um dieses Weltwunder zu bestaunen, und es war in dieser Zeit, daß der Name Isfahan den geheimnisvollen Glanz erhielt, der noch heute, Hunderte von Jahren danach, eine seltsame Erregung in mir auslöst, als ich mich der Stadt durch die ausgedörrte Landschaft nähere.

Es gibt übrigens keine bessere Einführung als diese Landschaft. Niemals könnte man, käme man durch die Luft angereist, diesen Gegensatz körperlich spüren, der so wesentlich ist für Persien und die persische Kunst. Der Traum, den ein Mann träumt, der in der Wüste lebt, ist ein Traum von Oasen, Schutz, Blumen, Farben, Genuß, rauschendem Wasser. Und so ist es – nach dem Stein versteht man die Rose, nach der Rose erträgt man den Stein. Die verdorrte Welt draußen, unendlich groß, sperrt man aus und schafft drinnen, auf Fliesen, Kuppeln und Teppichen, die Blumen, die Farben, den Liebreiz, den man draußen entbehrt hat.

Wie beschreibt man die Kuppel einer Moschee? Einer der Aspekte arabischer Kunst ist ihre Unmenschlichkeit: Es kommen in ihr keine Menschen vor. Es gibt keine Identifizierung mit Drama, Gefühl, Geschichte. Man geht umher in einem unaufhörlichen Gefühl der Verzückung, eine Form ist noch raffinierter, sinnlicher, herausfordernder, vollendeter als die andere, und man schaut und schaut, bis sich, zumindest bei mir, eine schwindelnde Blindheit einstellt und all diese labyrinthischen, geometrischen Formen und ihre Farben ein einziger Farbschleier werden, als wäre das Kaleidoskop durch all das Schauen geschmolzen.

Wir wohnen im Shah Abbas Hotel, eine Legende für sich, ein unwirklich großer Kitsch- und Antiquitätenladen, gefaßt in einer gefrorenen Meringe, die ihrerseits wieder einen totenstillen Rosengarten umschließt. Schweigende Diener von einer Rasse, die im übrigen Teil der Welt zu einer verflossenen Vorzeit gehört, nisten in den Wänden der Flure und fliegen mit langsamem Flügelschlag hin und her. Es ist schön als alter Film, aber nicht, um darin zu leben. Nach wenigen Tagen spürt man, wie man sich selbst ebenfalls in eine entschwundene Gattung verflüchtigt; es wird 1940, 1920, 1880, nur die gegenwartsbezogene Rechnung kann dem ein Ende machen.

Aber die Probleme bleiben: Wie beschreibt man eine Kuppel, eine Moschee und eine Stadt voller Kuppeln und Moscheen? Ich habe das Gefühl, die ganze Zeit nur an der Oberfläche all der Pracht zu bleiben, die ich bewundere, nicht in sie eindringen zu können. Um es einmal ganz einfältig zu sagen: Es ist nichts darauf zu erkennen – Ornamentierfreude und Geometrie, zur Lust erhoben, Haschträume, errichtet in den weißblauen, ätherischen Himmel, die Kuppeln, die doch aus Stein sind, aus Erde, aus *Ding*, sind *selbst* ätherisch, tausendfarbige Seifenblasen von gewaltiger Größe, die durch geheime Zauberei an die Erde gebunden sind. Ich kann es nicht fassen. Jeden Morgen sehe ich von meinem Fenster aus die Kuppel der Medrese Madar e Schah, des im Jahr 1706 erbauten theologischen Seminars. Ich habe einen geheimen Weg über das Hoteldach gefunden, so daß ich ganz nahe herankomme, wo dann alles menschlicher wird. Der geometrische Aberwitz des Minaretts entpuppt sich als glasierter, zu Figuren zusammengesetzter Ziegelstein, der schwindelnde Schwung der weißen, geraden Schleifen (ich weiß jetzt, daß Schleifen auch gerade sein können) entlarven sich selbst als ein durch die Kalligraphie fast abstrahiertes Koranzitat, die Kuppel selbst ist entgegen allen Naturgesetzen ein glänzender, prall aufgeblasener Seidenteppich in Gold, Violett und Türkis, und jedesmal, wenn das Auge ermüdet, eilt es zurück zu einer menschlichen Form, einem Mullah im Kaftan, der neben dem Brunnen sitzt und liest, ein paar Studenten, die Arm in Arm an den Rosenhecken entlangspazieren und über etwas sprechen, das ich mir nicht ausdenken kann. Das Tor, durch das sie gehen, ist wie eine von Menschen erbaute Höhle von Han, jeder tropfende Stein ist ein zwischen andere Juwelen gesetztes Juwel, es ist barbarisch schön, und am Ende merke ich, daß ich nach allen späteren, wahnsinnig machenden Mihrabs, Minaretten, Iwans immer wieder zur Freitagsmoschee zurückkehre, der ältesten, schlichtesten und, seltsam, es so zu sagen, »heiligsten« von allen; wie in frühgotischen oder romanischen Kirchen hat man das Gefühl, bei dem alten Mann dort in der Ecke könnte es sich durchaus um Gott handeln, den ein Übermaß an Pracht aus seinen späteren Raumstationen verjagt hat.

Auf dem offenen, leeren Platz beten zwei Jungen. Über dem Platz schwebt der geordnete Himmel, am Himmel selbst die ungeordneten Wolken, wie überhaupt alles jetzt in dieser zwanghaften Ordnung hinein- oder hinausfällt. Krähen ziehen mit bösartigem Geschrei von Iwan zu Iwan und verjagen die Tauben. Jedesmal, wenn man für einen Moment weggeschaut hat, sieht man, wie das Licht auf den großen Platz stürzt – Licht und Himmel sind von dieser Architektur einfach annektiert worden, sind hier Lampe und Decke geworden.

Als ich von dem Platz wegspaziere, komme ich in einen

Wald aus steinernen Säulen unter einem gefältelten Ziegelsteinhimmel. Zwei Frauen, fast ganz in ihren schwarzen Tschorbas verborgen, flattern vorbei und verschwinden hinter einer Tür, aus der leise jammernder Gesang dringt. Ich schaue durch das Schlüsselloch und sehe einen alten Mann mit weißem Turban sich hin und her wiegen. Sonst ist es sehr still. Hin und wieder eine kleine Detonation, wenn eine Taube unter den Gewölben auffliegt, die sich überallhin, so weit das Auge reicht, fortsetzen – nur wenn man nach »draußen« schaut, sieht man wieder diese hohe, durchbrochene »blaue« Fassade, eine Höhle der Kunst, und wenn man auf sie zugeht, fühlt man sich wieder beklommen durch die phantastische Ordnung der Ausschmükkungen, die Bizarrerie nur zuläßt, wenn sie absolut zwanghaft wiederholt wird. Ich schaue darauf, während ich mit der Hand über den Alabaster einer Säule streiche. Die kleinen Einkerbungen, vor tausend Jahren gemacht, lassen ein sinnliches Gefühl in meinen Fingerspitzen aufkommen. Was ich bei Stein noch nie erlebt habe. Überall hängt, fällt, steht, sticht Licht, es ist zwischen die Steine gelegt, gewoben, die Tauben fliegen darin ein und aus.

Calixthe Beyala

Der Abend meiner Geburt

Um es gleich vorwegzunehmen: Ja, ich heiße Saida Bénérafa. Bis ich vierzig und etwas darüber war, hatte ich New-Bell, Duala Nr. 5, nie verlassen. Ich war noch nicht das fünfzigjährige, jungfräuliche alte Mädchen, das in Belleville für öffentliche Aufregung sorgte – obwohl ich sogar schon bei meiner Geburt das Tagesgespräch des Buschtelefons war.

Weshalb?

Ich wurde ein paar Jahre vor der Unabhängigkeit geboren. 1940 bis 1945 war das; genaue Daten haben keinerlei Bedeutung. Ich erblickte das Licht der Welt in einer dieser Mustersiedlungen, Nabel der Welt, wo menschliche Erfindungsgabe und Mutterwitz die Fiktion übertreffen. Wo der Überlebensinstinkt den Begriff von Zeit und Raum aufhebt. Wissenschaftler und Städteplaner sind schlicht erschlagen, wenn vor ihren staunenden Augen überall Häuser aus Brick und Brock und Schrott, ein einziges infernalisches Kaleidoskop, aus dem Boden schießen. Und was tun sie angesichts dieser Improvisationsgabe? Lediglich applaudieren.

Von der Republik Kamerun ist hier die Rede. Es gibt natürlich das von Wald und Meer umgebene Duala-Stadt mit seinen eleganten Palästen, wo sich verweißlichte Neger in Schaukelstühlen lümmeln und in dieser Beschäftigung ihren Lebenszweck sehen; öffentliche nationale Schulen, wo die Kinder sich mit »Unsere-Vorfahren-die-Gallier« die Lunge aus dem Leib schreien; Universitäten, wo anstelle von Millionen Negerköpfen ein paar Europäerköpfe brüten; Forschungszentren, wo geschwätzige Neger sich gegenseitig beckmessern und einander heimlich Bananenschalen in den Weg legen, anstatt ihre Arbeit anständig zu erledigen; kannibalische Staatsbanken; Behörden, die öffentliche Mittel unterschlagen; Varieté-Theater, wo man wild darauf versessen ist, den alten Kohl der großen Pariser Boulevards aufzuwärmen; Kurse für gute Manieren und schickliches Benehmen, wo die Frauen weißer Verwaltungsräte ihren Ehemännern Hörner aufsetzen; falsche Staatsstreiche und echte Alkoven-intrigen; General-de-Gaulle-Avenuen; Félix-Faure-Anlagen; Bordelle, wo man für einen bescheidenen Preis eine ganze Garnison Huren umlegen kann. Und Schwamm über den Rest.

Ganz zuunterst jedoch, auf dem Stadtplan mit einem Pfeil bezeichnet, genau an der Stelle, wo die Straße holperig wird, leben – ein Schandfleck für die Behörden – absonderliche Wesen, die keine Möglichkeit haben, in den Genuß der Annehmlichkeiten des Stadtlebens zu kommen, aber die des Landlebens verloren haben. Die mit gähnenden Schlaglöchern übersäte Hauptstraße führt auf der einen Seite zum Marktplatz, auf der anderen in die Einöde. Beidseitig der Straße sprießen die Häuser wie Pilze dicht aneinandergedrängt aus dem Boden, als wollten sie sich so ihren zerbrechlichen Grundmauern und den Billionen daran knabbernden Termiten widersetzen. Die Häuser sind mit dem Auswurf der Zivilisation gebaut: aus alten, den Totendenkmälern geklauten Gedenktafeln; aus huschhusch mit drei Vierteln Sand und einem Rest Zement hergestellten Sockelsteinen; aus gekrümmten Speeren – Erinnerungen an das Dorf; aus rostigem Alteisen – ehemals französische Luxuslimousinen; aus deutschen Militärdecken, GI-Helmen oder Feldflaschen – Überbleibsel von Weltkriegen, die uns nichts angingen; aus Konserven- oder Milchdosen mit russischen Aufschriften; aus disparaten Ziegelsteinen, die künstlerisch auf das Wellblech oder das Stroh abgestimmt sind. Aus etwas Blut, viel Schweiß und unendlich vielen Träumen. Der elektrische Strom schafft es nicht bis hierher. Was soll's! Die Zimmerdecken unserer Behausungen stöhnen unter der Last der böhmischen Kristallüster. Bei uns gibt es auch Geschäfte, an denen man *Chez Maxim's* oder auch *Chez Dior* lesen kann. Dort werden belegte Brote verkauft, löffelweise Tomatenkonzentrat, stückweise Würfelzucker, tassenweise Reis. Schneider hocken in ihren Verschlägen – *Maßkonfektion, erstklassige Verarbeitung* – und nähen Dschellabas *made in* Hongkong oder Paris, wobei jeder dieser Stücknäher hofft, eines Tages Coco Chanel die Treppe seines Ateliers hinabsteigen zu sehen. Grossisten bieten auf orthographiefreien Aushängeschildern dubiose Deals an. Es ist das Viertel der Mischkulturen: Muslimische Araber und katho-animistische Neger leben hier nebeneinander; die Völker aus dem Norden, Peul und Fulbe; die aus dem Süden, Beti und Bassa; die aus dem Westen, Bamileke oder Bamum. Alle fliehen das Elend ihrer Dörfer und stranden schließlich hier: noch nicht abgehärtete Hartgesottene, Diamantensucher ohne Schürfstollen, Erdnußverkäufer, Altwarenhändler ohne Auslagen, schimpfende Schubkarreschieber, schreiende Losverkäufer, mit Ismen aufgeblähte, sonnenbebrillte Beamte. Vor allem aber ist es Madame Kimotos Bezirk, der Besitzerin des einzigen Bordells in der Gegend, eines Etablissements mit roter und gelber Fassade und Perlenvorhängen, gleichzeitig Restaurant und Sexshop. *Krokodil Müllerinart* und *Affe à la provençale* und blonde Negerinnen, die einem Krankheiten anhängen, gehören zu den Spezialitäten des Hauses. Madame Kimotos *doudous* zeichnen sich durch aggressives Zartgefühl aus: Sie verwöhnen ihre Misters mit aphrodisiakischen Mischungen aus Palmwein und billigem Franzosen, damit die Misters weniger Raffinement verlangen. Sie klappern mit den Wimpern, beugen sich vor, um den Misters eine Vorstellung von dem zu erlauben, was sich in den Tiefen des Mieders verbirgt. Sie wiegen sich in den Hüften, setzen sich hin, schlagen die Beine sechsunddreißigmal übereinander, rauchen dank Bambusmundstücken Zigaretten *à la parisienne*. Und auf ein barsches Zeichen des Kunden und einen kräftigen Klaps auf den Hintern – die typische Geste unseres Bezirksvorstehers – verschwinden sie in den Alkoven.

In New-Bell, das ich gewöhnlich Kuskus nenne, belastet man sich nicht mit Metaphysischem. Man tut so, als arbeite man viel, aber es ist äußerst schwierig, überhaupt Gelegenheit dazu zu haben. Es gibt zwar Kuskusser, die irgendwelche lächerlichen Berufe ausüben und den Rest ihres Lebens verschludern. Man sieht sie auf leeren Kanistern oder Bierkisten herumsitzen, über ihre Arbeitsbedingungen palavern und den Arbeitgebern drohen: »Wenn er nochmals in diesem Ton zu mir spricht, verpasse ich ihm einen Tritt in den Arsch!« Und erst die ständigen »Er beutet mich aus, das Armloch. Er beutet mich schlicht aus«. Andere wiederum verschleißen sich in erschöpfenden Tätigkeiten, brüsten sich jedoch nie damit, denn es ist ohnehin unmöglich, durch eigener Hände Arbeit reich zu werden. In der Abenddämmerung knüpfen die anständigen Mädchen ein Tuch um den Busen und schmachten den Miezen hinterher, die auf den Stöckelstrich gehen. Pornohefte entfachen Glutflecken auf den pickeligen Gesichtern der Halbwüchsigen; drei Generationen teilen das gleiche Schlafzimmer. Wenn gebumst wird, tun die Großeltern so, als ob sie schliefen, während die Knirpse in roten Unterhosen unter der Bettdecke plappern und kichern, wenn sie die Bettfedern ächzen hören. In unseren Gebetsnischen liegen Allahs Gebetsteppiche vor wächsernen Christusbildern und Ahnentotems. Weil man hier alles und nichts ist: animistischer Moslem, christlicher Götzenverehrer, katholischer Buddhist. Und alle diese Gottesdarstellungen vergießen angesichts unseres mannigfachen Elends keine einzige Träne!

Dann wäre da auch noch der Gestank des auf den Marktplatz gekippten Mülls, der auf die einmal im Jahr – am Weihnachtsabend – vorbeikommende städtische Müllabfuhr wartet. Wer zufällig eines Tages mittags durch Kuskus kommen sollte, wird meine Landsleute in der glühenden Sonne in den Abfällen wühlen sehen: zwei Finger, die eine Tomate herausziehen, deren weiße Flecken die fortgeschrittene Fäulnis anzeigen. »Wer hat denn das weggeworfen? Ist ja sozusagen noch ganz frisch!« Und unser Bezirksvorsteher – der einzige Kuskusser, der eine zweigeschossige Baracke mit Sicht auf den Platz besitzt, ein beleibter Neger mit wulstigen Lippen – schlägt die Beine übereinander, lehnt seinen Affenschädel träge an die Rükkenlehne seines Schaukelstuhls und ruft aus: »Diese Erde ist einzigartig! Fruchtbar bis zum letzten Rest!«

Die Eisenbahn, die am Rande unserer Siedlung vorbeifährt, und ihre mit Kohle betriebene Lokomotive dröhnen *Tuutut! Tuutut! Tuutut!*, überfahren *Wromm* ein paar zerstreute Kuskusser und führen eine Wolke schwarzen

Rauch mit sich, was zu unserem beispiellosen Wohlergehen beiträgt. Der Staub des Sägewerks in einem Vorort von Duala-Stadt hüllt uns in feine Partikel ein und verleiht uns das Aussehen amerikanischer Indianer. Ja, und dank dem hartnäckigen Geruch der Schokoladefabrik riechen wir überall nur lauter Schokolade: Chococam-Bonbons oder Mohrenköpfe. Man spürt den Hunger überhaupt nicht mehr. Nein, wir beklagen uns nicht. Wir akzeptieren alle diese Miniaturverwüstungen mit der würdigen Selbstverständlichkeit jener, die ihr Dorf ohne Bedauern verlassen und auf das große Eintauchen in die strahlenden Gewässer der Zivilisation warten.

In diesem Teil der jungen Republik des Vereinigten Kameruns, in diesem Charivari aus Leben, Farben, Geräuschen und Gerüchen, wurde ich geboren.

Meine Geburt war ein Ereignis, das ganz Kuskus auf die Beine brachte. Es ging auf den Abend zu. Der Wind spielte am Firmament. Große Sterne putzten sich heraus, um uns kurz darauf mit ihren perlmutternen Augen zuzuzwinkern. Auf Erden strahlten die von der Glut des Tages aufgeheizten Steine noch Wärme ab. Die Luft war klebrig; ihr ekliger Atem roch, als ob sie in ihren Tiefen einen Tier- oder Menschenkadaver versteckte.

Plötzlich stieg von einer Veranda mitten in New-Bell ein Schrei auf, durchdringend wie ein berstendes Herz: »Allah! Ich habe einen Sohn! Allmächtiger Gott, ich habe einen Sohn!«

Es war mein Papa, über dessen tatsächliches soziales Ansehen ich von meiner Mama nie etwas erfahren sollte. Alles, was ich weiß, ist, daß sie sich in einer glücklichen Zeit in ihrem Heimatdorf in Nordkamerun kennengelernt hatten. Als die Wüste vorrückte und auf ihrem Weg, von den Knochen der Toten bis zu den Baumwurzeln, alles versengte, waren sie weggezogen und in New-Bell gelandet. Papa war ein weißer Kuskusser-Muslim (für uns ist alles weiß, was wir nicht für echt schwarz halten) und von Beruf Facharbeiter für Sägemehlsackschleppen in der staatlichen Holzverarbeitungsfabrik Kameruns.

Er war strahlender Laune, seine runden Augen funkelten. Seine zerzausten weißen Haarsträhnen flatterten in der Abendbrise. Die eine Hand in die Hüfte gestützt, in der anderen eine gelbe Schildmütze, schreckte er New-Bell aus der Lethargie auf. »Ich habe einen Sohn! Ein Sohn wurde mir geboren!« Sein gewaltiger Bauch strömte den Geruch von grünem Holz aus. Seine Goldzähne ließen keinen Zweifel: Er hatte sich zu einer Gewißheit emporgeschwungen, die mit der Johannes-Apokalypse und ihren Engelsposaunen vergleichbar war.

Ich war noch nicht geboren. Mein Kopf war irgendwo zwischen dem mütterlichen Uterus und der Vagina steckengeblieben, denn die Geburt ist ein schlimmer Moment, den es zu überstehen gilt. Mama lag stöhnend auf einer Strohmatte. Schweiß und Schmerz klebten ihr rabenschwarzes Haar an ihre Schläfen. Sie hielt sich mit beiden Händen den Bauch und wand sich in den Wehen. Ihr Kopf drehte sich unaufhörlich von links nach rechts und wieder zurück. Die Hebamme hantierte geschäftig zwischen Mamas gespreizten Beinen. Sie war eine riesige, mit Schmuck und klirrenden Ohrringen behängte Matrone, die eine rosafarbene Dschellaba und Babuschen trug wie eine zweitrangige arabische Prinzessin. Zwischendurch klatschten ihre molligen Hände auf Mamas fahle Wangen: »Willst du das Kind oder nicht? Presse! Du sollst pressen!« Sie stützte die Fäuste in die Hüften: »Wenn das Kind stirbt, bist du schuld!« Sie beugte sich entschlossen vor und klatschte auf Mamas Schenkel: »Pressen!« Auf der Veranda schrie Papa ungerührt weiter: »Ich habe einen Sohn! Allah hat Jerusalem einen Sohn geschenkt!«

Hunde begannen, von den durchdringenden Rufen verschreckt, zu jaulen. Frauen, die eben ihre Wäsche vom Seil nahmen, ließen sie vor Ergriffenheit in die Weidenkörbe fallen. Sämtliche Bewohner New-Bells erhoben sich wie ein Mann und begaben sich in afrikanischer Ordnung – die Männer vorn, die Frauen hinten – zu Papas Lehmhaus. Der Spießchenverkäufer, ein baumlanger magerer Fulbe in einem löchrigen, ehemals weißen T-Shirt, hob den Blick von den auf der Glut röstenden Fleischstücken und fragte:

»Was ist los?«

»Bénérafa! Er hat einen Sohn!« wurde ihm geantwortet.

»Nein, so was!« Er sperrte erstaunt die Augen auf, die milchig waren wie die eines Greises. Er ließ sein Messer fallen, das im letzten Sonnenstrahl aufblitzte, trocknete die Hände an seiner fettfleckigen Schürze und lief den anderen nach.

Der Abend war warm und feucht; eine leichte Brise wehte von Norden, und Kuskus roch nach den Abfällen des Tages. Die Menge zog vor der Apotheke des Apothekerdoktors Sallam vorbei. Letzterer streckte sein Wieselgesicht hinter dem großen weißen Plakat hervor, auf dem in roten Buchstaben, die so groß waren wie seine Hände, *Syphilis – Weißfluß – Pocken – Tuberkulose – Tripper – sexuell übertragbare Krankheiten – Konsultation zu ermäßigtem Preis – prompte Heilung* geschrieben stand. Er richtete seine hagere Gestalt auf, putzte mit einem Zipfel seines weißen Kittels die Brille auf seiner Kolbennase und fragte:

»Handelt es sich um eine Demo?«

»Sozusagen«, antwortete der Spießchenverkäufer.

»Bestens«, sagte der Apotheker und ließ seinen Rolladen hinunter. Dann schloß er sich dem Spießchenverkäufer an und meinte feierlich: »Es war an der Zeit. Wie soll die Regierung auf unsere Forderungen eingehen, ohne eine anständige öffentliche Demonstration?«

»Was für Forderungen?« fragte der Spießchenverkäufer.

»Was für Forderungen? Unsere Forderung, oder? Aufgrund deren die Dienststellen des Gesundheitsministeriums, das Amt für Gesundheitswesen und das Amt für Sozialversicherungen Abhilfe für ihre offenkundigen Dienstpflichtverletzungen leisten und endlich ihrem verfassungsmäßigen Auftrag entgegenkommen und zum Beispiel sämtlichen Kamerunern erlauben, ohne Einmischung fremder Regierungen ihre viel zu zahlreichen Beschwerden behandeln zu lassen, die nicht nur von der Armut, sondern ebensosehr von der weitverbreiteten Ignoranz herrühren.«

»Was Sie mir da erzählen, Boß, ist für mich Chinesisch. Sicher ist aber, daß Bénérafa einen Sohn hat.«

»Und deswegen stört ihr meine Ruhe?«

»Schnauze!« sagte der Spießchenverkäufer. »Heute ist ein Festtag.«

Der Apotheker hielt den Mund und lief hinter dem Zug her, der seinen Weg zwischen den ärmlichen, aus untergehender Sonne, morschen Brettern und Kalktünchekleckserns bestehenden Behausungen fortsetzte. Die zusammengeschusterten Zehenlatschen blieben in den engen Gassen im Morast stecken. Hin und wieder hörte man eine wütende Stimme: »Scheiße, bist auf meine Schlappen getreten und hast sie kaputtgemacht.« Der Beschuldigte grinste breit: »'tschuldigung, Bruder. Die Latschen sind schuld.« Man blieb ein paar Sekunden stehen, versuchte, mit Hilfe eines gebogenen Drahtes den gerissenen Zehenriemen zu flicken, und brummte dabei: »Mist, dieses weiße Zeug! Lauter Mist, dieses weiße Zeug!«

Die Mädchen in Dame Kimotos Sexshop-Restaurant hörten die nahende Menge. Sie standen kampfbereit auf, entwanden sich den abtätschelnden Händen der Kunden, die die fleischliche Konsistenz der Ware prüften: »*One minute, brother.*« Sie schoben die roten Perlenvorhänge zur Seite und fragten bescheiden: »*What happens?*« – »Bénérafa hat eben gerade einen Sohn bekommen«, wurde ihnen geantwortet. Die Augen der Mädchen leuchteten; sie brachen – »*Youyou! Youyou!*« – in Jubeltriller aus, klatschten in die Hände und fanden für einen kurzen Moment die Anmut ihrer fünfzehn Jahre wieder, die in einem den Glauben aufflackern läßt, daß alles nur halb so schlimm ist.

Erst Madame Kimotos Strenge vermochte die Schar zu beruhigen. »Reißt euch zusammen! Wir sind doch nicht in einem Narrenhaus«, sagte sie und schüttelte die hochgepreßten Brüste in ihrem schwarzen Schwalbennest *Made in France*. Ihre Schielaugen rollten; ihr vom Kuskus aufgedunsenes Gesicht war ein einziges Zucken. »Mit solchen Kindereien bringt es Afrika nie zu etwas.« Dann ließ sie sich schwer auf einen Stuhl plumpsen und wandte der Welt den Rücken zu. »O Gott Israels, was für eine Sünde haben wir begangen, um diese Schmach zu verdienen?«

Die Mädchen schwiegen betreten. Die alte Bida, die die Mißtöne des Lebens am eigenen Leib erfahren hatte und seither die Aufgabe hatte, den Eingang zu bewachen und dubiose Elemente vor dem plötzlichen Erscheinen der Ordnungskräfte zu warnen, trat schüchtern vor: »Ein Stündchen Zerstreuung, das gibt neue Kräfte«, sagte sie zu Madame Kimoto, deren Bauchnabel nicht einmal mehr eine Ratte zu verführen vermocht hätte. Die überlegte ein paar Sekunden und zwitscherte dann:

»Pause, Kinder, und macht mir ja keine Dummheiten!«

Der Menschenstrom war inzwischen so angeschwollen, daß selbst die Zugvögel eine Rast in Kuskus einlegten:

»Anhalten! Anhalten! Ein Wunder ist geschehen!«

Fünf Minuten später drängte sich eine riesige Menge vor unserem Haus. Neger, Araber, Katholiken, Animisten, Muslime, Frauen und Kinder in allen Braunschattierungen waren gekommen, um meine Geburt zu bejubeln. Beim Anblick meines stolzen Papas im Lichterglanz der untergehenden Sonne hätte man sich fragen können, wie soviel strahlende Hoffnung in diesem Elend hatte landen können. Plötzlich warf er seine Mütze in die Luft, breitete überschwenglich die Arme aus und hob vom Boden ab. »Ich habe einen Sohn!« Er landete leicht hinkend wieder auf der Erde, zog die Schöße seines roten französischen Gewandes zurecht, das seitlich mit goldenen Knöpfen versehen war. »Ich habe einen Sohn!« wiederholte er.

Und die versammelten Kuskusser applaudierten. Papa wurde mit Glückwünschen überschüttet: »Bravo, gut gemacht, Bruder!« Man packte sich gegenseitig an den Schultern, ob hochgewachsen oder klein. »Bravo, gut gemacht, Bruder!« Zwischendurch hörte man Schreie, dann die Stimme der voluminösen Hebamme: »Pressen! Pressen! Du sollst pressen, hast du gehört?«, während draußen Papa zwischen dem Presse-presse-du-sollst-Pressen der einen und dem Stöhnen der anderen unverdrossen stürmisch beglückwünscht wurde. »Gut gemacht, Bruder!« Man kratzte sich im Haar. »Bist ein echter Mann, Bruder!« Papa nahm die Glückwünsche mit der Würde eines Mannes entgegen, der sich seine Potenz und seine unversiegbare Männlichkeit in tausend erfolgreich geschlagenen Schlachten selbst bewiesen hatte: »Danke. Sehr gut. Jäää. Richtig, ganz richtig!«

Ein Schrei durchschnitt die Luft. Im Osten leuchtete ein Stern am Himmel auf wie das Feuer. Auf Erden trat bleierne Stille ein. Ich war's! Eine drollige, häßliche rote Pflaume mit einem von der Geburtszange zerbeulten Kopf. Ich schrie meinen Schmerz in die Welt hinaus, als ob ich bereits wüßte, was mir alles bevorstand.

Papa ging zum Mangobaum hinüber, wandte sich zum Gebüsch und pißte ausgiebig. Er knöpfte seine Hose zu, nahm sein Gesicht in die Hände und brach in Schluchzen aus.

»Ich begann schon zu zweifeln«, sagte er und entblößte dabei seine drei oberen Goldzähne. »Zwei Frauen habe ich verabschieden müssen, weil sie unfruchtbar waren. Oh, ich begann schon zu zweifeln.«

»Man darf die Hoffnung nie aufgeben«, sagte ein alter Mann und spuckte in den Staub. »Alles zu seiner Zeit.«

»Ihr könnt das nicht verstehen«, sagte Papa. »Ich träumte davon, Mechaniker zu werden und viel Geld zu verdienen und eine ganze Menge Söhne zu haben. Und –«

»Das ist der Anfang, Bénérafa, du wirst sehen, von jetzt an gehen alle deine Träume in Erfüllung«, sagte jemand. »Das muß gefeiert werden!«

»Aber sicher«, pflichtete ihm eine kleine knochendürre Frau bei. »Wenn das Schicksal Gestalt annimmt, ist es klüger, es zu feiern, sonst …«

»An einem solchen Tag will ich nur Johnnie Walker trinken«, sagte eine andere, die ihre Zeit putzend bei den Weißen verbrachte. Und um ihre Überlegenheit zu unterstreichen, drehte sie Bénérafa dreimal ihr Hinterteil zu. »Nur damit du's weißt, an einem solchen Tag esse ich nur geräucherte grüne Bohnen mit Pfeffer, Salat aus gekochtem Schinken und Lebkuchenwürste.«

Den Kuskussern lief allein schon vom Zuhören das Wasser im Mund zusammen. Sie fingen an herumzualbern, um ihre Ungeduld zu überspielen. Ein Mann las eine leere Arrakflasche auf und schlug mit einem Löffel den Takt. Frauen klatschten singend in die Handflächen. Ein krüppeliger Greis hob seinen Stock und breitete ächzend einen ad hoc erfundenen Stammbaum aus: »Also schuf Gott Abraham, der einen Sohn nach seinem Ebenbild zeugte. Adam hieß er, der Seth gebar, der wiederum Quenam zeugte, der sechshundert Jahre lebte und eine große Nachkommenschaft zeugte, Mädchen oder Knaben, darunter einen namens Bénérafa, der hier vor uns steht, der seinerseits ...« Er runzelte besorgt die Stirn. »Wie wird der Neugeborene genannt werden, Sohn Bénérafa?« Es herrschte ein solcher Lärm, daß niemand wirklich zuhörte, doch alle drückten ihre Vorfreude auf die dem freudigen Ereignis angemessene Bewirtung aus ...

Als plötzlich die Tür aufging und die Hebamme aus dem Haus trat.

Selbst die Schwalben taten keinen Zwitscher mehr. Man spürte nur noch die Ausdünstungen von sechshundert aufeinander abgestimmten Atemzügen, die Küchengerüche, das billige Parfüm der Ehefrauen Krethi und der Witwen Plethi und das teurere von Madame Kimotos *doudous*. Die laue menschliche Wärme überflutete die Hebamme, die jedoch nur ein paar Sekunden brauchte, um sich in ihrer ganzen Leibesfülle aufzurichten. Sie brach ihre Pantomime ab, gestikulierte mit ihren kleinen, molligen Händen, die nichts von Belang anzudeuten schienen.

»Ich muß mit Ihnen reden«, sagte sie energisch zu Papa.

»Du siehst doch, daß du mich störst!«

»Es ist dringend, Monsieur.«

»Nun, gut …« Papa zog sie in eine Ecke, weit weg von indiskreten Ohren. Die Hebamme stellte sich auf die Zehenspitzen und flüsterte ihm etwas ins Ohr. Er brauchte bloß »Nein!« auszurufen, und schon richteten sich sechshundert neugierige Augenpaare auf ihn: Männeraugen, Kinderaugen leuchteten in der Dämmerung, dunkle gesenkte Frauenaugen, die nicht minder neugierig spähten. Und alle diese Augen warteten auf eine Regung in seinem Gesicht, auf ein aufgelöstes Gesicht, das die Klagen entfesseln würde. »Das ist nicht möglich«, brüllte Papa.

Lieve Joris

Von Palmyra zum Wüstenschloß

Abuna Léon geht an der Spitze, groß, munter, ein kariertes Taschentuch um den Hals gebunden, auf dem Kopf eine komische Strickmütze, die mindestens ebensoviel Heiterkeit hervorruft wie sein Aleppo-Akzent. Am frühen Morgen haben wir uns in geschlossener Formation auf den Weg gemacht, inzwischen aber ziehen wir eine unregelmäßige, gut zwei Kilometer lange gepunktete Linie durch die wellige Wüstenlandschaft, und ab und zu verschwindet ein Teil davon hinter einem Hügel. Ich hatte mir Sorgen wegen meiner Kondition gemacht, aber Pater Léons Wanderer sind keine Fanatiker, und ich brauche mich kaum anzustrengen, um unter den ersten zwanzig zu bleiben.

Ein Dozent der Universität Damaskus, der in Leipzig studiert hat, kommt an meine Seite. Er ist groß und wirkt kräftig, aber das Tempo macht ihm schwer zu schaffen. »So hab ich mir das nicht vorgestellt«, murrt er und wischt sich den Schweiß von der Stirn. »Die Juden sind nach der Vertreibung aus Ägypten vierzig Jahre durch die Wüste gezogen, stell dir das mal vor! Die Armen!« Biblische Bezüge! Ich selbst sehe ständig Lawrence von Arabien vor mir, wie er – bisweilen sterbenskrank – auf seinem Kamel durch die Wüste reitet und am Abend vom Fieber geschüttelt im Sand einschläft.

Der Dozent ist fünfunddreißig, wohnt aber noch bei seinen Eltern. »Es ist nicht einfach, eine Frau zu finden«, sagt er, »das Angebot ist begrenzt.« In Leipzig hat er verschiedene Freundinnen gehabt. Er kann sich nicht mehr vorstellen, ein Mädchen zu heiraten, das er kaum kennt, aber hier ist das der Normalfall. »Man kann nicht einmal Hand in Hand auf der Straße gehen, die Leute wären empört!«

»Hast du in Leipzig keine Frau kennengelemt, die du heiraten wolltest?«

»Nein. Die deutschen Frauen ...« Er seufzt. »Die syrischen Frauen sind doch anders.« Er macht zum ersten Mal so eine Wanderung mit. Will er hier vielleicht eine geeignete Partnerin finden? Möglich wäre es. Als Louise sich zu uns gesellt, hellt seine Miene sich auf. Louise hat mit solchen Touren sichtlich Erfahrung: die richtigen Wanderschuhe, Mütze auf dem Kopf, Radrennfahrer-Tasche um die Taille. Ihre Kümmernisse von gestern abend scheinen wie weggeblasen. Sie schreitet kräftig aus, doch als Pater Léon merkt, daß einige ziemlich weit zurückbleiben, verlangsamt sie ihre Schritte. Kurz darauf sehe ich sie ganz am Ende der Reihe, den Arm um ein Mädchen gelegt.

Ibrahim geht vor mir. Er scheint viele der Teilnehmer zu kennen, nimmt aber nicht an ihren Gesprächen teil. Er ist mit seinen eigenen Gedanken hierher gekommen und geht lieber allein.

Pater Léon führt sein Gepäck mit sich, die meisten anderen haben ihre Sachen im Bus zurückgelassen, der uns unterwegs mit Wasser versorgen soll. Als er gegen Mittag auftaucht, steigt ein erleichterter Seufzer auf. Wir trinken und setzen uns eine Weile in den Schatten. Der Dozent plumpst mit seinem vollen Körpergewicht neben mir auf den Boden.

Etwa zehn der Wanderer steigen in den Bus und bleiben trotzig darin sitzen. Sie haben die Nase voll. Hinter der Scheibe sehe ich das Mädchen weinen, um das Louise den Arm gelegt hatte. »Sie hat gerade eine Depression hinter sich«, sagt Louise, »und als sie losging, kam alles wieder hoch.« Pater Léon hatte schon davon gesprochen: Die Stille in der Wüste bringt viele Menschen aus dem Gleichgewicht. Halb lachend, halb ernst zerrt er ein paar junge Leute aus dem Bus. Sie protestieren lauthals, aber er läßt sich nicht erweichen. Das weinende Mädchen und ein Vater mit seiner kleinen Tochter dürfen sitzen bleiben.

»Die Leute hier sind nicht daran gewöhnt, ihre Reserven zu mobilisieren«, sagt Pater Léon, als wir weitergehen. »Sobald sie müde werden, geben sie auf. Ich möchte erreichen, daß sie dagegen ankämpfen, denn im täglichen Leben machen sie es genauso.« Immer wieder muß ich seine Äußerungen an meinen eigenen Erfahrungen überprüfen. Gibt Hala nicht auch zu schnell auf? Aber liegt das nicht daran, daß alles um sie herum so entmutigend wirkt? Würde ich hier auf die Dauer nicht genauso werden?

Wir laufen und laufen, und mit der Zeit werden wir schweigsamer. Die gleichförmige Landschaft, das Säuseln des Windes zwischen den Hügeln, die erbarmungslose Sonne – bald hat die Stille auch mich in ihrem Griff. Mein Körper bewegt sich wie ein Roboter, Gedanken strömen mir ohne erkennbaren Zusammenhang durch den Kopf, wie bei einem Konzert in einem mucksmäuschenstillen Saal.

Stunden müssen vergangen sein, als ich mich plötzlich neben Ibrahim wiederfinde. »Hast du eine Ahnung, wie weit es noch ist?« Es fängt schon an zu dämmern, und da und dort wird auf Pater Léon geschimpft. Er hat behauptet, wir hätten fünfundzwanzig Kilometer zu gehen, aber wir haben schon eine viel längere Strecke zurückgelegt, und noch immer ist Qasr al-Hair nicht in Sicht. Auch ich habe allmählich genug von diesem mechanischen Marschieren durch den Sand. Wo bleibt denn das verdammte Wüstenschloß?

»Typisch Pater Léon«, grinst Ibrahim. »Er stiftet gern Verwirrung. Der Weg ist immer länger, als er sagt.« Die jungen Leute vor uns haben ein Lied angestimmt. Die Melodie kommt mir bekannt vor, aber ich weiß nicht, wo ich sie unterbringen soll. Ein aktueller ägyptischer Schlager ist es jedenfalls nicht, den würde ich wiedererkennen.

»Weißt du, was die singen?«

Ibrahim lauscht. »Ein Kirchenlied, von Jesus und Maria.«

Jesus und Maria, sieh an, und das ganz spontan, ohne daß *abuna* Léon in der Nähe ist! Der Gesang schwillt an, wird von den Leuten an der Spitze aufgenommen. Wenn Hala mich so sähe, unter dem Mond, der wie eine grelle Lampe am Himmel hängt, hinter einer Gruppe Syrer herziehend, die christliche Lieder singen – sie wäre mehr als befremdet. Trotzdem ist mir das alles irgendwie vertraut. So muß mein Vater früher im Pfadfinderlager gesungen haben, in kurzen Hosen und Kniestrümpfen, einen Schal um den Hals gewickelt.

»Woran denkst du?« fragt Ibrahim.

»An meinen Vater. Der hat in seiner Jugend bestimmt auch solche Lieder gesungen. Aber das ist mindestens fünfzig Jahre her.«

»Willst du damit sagen, daß die Menschen in Europa heute nicht mehr religiös sind?«

»Na, jedenfalls nicht übermäßig.«

Ibrahim hat andere Erfahrungen gemacht. Wenn er mit

Pater Léon in der Schweiz ist, begegnet er vielen gottesfürchtigen Menschen. Ich muß an die Fernsehsendungen des evangelischen Rundfunks denken, die offenen Münder, das überschwengliche Geschmetter. »Wenn man sucht, findet man schon noch gläubige Menschen«, sage ich zögernd, »aber verglichen mit dem hier …«

»Das liegt daran, daß wir uns hier in einer spirituellen Region befinden. Die drei größten monotheistischen Religionen haben hier ihren Ursprung …«

»Sieh mal!« Der Gesang vor uns klingt plötzlich fröhlicher. In der Ferne ist ein Licht aufgetaucht. Mit schnellen Schritten steuern wir darauf zu.

Ein großer Topf mit Suppe brodelt auf einem Gaskocher. Ringsum sitzen etwa fünfzehn vergnügte Leute, die Gruppe, die sich nach unserer zweiten Pause kategorisch geweigert hat weiterzugehen und ungeachtet Pater Léons energischer Proteste im Bus zurückgeblieben ist. Hinter ihnen sieht man die Umrisse von Qasr al-Hair, dem Schloß, das in der Blütezeit der Omayyaden Anfang des achten Jahrhunderts hier erbaut wurde. Nicht lange davor hatten die Omayyaden Ali, den Schwiegersohn des Propheten, besiegt und Damaskus zum Zentrum des islamischen Reiches gemacht.

Wir holen unsere Sachen aus dem Bus, lassen uns an der Schloßmauer nieder und schmunzeln über die Wanderer, die in immer erbarmungswürdigerem Zustand angestolpert kommen. Pater Léon, der das Schlußlicht bildet, wird mit Gejohle empfangen. Strahlend gibt er zu, daß er sich verschätzt hat: Wir haben fünfunddreißig Kilometer zurückgelegt. Morgen müssen wir die ganze Strecke wieder zurücklaufen, jammert jemand, und Pater Léon verspricht, daß wir das letzte Stück im Bus fahren dürfen.

Ibrahim hat eine Tischdecke mitgebracht. Er breitet sie auf dem Sand aus und streicht sie sorgsam glatt. Der Inhalt seiner Kühlbox riecht nicht mehr ganz frisch, aber er serviert die Tomaten, gekochten Kartoffeln und den Käse ebenso zeremoniell wie gestern. Ich leere meinen Rucksack aus und lege meinen kärglichen Beitrag dazu. Pater Léon erscheint mit drei Bechern dampfender Suppe. Ibrahim macht ihm Platz, doch kaum hat Léon sich auf die Fersen gekauert, wird er schon wieder weggerufen.

Ibrahim bleibt in tiefem Schweigen sitzen. »Fangen wir schon mal an?« schlage ich schließlich vor.

»Nein, er kommt bestimmt gleich wieder, seine Suppe steht ja noch da.«

»Na, komm schon, ich hab Hunger!« Ohne ihn anzusehen, beginne ich zu essen. Ibrahim läßt die Augen suchend durch das Dunkel schweifen, bis er Pater Léon entdeckt, der mit seiner Mütze auf dem Kopf neben dem dampfenden Kessel steht und einen Becher Suppe schlürft. »Der kommt nicht wieder«, sage ich, »der ist viel zu beschäftigt.« Zögernd folgt Ibrahim meinem Beispiel.

Wir schlafen zu Füßen des Schlosses, die Frauen in der Mitte, die Männer in einem großen Kreis um uns herum. Pater Léon hält noch eine Messe, aber da bin ich schon längst eingeschlafen.

Wie Gefallene auf einem Schlachtfeld liegen wir in der roten Glut der aufgehenden Sonne. Ich habe mich in meinem Schlafsack aufgesetzt und sehe mich um. Einige andere sind ebenfalls schon wach. Qasr al-Hair sieht bei diesem Licht wie ein Märchenschloß aus. Hohe Mauern, Türme mit Schießscharten und ein schmales Tor. Später gehen wir durch das Tor hinein, und ein paar ganz Übermütige klettern auf die Festungsmauer und winken uns von dort oben lachend zu.

Heute nehmen wir die Route direkt nach Süden, hat Pater Léon beschlossen. Sobald wir die Asphaltstraße nach Tadmur erreicht haben, können wir mit dem Bus weiterfahren. Mit frischen Kräften machen wir uns auf den Weg. Ich bin heilfroh über Salims Schuhe, einfache chinesische Turnschuhe, die sich als sehr viel brauchbarer erweisen als die teuren Sportschuhe vieler anderer Wanderer. Ein Junge hat so schlimme Blasen, daß er auf Strümpfen geht.

Für eine Weile gesellt sich eine italienische Nonne zu mir. Sie wohnt in Al-Hasaka, einer Stadt im Nordosten des Landes, nicht weit von den Ölfeldern, in deren Nähe Hala damals von dem alten Abu Talib bedrängt worden ist. Ihre Erzählungen von Kurden, Christen, Moslems und Beduinen in diesem Grenzgebiet zur Türkei und dem Irak bringen mich ins Träumen. Heute nachmittag, wenn wir an der Asphaltstraße angelangt sind, wird sie sich von uns verabschieden und mit ein paar jungen Leuten per Anhalter nach Al-Hasaka zurückfahren. Soll ich mich ihnen anschließen, ist das nicht meine einzige Chance, in diese Gegend zu kommen?

Den ganzen Vormittag wäge ich die Vor- und Nachteile einer solchen Kursänderung ab und bringe auf diese Weise einiges an Kilometern hinter mich. Doch immer wieder taucht Halas Wohnung vor meinem inneren Auge auf, der kleine Schrank, den sie für meine Sachen frei gemacht hat, das Bett, das immer voller Kleider liegt, die Abende, wenn wir alle drei gebadet haben und sich eine wohltuende Ruhe über das Haus senkt. Hat Hala nicht darauf bestanden, daß ich nach meiner Wüstenwanderung erst einmal nach Hause komme? Wenn ich zu lange wegbleibe, verliere ich sie womöglich. Außerdem hat Ibrahim mich eingeladen, demnächst mit ihm und seiner Frau nach Aleppo zu fahren, wo die beiden eine Wohnung haben.

Um zwei Uhr erreichen wir die Straße, aber von dem Bus ist weit und breit nichts zu sehen. Meine Wasserflasche ist leer und inzwischen habe ich auch die des Dozenten, der in Leipzig studiert hat, bis auf den letzten Tropfen ausgetrunken. Das Murren um uns herum wird immer lauter. »Wo bleibt denn der Bus!« »Du führst uns wohl mal wieder an der Nase herum, *abuna* Léon!«

Wir beschließen, auf einem kleinen Hügel haltzumachen. Menschliche Wracks kommen herangehumpelt: Da ist der Junge, der auf Strümpfen geht, weiter hinten hat jemand starkes Nasenbluten. Während wir noch überlegen, was zu tun ist, fällt ein Junge mit einem riesigen Sombrero, mit dem er die ganze Zeit herumgealbert hat, in Ohnmacht. Aus Stöcken und einem Mantel bauen seine Freunde ihm ein Sonnensegel, jemand schüttet ihm seinen letzten Rest Wasser übers Gesicht, und Louise fächelt ihm mit dem Sombrero Kühlung zu. Ich sehe mir diesen gefällten Baum an und bekomme es mit der Angst zu tun. Was soll aus uns werden, wenn der Bus nicht kommt? Der Dozent späht wie ich in die Ferne und sagt mißmutig: »Erinnerst du dich, wie durstig Jesus am Kreuz war? Das hier ist unser Kalvarienberg.« Aber ein Blick auf Pater Léon beruhigt mich wieder. Er liegt entspannt auf dem Rücken, die Arme unter dem Kopf verschränkt, ein schmutziges Taschentuch auf dem Gesicht. Ich traue ihm zu, daß er darunter lacht.

Judith Lennox

In Mesopotamien

Morgens schien es Alix immer, als dränge die Kälte bis ins Innerste ihrer Knochen. Sie nahm zum Frühstück nur Joghurt und Kaffee, dann machte sie sich an die Arbeit. Sie hatte sich ein Paar fingerlose Handschuhe gestrickt, die es ihr erlaubten, mit dem Zeichnen zu beginnen, noch ehe die aufgehende Sonne ihr Licht über die Wüste warf und die eisige Nachtluft erwärmte.

Sie fertigte Zeichnungen von der Vielzahl von Keramikgegenständen und Werkzeugen aus Flintstein und Obsidian, die die Archäologen mit ihren Geräten unter der Decke aus Staub und Tonscherben hervorholten. Die Keramik war grün glasiert, mit Dreiecken und Schraffierungen verziert, und der dunkle Obsidian schimmerte warm im Sonnenlicht. Vor Tausenden von Jahren, als dieser Teil der Wüste fruchtbares Land gewesen war, war der Euphrat über seine Ufer getreten, und der Schlamm, den der angeschwollene Strom mit sich führte, hatte jeden kleinen Gegenstand überzogen und in Stein gefaßt.

Jetzt dehnten sich die dürren Weiten der Wüste zu beiden Seiten des Lagers. Luftspiegelungen standen flirrend am Horizont. In der ersten Zeit ihres Aufenthalts hier hatte Alix in ihren Träumen diese unwirtliche Wildnis mit Hügeln und Tälern, Bäumen und Wiesen ausgestattet, als könnte ihre Phantasie solche Leere nicht ertragen.

»Mrs. North?« Eine Hand berührte flüchtig ihre Schulter. »Entschuldigen Sie, Mrs. North.«

Sie sah sich um und lächelte. »Ach, Mr. Keates, verzeihen Sie. Ich war meilenweit weg.«

»Kaffee?«

Sie schüttelte den Kopf. »Ich möchte das hier erst fertig machen.«

Aber als sie wieder allein war, legte sie ihr Skizzenbuch aus der Hand und blieb einen Moment lang untätig sitzen, die Knie zum Kinn hochgezogen. Alix *North*, sagte sie zu sich selbst. Du bist jetzt Alix North. Sie dachte an das vergangene Jahr zurück: Die langen, ereignislosen Monate zu Hause bei ihrer Mutter, nachdem sie zu Beginn des Frühlings ihre Arbeit im Lazarett hatte aufgeben müssen. Sie erinnerte sich ihrer Hochzeit im August. Nach der standesamtlichen Trauung ein kleines Mittagessen in einem ruhigen Restaurant. Eine Woche später hatten sie und Edward die lange Reise nach Mesopotamien angetreten. Sie waren mit dem Continental-Expreß nach Neapel gereist, dann mit einem Dampfschiff weiter nach Alexandria, wo sie an Bord eines anderen Schiffes gegangen waren, das sie nach Basra gebracht hatte. Von dort aus schließlich hatten sie zu Pferd die Grabungsstätte erreicht. Diese Saison hatte im September begonnen, sobald die glühende Sommerhitze etwas nachgelassen hatte.

Alix berührte den goldenen Ehering an ihrer linken Hand. Sie war dünner geworden seit der Reise, und er drehte sich lose an ihrem Finger, saß nicht mehr recht.

Im Dezember kam Lord Maycross, Edwards Geldgeber, zu Besuch.

Am Abend vorher hatte Edward gesagt: »Er wird sicher auch graben wollen.«

Tony Keates hatte eine Grimasse geschnitten. »Dann müssen wir ihm einen Platz zuteilen, wo er nicht allzuviel Schaden anrichten kann.«

Das kleine Flugzeug war am Spätnachmittag auf der Sandpiste gelandet. Ockerfarbene Staubwolken hüllten die zerbrechlich wirkenden vibrierenden Tragflächen ein. Lord Maycross im cremefarbenen Leinenanzug mit einem Halstuch aus karminroter Seide kletterte aus dem Cockpit. Unter der ledernen Fliegermütze sahen weiße Haarsträhnen hervor. Er schüttelte Edward die Hand.

»Großartige Arbeit. Großartige Arbeit, mein Junge.«

Während Edward mit Lord Maycross einen Besichtigungsrundgang unternahm, saß Alix im Schatten des Zelts und schraffierte die Bleistiftzeichnung, die sie am Morgen fertiggestellt hatte, mit Tinte. Die anderen Männer gingen wieder an ihre Grabungsarbeiten: Tony Keates und Duffy Hardwick, die Edward aus Oxford kannte, Philippe Levasseur, den er in Ägypten kennengelernt hatte, und Robin Pennant, ein amerikanischer Fotograf. Die arabischen Helfer rasteten im Schatten.

Alix war die einzige Frau auf der Expedition. Die Männer begegneten ihr mit höflicher Distanz und Respekt. Sie war Mrs. North, niemals Alix. Wenn sie sie abends am Feuer reden und lachen hörte, blieb sie in ihrem Zelt, schrieb Briefe, kämmte sich Sand und Staub aus dem Haar.

Zur Feier der Ankunft ihres Mäzens nahmen sie das Abendessen gemeinsam an einem auf Böcken errichteten Tisch unter den Sternen ein. Als das einfache Mahl aus Lamm und Reis aufgetragen war, stand Lord Maycross auf.

»Ich möchte einen Toast ausbringen.«

Duffy Hardwick trommelte mit seinem Glas auf den

Tisch. »Auf untergegangene Städte und unvergleichliche Schätze.«

Jemand rief Bravo, aber Lord Maycross sagte: »Falsch! Auf das junge Ehepaar.«

Gläser klirrten. »Erzählen Sie mir, wie Sie beide sich kennengelernt haben, mein Junge«, sagte Lord Maycross zu Edward. »Ich höre gern romantische Liebesgeschichten.«

»Alix hat mich im Lazarett betreut«, erklärte Edward.

»Und, war er ein angenehmer Patient, Mrs. North?«

»Ein sehr liebenswürdiger Patient.« Alix erinnerte sich Edwards langer Spaziergänge auf dem Gelände von Fallowfield. »Aber rastlos. Er konnte keine Ruhe geben.«

»Er hat sich offensichtlich nicht geändert.«

»Immer noch der unerbittliche Sklaventreiber.«

»Haben Sie sich schon vor Ihrer Heirat für Archäologie interessiert, Mrs. North?«

»Nein, eigentlich nicht«, bekannte sie.

Lord Maycross schien rührselig werden zu wollen. »Ach ja, Edward, mein Junge, das ist wahre Liebe. Ihnen in diesen gottverlassenen Winkel der Erde zu folgen. Sie sind ein Glückspilz.« Wieder hob er sein Glas. »Auf die wahre Liebe.«

Später, als sie zum Zelt zurückging, kam Edward ihr nach. »Entschuldige, Alix. Das alles muß für dich ziemlich peinlich gewesen sein.«

Sie schüttelte den Kopf. »Ach, gar nicht.«

»Freddie ist ein guter Kerl. Aber Taktgefühl ist nicht seine Stärke.«

»Wirklich, Edward, es hat mir nichts ausgemacht.«

Sie schwiegen beide. Er folgte ihr ins Zelt und sagte plötzlich: »Manchmal mache ich mir Vorwürfe, dir gegenüber ziemlich unfair gehandelt zu haben. Deine Lage ist nicht gerade einfach.« Er stieß mit der Stiefelspitze in den Sand. »Ist es schlimm für dich? Bereust du es? Mit mir hierhergekommen zu sein, meine ich.«

Alix zündete den Ölbrenner an und gab einen Löffel des kostbaren Tees, den ihre Mutter ihr bei ihrer Abreise aus England mitgegeben hatte, in eine kleine Kanne. Sie blickte zu den Sternen hinauf, die wie Diamanten auf schwarzem Samt funkelten. »Ach, Edward«, sagte sie leise. »Sieh dir das doch an. Wie könnte ich es bereuen?«

Jeden Abend nach dem Essen unterhielten sie sich auf Betreiben Lord Maycross' mit Gesellschaftsspielen – Scharade und Personenraten, Brett- und Kartenspiele –, und endlos ausgebreitet um sie lag dunkel und konturlos die Wüste. Memory, mit einer blauen Perle, einem Kupfersplitter und einer Keramikblume unter den Löffeln und Münzen und Füllfederhaltern, die auf dem Tablett gesammelt waren.

»Diese verdammten Gesellschaftsspiele«, schimpfte Robin Pennant unterdrückt. »Hat er wahrscheinlich alle von seinem Kindermädchen gelernt.« Aber auch er starrte wie hypnotisiert auf das Tablett und bemühte sich, seinem Gedächtnis jeden einzelnen Gegenstand einzuprägen.

Und sie tanzten. Walzer und Foxtrott und Tango in der Wüste, zu den Klängen des Grammophons, das Freddie Maycross aus England mitgebracht hatte. Alix' Füße glitten im Sand aus; lachend flog sie von einem Arm in den anderen und ließ sich von den Männern herumschwenken. Leere Flaschen häuften sich unter dem provisorischen Eßtisch. Der Rauch aus ihren Zigaretten stieg kräuselnd in die Nachtluft.

Vor der Ankunft Freddie Maycross' waren sie sechs Personen gewesen, die durch Erfahrung, Nationalität und Geschlecht voneinander getrennt waren. Er hatte die Beziehung zwischen ihnen verändert, ganz subtil, beinahe unmerklich zunächst, indem er sie durch sein tolpatschiges Wohlwollen erwärmt, mit seiner Unbefangenheit angesteckt und sie so allmählich zusammengeführt hatte. Nennen Sie mich doch Freddie, hatte er gleich am ersten Tag seines Aufenthalts zu Alix gesagt und ihr seine Freundschaft mit so kräftigem Händedruck angeboten, daß sie meinte, er würde ihr die Knochen brechen. Und sie selbst war jetzt Alix und nicht mehr Mrs. North. Sie gehörte, so empfand sie es, einer Gemeinschaft an.

Freddie bestand darauf, sich an den Grabungsarbeiten zu beteiligen. Edward und Tony verzogen gequält die Gesichter, wenn er mitten in sorgsam angelegte Grabungsfelder hineinsprang und im Sand kniend mit seiner Kelle unverdrossen grub, bis er mit einem Jubelschrei eine Tonscherbe zutage fördern konnte. Er hätte, dachte Alix, auch bei ihren Zeichnungen Hand angelegt, wenn sie es zugelassen hätte. Oft stand er hinter ihr und sah ihr beim Zeichnen zu. Bei jedem anderen hätte sie das unerträglich gefunden. Aber obwohl ihr Stift in seinem Schatten ins Stocken geriet, sagte sie kein scharfes Wort. Er war wie ein Kind, und sie konnte ihm nicht böse sein.

Und sie konnte ihn auch nicht belügen. Als er wieder einmal in Sentimentalitäten über ihre Ehe mit Edward schwelgte, legte sie ihr Skizzenbuch nieder, hakte sich bei ihm ein und schlug vor, sie sollten einen kleinen Spaziergang machen.

Im Schatten der Luftziegelmauern, die vom Sand befreit in Erscheinung zu treten begannen, sagte sie ihm die Wahrheit.

»Es ist eine Vernunftehe, Freddie.«

Zuerst glaubte er ihr nicht. »Ich verstehe gar nicht, was Sie da reden, mein Kind.«

»Ich wollte nicht heiraten, aber Edward bestand auf der Heirat. Er sagte, wir müßten uns trauen lassen, sonst wäre mein Ruf dahin.«

»Na ja, man kann nicht mit einer Horde Männer durch die Welt ziehen, ohne daß die Leute sich das Maul zerreißen, Alix.« Freddie Maycross warf ihr einen forschenden Blick zu. »Aber Sie haben den Jungen doch gern?«

»Es ist keine *Liebe*«, sagte sie bestimmt.

»Gott, was heutzutage für ein Aufhebens um die Liebe gemacht wird! Wenn ein Mann eine Frau gern hat und sie schön findet, reicht das, finde ich, vollkommen.«

»Edward brauchte jemanden, der ihm bei seiner Arbeit helfen konnte, und ich brauchte Arbeit. Das ist alles. Liebe – Leidenschaft – das alles spielt da nicht mit hinein.«

Da er immer noch nicht überzeugt schien, fügte sie hinzu: »Edward hat gesagt, wenn ich einen anderen Mann kennenlerne, wird er sofort in eine Scheidung einwilligen.«

Freddie Maycross wischte sich mit seinem Taschentuch die Stirn. »Scheidung, sagen Sie? Das ist doch gar nicht nötig. Da wird nur ein Haufen schmutzige Wäsche gewaschen. Eine kleine Affäre nebenbei ist viel einfacher. So halte ich das.« Er zog eine Feldflasche heraus und bot sie ihr an. »Sie und Edward sind beide gescheite, ernsthafte Menschen. Vernunftehe ...« Freddie Maycross schüttelte den Kopf. »So ein Unsinn!«

Sie begannen am anderen Ende der Ausgrabungszone zu arbeiten. Die arabischen Helfer trugen die Berge von Sand ab, die sich rund um das alte Mauerwerk angehäuft hatten. Stufen kamen zum Vorschein mit Auftritten aus mächtigen weißen Kalksteinplatten. Starker Wind erhob sich und fegte den Sand zurück über die Ausgrabungen, drohte mit einem einzigen boshaften Atemstoß wieder zuzudecken, was freizulegen sie Wochen gebraucht hatten. Alix kniete mit gesenktem Kopf im Sand und zeichnete. Der Wind zerrte am Papier und wollte ihr den Strohhut vom Kopf reißen. Edward schritt, das Gesicht durch einen weißen Seidenschal geschützt, das Grabungsgebiet ab und rief den Arbeitern seine Anweisungen zu. Alix sah die Erregung in seinen Augen, als er neben ihr niederkauerte, um die Skizzen durchzublättern.

In den folgenden Tagen legte sich der Wind, und sie gingen von neuem daran, die Sanddecke abzutragen. Zwischen der Treppe und der Mauer entdeckten sie Schätze: Säulen aus dunklem Holz, das mit Perlmutt eingelegt war; Kupferreliefs von Stieren und Adlern; Bruchstücke von Mosaiken. Begeisterung belebte Edwards Züge, und seine Stimme war voll Leidenschaft, wenn er mit Alix über die Funde sprach. Er ließ Zelte über der Ausgrabungsstätte errichten, und sie trafen Vorbereitungen, um den Rest des Reliefs herauszuheben. Alix half Edward, die Spuren von Sand und erstarrtem Schlamm zu entfernen, die an dem brüchigen Metall hafteten. Die Kupferteilchen bröselten unter seiner plumpen linkshändigen Berührung, und er warf seine Kelle weg. Dieser verdammte Arm, murmelte er zornig im Davongehen. Sie hörte ihn husten und drehte sich herum. Er stand gekrümmt an die alte Treppe gelehnt.

Am Abend kam er nicht zum Essen. Alix hörte ihn husten, noch ehe sie die Zeltklappe aufgezogen hatte. Er schüttelte den Kopf, als sie ihm Kodein und Morphium anbot; sie machte ihm statt dessen Zitrone mit Honig, schob ihm Kissen und Polster in den Rücken, damit er aufrecht sitzen und trinken konnte.

Er lachte ein wenig. »Ich komme mir vor wie einer dieser alten sumerischen Herrscher. Gleich werde ich mit den Fingern schnalzen und Tänzerinnen kommen lassen.«

Sie fand, daß er erschöpft aussah. »Vielleicht«, sagte sie vorsichtig, »solltest du dir eine Weile Ruhe gönnen, Edward. Die Arbeit ein paar Tage sein lassen.«

»Das geht nicht. Es gibt zuviel zu tun. Ende Mai wird es zu heiß, um weiterzuarbeiten. Und Freddie wird die nächste Saison nur finanzieren, wenn wir Ergebnisse vorweisen können, die mehr versprechen.«

»Du solltest etwas essen.« Alix entsteinte Datteln und richtete sie ihm klein zerteilt auf einem Teller an.

Er lächelte wieder. »König Hammurabi, umgeben von seinen Bediensteten.«

»Unsinn.« Aber auch sie lächelte.

»Hast du eigentlich das Buch gelesen, das ich dir gegeben habe? Hammurabis Gesetzessammlung?«

»Furchtbar streng, findest du nicht?«

»Für die damaligen Zeiten nicht. Die waren verhältnismäßig aufgeklärt.« Edward lehnte sich in die Polster zurück und zitierte: »Wer einem anderen einen Knochen brach, mußte zur Strafe sechzig Silberschekel bezahlen … Wer einem anderen den Fuß abschnitt, mußte zehn Silberschekel bezahlen.« Er schwieg einen Moment. »Welchen Preis hatte wohl ein verlorener Arm, was meinst du, Alix?«

Welchen Preis, dachte sie, hatte ein verlorenes Kind. Sie wandte sich ab und begann das Teegeschirr aufzuräumen.

»Die Erbgesetze waren ziemlich zivilisiert«, fügte er hinzu. »Eine Witwe hatte das Recht, bis zu ihrem eigenen Tod im Haus ihres Mannes weiterzuleben. Nicht jeder Witwe werden heutzutage solche Rechte eingeräumt. Ich habe dir Owlscote hinterlassen, Alix. Ich habe vor unserer Abreise aus England mein Testament geändert.«

»Edward …«

»Sag nichts. Es ist sonst niemand da. Ich bin der letzte meiner Familie.«

»*Deswegen* habe ich dich nicht geheiratet«, sagte sie.

»Das weiß ich doch. Und das Haus ist wahrscheinlich mehr Last als Segen. Aber es wird dir gehören.« Er hielt inne und sah sie einen Moment schweigend an. »Ich möchte, daß du es bekommst, Alix. Ich kenne niemanden, den ich lieber in diesem Haus wüßte, wenn ich tot bin.«

»Sprich nicht so, Edward. Du wirst wahrscheinlich hundert Jahre alt werden.«

Er runzelte nachdenklich die Stirn. »Ich hätte das Haus mit allem, was dazugehört, wahrscheinlich verkaufen sollen, aber ich habe es einfach nicht über mich gebracht. Ich schaffe es nicht, dorthin zurückzukehren, und ich schaffe es nicht, es zu verkaufen – ist das nicht lächerlich? Ich hätte vor unserer Abreise mit dir hinfahren sollen, Alix, dann hättest du gesehen, daß es kein großartiges Erbe ist. Im Salon haben sich inzwischen wahrscheinlich Fledermäuse eingenistet. Das Haus steht leer, seit Rory 1917 gefallen ist.« Edward kniff die Augen zusammen. »Aber es hat schon härtere Zeiten überstanden. Den Bürgerkrieg … die Pest … Der Ort soll schon zu Ethelreds Zeiten besiedelt gewesen sein.« Er sah, daß ihr das nichts sagte. »Ethelred war ein angelsächsischer König. Haben sie dir denn in der Schule gar nichts beigebracht?«

»Ich bin rausgeflogen.«

Er sah sie ungläubig an. »Ehrlich?«

»Ehrlich. Als kleines Mädchen bin ich in die Dorfschule gegangen. Da hat uns eine nette alte Lehrerin Handarbeits- und Religionsunterricht gegeben. Dann kam ich aufs Internat, aber ich wurde schon im ersten Jahr ausgeschlossen.«

»Was hast du denn getan?«

»Ich hab ein paar wenig schmeichelhafte Bilder von den Lehrern gezeichnet.«

Er lachte.

»Danach hat mein Vater mich unterrichtet – in Zeichnen und Naturkunde. Du siehst also, Geschichte habe ich nie gelernt.«

Er nahm ihre Hand. »Ich höre dich so gern reden, Alix. Ich brauche nur deiner Stimme zuzuhören, und schon geht es mir besser.«

Sie las ihm vor. In der Enge des Zelts saß sie neben ihm und blätterte Seite für Seite um. Als nach einiger Zeit sein Kopf an ihre Schulter sank, blieb sie still sitzen. Und schließlich schlief auch sie ein.

Alix zeichnete das Mosaik. Sie fertigte eine genaue Karte der Steinchen an, die in den erhärteten Schlamm eingelassen waren. Ein halbes Dutzend weißer Vögel flog vor einem dunklen Himmel. Überall auf dem Grund des Grabungsfelds lagen Mosaiksteinchen verstreut. Sie versuchte sie zusammenzufügen, um das Bild zu vollenden. Wie ein Puzzle, dachte sie, wie ein riesiges Puzzle, bei dem die Hälfte der Teile fehlt.

Edward, der sich wieder ganz erholt hatte, arbeitete Seite an Seite mit ihr. Sein scharfes, geschultes Auge entdeckte Verbindungen, die sie übersah. Seine Erregung war ansteckend, und wie er verspürte sie Freude und ein Gefühl des Triumphs, als Steinchen um Steinchen seinen richtigen Platz fand.

Im Licht ihrer Taschenlampen, die die Bilder und Muster erleuchteten, arbeiteten sie bis spät in die Nacht hinein. Im Angesicht der gewaltigen Vergangenheit, die sich ihnen offenbarte, konnte sie ihre eigene Vergangenheit in angemessener Relation sehen. Die langen Tage waren ein Ineinanderfließen von Erschöpfung und Glück.

Als Freddie Maycross nach London zurückflog, nahm er eines von Alix' Skizzenbüchern und eine Keramikblume mit. Sie ging mit ihm zu seiner Maschine. Nachdem er ins Cockpit geklettert war, beugte er sich zu ihr hinunter und rief: »Der Junge liebt Sie abgöttisch, Alix.«

Der Motor des Flugzeugs brummte laut, und der Wind heulte um das Lager wie ein hungriges wildes Tier. Sie glaubte, ihn nicht richtig verstanden zu haben, und legte eine Hand an ihr Ohr.

»Ich hab gesagt«, schrie er, »daß Edward Sie liebt.«

Tony Keates stand bereit, um den Propeller anzuwerfen. Alix trat zurück. Ihre Erwiderung – »das ist ja lächerlich, Freddie« – ging im Motorenlärm unter.

Sie sah dem sich entfernenden kleinen Flugzeug lange nach und kehrte dann nicht gleich zu den Ausgrabungen zurück. Irgendwo am Rand des Lagers blieb sie stehen und erinnerte sich: wie Edward im Zelt ihre Hand ergriffen hatte; wie sein Kopf an ihre Schulter gesunken war, als er einschlief; und wie sie selbst ihre Wange in sein Haar gedrückt hatte. *Ich habe dir Owlscote hinterlassen*, hatte er gesagt.

Wenn sie jetzt neben ihm im Sand kniete, während sie gemeinsam die Mosaiksteinchen sortierten, nahm sie jede flüchtige Berührung, jedes kurze Aneinanderstoßen ihrer Ellbogen oder Sich-Kreuzen ihrer Finger wahr. Ihre Haut brannte im Kontakt mit der seinen. Manchmal am Abend, wenn sie nach dem Essen redend und lachend beieinander saßen, drehte sie den Kopf und warf ihm einen Blick zu, und dann sah sie, daß er sie nicht aus den Augen ließ. Wenn er ihr vorlas, konnte sie sich nicht länger auf die

Worte konzentrieren, sondern war sich statt dessen ihrer eigenen Körperlichkeit bewußt, ihres Haars, das an ihrer Wange lag, der geschwungenen Linien ihres Busens und ihrer Hüfte. Sie liebte es, seine gedämpfte Stimme zu hören, seinen Blick, der immer wieder von den Buchstaben zu ihr flog, auf sich zu fühlen. Allein in ihrem Zelt, nahm sie ihren kleinen Handspiegel und musterte jeden Teil ihres Gesichts für sich – Nase, Augen, Mund –, nicht fähig, die einzelnen Teile miteinander zu verbinden, nicht fähig zu entscheiden, ob sie ansehnlich waren oder nicht.

Als sie tiefer in den gehärteten Schlamm gruben, stießen sie auf die Kalksteinskulptur eines Mannes. Im Rükken des Standbilds war eine Inschrift eingeritzt. An diesem Abend feierten sie. Unter dem weiten, leeren Himmel über der Wüste tranken sie Champagner und aßen Kaviar aus der Dose.

»Auf Mesanepada …«

»… König von Ur …«

»Er wird in der sumerischen Königsliste erwähnt, weißt du, Alix.«

»Durch ihn lassen sich die Funde hier datieren.«

»Da wird der gute alte Freddie ganz sicher die Moneten für die nächste Saison ausspucken.«

Freddie hatte ihnen sein Grammophon dagelassen. »Rosen aus der Picardie« dudelte es unaufhörlich, der gewaltigen Stille zum Trotz, die die kratzigen dünnen Töne zu verschlucken drohte. Alix tanzte mit jedem der Männer. Sie sah sich in Tonys blauen und Robins braunen Augen gespiegelt. Duffy faßte sie mit fester Hand um die Taille, Philippe streichelte mit seinen langen Fingern ihren Nacken.

Alix nahm Edward bei der Hand und zog ihn von seinem Stuhl hoch.

»Ach, ich war nie ein guter Tänzer«, sagte er. »Und so schon gleich dreimal nicht …« Er schnitt eine Grimasse und griff sich an den leeren Ärmel.

Sie sagte nichts. Sie lächelte nur und zog ihn mit sich. Ihre Füße bewegten sich im Walzertakt. Schwindlig vom Champagner stolperten sie und lachten. Als sie den Kopf hob, küßte er sie. Sie schloß die Augen, und ihr war, als versänke sie in dunklem Entzücken. Tiefer und tiefer sank sie, Schätze umgaben sie, glitzernd, alle Sinne bannend.

Er trat von ihr weg. »Entschuldige, Alix. Es tut mir leid. Der Champagner …« Er ging davon.

Aber sie lief ihm nach. »Edward!« rief sie.

Er drehte sich herum, hielt inne, sah zu ihr zurück.

»Es tut mir leid, Alix«, sagte er wieder. »Ich weiß – ich weiß, daß *das* nicht zu unserer Vereinbarung gehört.«

Wieder eilte er davon. Sie holte ihn am Rand des Lagers ein, wo das Licht des Feuers in der leeren Dunkelheit unterging.

Sie sagte klar und deutlich: »Die Vereinbarung paßt mir nicht mehr, Edward.«

Er starrte sie an. In der sternenklaren Nacht waren seine Augen dunkel wie Schiefer. Sie schob ihre Hand in die seine und drückte ihre Stirn an seine Schulter. »Die Vereinbarung paßt mir nicht mehr, Edward«, sagte sie ein zweites Mal.

Er ließ ihre Hand los und drehte sich ganz herum. Er umschlang sie mit seinem Arm und drückte sie an sich. »Alix! Alix – ist das dein Ernst?«

Sie drückte ihren Mund in die Mulde seines Halsansatzes.

»Ich kann nicht glauben …« Er brach ab.

Sie sah zu ihm hinauf. »Was kannst du nicht glauben?«

Er sagte einfach: »Daß du mich lieben kannst. Ich kann nicht glauben, daß mir solches Glück widerfährt.«

»Ich liebe dich, Edward. Ich liebe dich.« Sie sprach die Worte immer wieder und verkündete dem Sand und dem Himmel lachend ihr neugewonnenes Glück.

Sie gingen in Edwards Zelt. Sie spürte den schnellen Schlag seines Herzens; roch den leicht salzigen Duft seiner Haut; hörte im überwältigenden Schweigen der Wüste das Rascheln von Stoff. Seine Hand glitt bedächtig über ihre nackte Haut, seine Fingerspitzen liebkosten ihren Busen. Er drückte seinen Mund auf ihr Gesicht, ihren Hals, ihren Körper. Ein Feuer sprang in ihr auf, das danach lechzte, gestillt zu werden. Und als er ihren glatten, sanft gerundeten Bauch küßte, warf sie den Kopf zurück und schloß die Augen, nicht bereit, sich länger der Lust zu verschließen, die beinahe so heftig brannte wie Schmerz.

Matschs Herz wird von einem dumpfen Gefühl ergriffen. Sie späht schnüffelnd durch die Finsternis. Außer Knick, der inzwischen unter seiner Mutter liegt, scharren alle im Boden nach Wurzeln.

Sie-Schreit steht dicht bei Sumpf und wirkt ganz ruhig, was nur bedeuten kann, daß nichts passiert ist, während Matsch in ihre Vision versunken war. Sie-Schnaubt hat offenbar geschwiegen. Wieso? Wieso hat sie nicht darauf reagiert, als Sie-Schreit behauptet hat, für Dattelbett bestünde keine Hoffnung mehr? Natürlich atmet auch Sie-Schnaubt die beruhigenden Unterdüfte ein, aber das allein dürfte sie, nach Matschs Ansicht, wohl kaum davon abgehalten haben, auf die ungeheuerlichste Bemerkung zu reagieren, die Sie-Schreit je gemacht hat.

Matsch geht zur Matriarchin und streift an ihrem Bauch entlang. Sie-Schnaubt zieht weiter an einem Wurzelstrang, so als habe sie Matsch nicht bemerkt, und Matsch bringt es nicht über sich, etwas zu sagen. Sie stellt sich neben Sie-Schreit und beginnt mit den Stoßzähnen in der Erde zu graben, während sie lautlos über das Bild der toten Sie-Schreit weint – den zerschmetterten Schädel, den aufgequollenen Körper aus ihrer Vision. Sie-Schreit, die Matschs Kummer wittert (und ihn zweifellos, egal was für einen Grund er haben mag, für weniger berechtigt hält als ihren eigenen), prustet verärgert, und Matsch empfindet es geradezu als quälend, daß Sie-Schreit sich in ihrer Unwissenheit über ihr Schicksal genauso erbärmlich verhält wie üblich.

Nach einigen Stunden beginnt Sie-Schnaubt wortlos, an einer Stelle die Steine beiseite zu räumen, um ein Bett zu bereiten. In den ersten Nächten, nachdem sie aufgebrochen waren, haben sie, wie üblich, dicht zusammengedrängt geschlafen. Nun, da sie sechzehn Tage unterwegs sind, haben sie sich angewöhnt, nebeneinander zu schlafen – Sie-Schreit am einen Ende, daneben Sumpf, dann Hagelkorn, Sie-Schnaubt, Knick und Sie-Schützt. Matsch liegt am anderen Ende, neben Sie-Schützt, und die Lücke, die sie zwischen ihnen beiden läßt, ist kein weiterer Beweis für ihre Unnahbarkeit, auch wenn das die anderen bestimmt vermuten, und auch kein Anzeichen für den Ekel, den der scheußlich riechende Augenpfropfen der Medizinkuh bei ihr verursacht. Nein, in der Lücke würde Dattelbett schlafen, wenn sie hier wäre. Dort wird sie schlafen, wenn sie zurückkehrt.

Die großen Kühe schnarchen nur selten. Heute jedoch tun sie es – sie bilden einen mißtönenden Chor, mit Sie-Schreit als Solistin. Jedes Ausatmen von Sie-Schreit beginnt mit einem unglaublich hohen, vibrierenden Ton, der dann in die Tiefe stürzt, so als würde er von einer hohen Klippe fallen, und Matsch denkt: »Jeder Atemzug ist für sie jetzt kostbar.« Für Matsch ist es unvorstellbar, Sie-Schreit von der Vision zu erzählen (... Rüsselhälse haben sich über das Innere deines Schädels hergemacht). Unvorstellbar, es überhaupt irgendwem zu erzählen. Wenn Sie-Schnaubt es wüßte, würde sie das Verhalten von Sie-Schreit vielleicht eher hinnehmen, aber Matsch kann den Gedanken nicht ertragen, daß Sie-Schnaubt möglicherweise erleichtert wäre. Nein, das ist nicht die ganze Wahrheit. Sie kann den Gedanken nicht ertragen, daß sie, sollte sie bei der Matriarchin Erleichterung spüren, vielleicht dasselbe Gefühl bei sich selber entdecken würde.

Es gibt nichts, wonach sie sich richten könnte. Zum ersten Mal hat sie eine Vision von einem toten Mitglied ihrer Familie gehabt, und Sie-Schaut sprach nie über solche Visionen, zumindest nicht in Gegenwart der Kälber. Und es ist auch nicht so, als könne sie, indem sie jemandem erzählt, was sie gesehen hat, verhindern, daß es eintritt. Davon ist Matsch überzeugt, und sie fragt sich, wieso dann die Zukunft überhaupt jemandem gestattet, einen Blick auf sie zu werfen. Bloß damit die Betroffenen sich darauf gefaßt machen können? Wenn ja, dann müßte Matsch es Sie-Schreit erzählen.

Aber das wird sie bestimmt nicht tun. Und sie wird auch nicht schlafen können. Sie liegt grübelnd da. Wann wird Sie-Schreit sterben? (Nach ihrem Aussehen zu urteilen – ihren Stoßzähnen, ihrem ausgemergelten Körper – wird es nicht mehr lange dauern.) Sie fragt sich, wieso Sie-Schnaubt nicht wütend geworden ist, als Sie-Schreit sagte, Dattelbett könne nicht mehr am Leben sein, und ob jenseits der Ränder ihrer Vision vielleicht noch weitere Kadaver lagen. Ab und zu ballt sie in einem Ritual, das sie so regelmäßig und unbewußt vollführt, wie sie den Blick über den Horizont schweifen läßt, ihre Gedanken zusammen, bis sie Form und Geruch von Dattelbett annehmen, allerdings nicht einer speziellen Erinnerung an sie, sondern eines perfekten Bilds, das sie dann im Geiste aussendet, damit es Dattelbett hilft, Mut zu fassen.

Sie schläft schließlich doch ein, und als sie im Morgengrauen aufwacht, sind alle anderen schon auf den Beinen.

Ein Geruch von Nervosität liegt in der Luft, so dick wie Qualm. »Ich rieche sie nicht«, sagt Sie-Schnaubt. Sie schüttelt, von allen anderen abgewandt, Erde von einem Knäuel Wurzeln.

»So ein Unsinn!« trällert Sie-Schreit.

»Ich höre sie nicht«, sagt Sie-Schnaubt.

Von Sie-Schützt ertönt ein gezwungenes Lachen. »Du mußt die Kuh doch hören können.«

»Ihre Worte sind hohles Getöse.« Sie-Schnaubt schaut über die Schulter und fixiert Sie-Schreit. »Sie ist diejenige, die tot ist.«

Matsch denkt: »Sie hat meine Gedanken gehört und weiß, daß Sie-Schreit bald sterben wird.« Aber sofort wird ihr klar, daß es unmöglich so sein kann. Wenn Sie-Schnaubt Gedanken hören könnte, dann wäre Dattelbett tot, und wenn Dattelbett tot wäre, dann würde Sie-Schnaubt wehklagend auf dem Boden knien.

»Eine Ungeheuerlichkeit!« ruft Sie-Schreit.

Sie-Schnaubt kaut die Wurzeln und wedelt mit dem Schwanz.

»Willst du sie verbannen?« röhrt Sie-Schützt.

»Wen meinst du?« fragt Sie-Schnaubt gelangweilt.

»Sie-Schreit!«

»Bei uns gibt es keine Sie-Schreit!«

Die Medizinkuh schaut Sie-Schreit fassungslos an.

»Das stimmt doch gar nicht«, sagt Knick mit besorgter Stimme. Er berührt Sie-Schreit am Bein. »Hier steht sie.«

Sie-Schnaubt schnaubt. »Das«, sagt sie, »ist eine Erinnerung.«

Sumpf grunzt belustigt, und seine Mutter versetzt ihm einen Schlag auf den Kopf. »Das könnte dir so passen!« kreischt sie. »Wenn ich bloß eine Erinnerung wäre, dann könnten du und dein Liebster« – sie schleudert ihren Rüssel in Hagelkorns Richtung – »abhauen, ohne euch um mich sorgen zu müssen, und eure eigene fröhliche kleine Junggesellenherde gründen.« Sie bricht in Tränen aus. Jedenfalls bin ich keine Erinnerung. Und ich lasse mich nicht verbannen!« Sie wendet sich an Matsch. »Das ist alles deine Schuld!«

»Meine Schuld?«

»Du hast mich dazu gebracht, es zu sagen.« Sie senkt ihre Stimme und bemüht sich um einen begriffsstutzigen Tonfall – wie immer, wenn sie Matsch imitiert. »Was ist sie? Was? Was wolltest du über Dattelbett sagen?«

Sumpf seufzt. »Jetzt übertreibst du aber, Mutter.«

»Du bist ein Eindringling!« trompetet Sie-Schreit Matsch ins Gesicht.

»Nein, nein!« brüllt Sie-Schützt. »Es reicht jetzt!« Sie wickelt ihren Rüssel um den Rüssel von Sie-Schreit.

Sie-Schreit windet sich los. »Wenn überhaupt jemand verbannt werden sollte, dann sie.« Sie schaut über Matschs Kopf hinweg. »Bei uns gibt es keine Sie-Schmollt«, verkündet sie.

»Schluß mit dem Unfug!« röhrt die Medizinkuh. Sie schaut erst Sie-Schnaubt an, die friedlich im Boden stochert, dann Sie-Schreit und schließlich Matsch.

»Bei uns gibt es keine Sie-Schmollt«, wiederholt Sie-Schreit im Tonfall einer offiziellen Bekanntmachung und geht, die Hüften schwingend, auf die andere Seite der Krotonbäume.

»Das geht vorüber!« röhrt Sie-Schützt. »Wir alle werden das überstehen!« Sie streicht Matsch über den Kopf »Sie-Schützt ist hungrig! Du nicht?«

Matsch schaut die Medizinkuh an – ihren freundlichen, erwartungsvollen Gesichtsausdruck, ihre Augenhöhle mit der stinkenden Füllung, ihr gesundes Auge … weit geöffnet, der Blick ohne Arglist –, und sie schüttelt den Kopf. Ja, sie ist hungrig, aber nein, es wird nicht vorübergehen. Sie werden es nicht überstehen, jedenfalls nicht alle.

»Aber ich bin hungrig«, sagt Knick schluchzend.

»Dann steh auf.« Sie-Schützt zieht ihn von den Knien hoch und streckt ihre Vorderbeine aus, damit er bei ihr trinken kann.

Das Morgenlicht ist dunstig und erzeugt Trugbilder. Im Osten sieht Matsch leuchtende Flächen, und sie würde schwören, daß es Seen sind. Solche Seen sind ein günstiges Zeichen. Mit dem Gefühl, unverwundbar zu sein, geht sie ein Stück bis zu einer Felsplatte und sendet einen Infraschallruf an Dattelbett. Sie wartet einen Moment und beschließt dann, Dattelbetts Theorie, daß der Boden bei schlimmen Dürren Infraschallrufe nicht weiterleitet, weil ihm zu viel Feuchtigkeit entzogen ist, zu überprüfen, und sie sendet einen Ruf an Sie-Schnaubt. Die Matriarchin reagiert nicht, aber das kann auch an der kurzen Übertragungsentfernung liegen.

Matsch bleibt eine Weile dort stehen und betrachtet ihre Familie. Sie kommen ihr alle kaum vertrauter vor als Hagelkorn. Untereinander gleichen sie sich hingegen (abgesehen von Hagelkorn) und scheinen eine abgeschlossene Einheit zu bilden, an der Matsch niemals wird teilhaben können.

»Ich bin wirklich ein Eindringling«, denkt sie, leicht erstaunt darüber, daß sie diese Erkenntnis ausgerechnet Sie-Schreit verdankt. Sie-Schreit, der Verbannten, die dem Tod geweiht ist. Wie sie es eines Tages alle sein werden, dessen ist sich Matsch vollkommen bewußt. Aber in ihrer Vision hat sie keine weitere Leiche gesehen, und sie kann sich auch niemanden von den anderen tot vorstellen. Nur Sie-Schreit gesteht sie jene Klarsicht zu, die, wie sie vermutet, das zeitweilige Privileg selbst der Dummen und Lächerlichen unter den Todgeweihten ist.

Die Gesetze der Verbannung sind, wie sich herausstellt, dehnbar. In besseren Zeiten mag das anders sein, wer weiß (Sie-Schützt sagt, dies sei der erste Fall von Verbannung in dieser Familie). Aber wenn das Land selbst so unbarmherzig ist wie jetzt, geben seine Bewohner ein wenig von ihrer Strenge auf.

Wenn Sie-Schreit »Halt!« kreischt, weil die Bullen zu weit zurückgefallen sind, läßt Sie-Schnaubt die anderen anhalten. Wenn Sie-Schreit jedoch »Halt!« kreischt, weil sie einen ihrer Anfälle hat, marschiert die Matriarchin, sobald ihr der Grund für das Gekreische klar ist, weiter, und da sie die Matriarchin ist, folgen ihr die anderen. Wenn Sie-Schreit spricht, hören natürlich alle, was sie sagt, aber nur Knick, der noch nicht begreift, was los ist, sieht aus, als lausche er ihren Worten, und niemand antwortet auf ihre Fragen. »Wir alle müssen der Matriarchin Respekt entgegenbringen!« brüllt Sie-Schützt beispielsweise. »Wenn die großen Kühe etwas befehlen, gehorchen die kleineren Kühe!« Damit will sie Sie-Schreit klarmachen, daß sie mit ihr reden würde, wenn sie dürfte. Sie-Schreit kreischt: »Unsinn!« Sie beschuldigt jeden, einschließlich der Medizinkuh, dankbar über die Möglichkeit zu sein, sie mit Mißachtung zu strafen. »Also wirklich!« entgegnet Sie-Schützt entrüstet und schlägt sich dann selber ins Gesicht, aus Scham über ihre direkte Reaktion auf die Worte einer verbannten Kuh. Und dennoch mustert sie weiterhin die rissige Haut von Sie-Schreit und brummt dann, wie zu sich selber, daß rissige Haut mit Akaziengallen eingerieben werden sollte, und daß Geierkot die Fußsohlen abhärtet.

Da Matsch von Sie-Schreit verbannt worden ist, spricht

die ältere Kuh sie nicht an, erwartet nicht von ihr, für sie einzutreten, und würde es ihr auch nicht danken, wenn sie es täte. Was zu schade ist. Seit sie eine Vision von Sie-Schreits Tod gehabt hat, ist Matsch eher geneigt, ihre Streitsucht und ihre lächerlichen Wutausbrüche zu dulden und für sie Partei zu ergreifen. Zum ersten Mal in ihrem Leben bewundert sie Sie-Schreit beinah, sie bemitleidet und bewundert sie, und diese Gefühle haben nur wenig damit zu tun, daß die Tage der älteren Kuh gezählt sind. Gerührt ist sie vielmehr, weil Sie-Schreit in der Familie einen so schweren Stand hat und sich dennoch standhaft weigert, diese Situation hinzunehmen, auch wenn diese Weigerung bedeutet, ständig einen peinlichen Tanz aufführen zu müssen, für den sie noch nicht einmal Spott erntet. Sie-Schreit schaut in die eine Richtung, sieht Matsch und behandelt sie wie Luft. Sie schaut in die andere Richtung und sieht die Matriarchin, die sie selber genauso behandelt. Sie packt den Rüssel ihres Sohns, aber für ihn ist sie derart körperlos, daß er sich noch nicht einmal von ihr losreißt. Sie befiehlt Hagelkorn, der als junger Bulle und Gast der Familie ihr gegenüber zu Höflichkeit verpflichtet ist, ihr auf eine Frage zu antworten, und er senkt entschuldigend den Kopf. Sie pustet ihm Sand ins Gesicht. Sumpf bläst den Sand weg. Sie weint und bittet Hagelkorn um Vergebung. Sie schaut Knick an und wackelt mit den Ohren. Er lacht, woraufhin sie mit schriller Stimme »Ach, du mein Süßer!« ruft und ihm damit Angst einjagt. Sie läuft voraus, den Kopf erhoben, den Rüssel erhoben und tut dabei ganz lässig und gleichgültig, kommt aber zurückgerannt, sobald Wasser gefunden wurde. »Ich bin als nächste dran!« brüllt sie. Und sie bekommt ihren Willen. Wenn es nur ein Wasserloch gibt, trinkt zuerst die Matriarchin und dann die nächstgrößere Kuh, egal (so scheint es) ob es sie nun gibt oder nicht. Sie legt sich hin, den Rüssel in Richtung ihres Sohns ausgestreckt, und murmelt in die Dunkelheit: »Ich bin hier, Sumpf, deine Mutter ist hier.«

Was für sie alles noch schlimmer macht, ist, daß Matschs Verbannung durch sie nur von ihr selber befolgt wird. »Redet nicht mit ihr!« befiehlt sie Sumpf und Knick und Hagelkorn. »Faßt sie nicht an!« Aber sie tun es trotzdem. Die Regeln werden nicht von Sie-Schreit gemacht. Sie wird immer hysterischer. »Schaut euch mal Hagelkorn an«, ruft sie. »Er redet mit jemandem, der gar nicht da ist!« Sie stellt sich in Matschs Schatten und sagt: »Ist das nicht merkwürdig! Hier ist der Schatten einer Kuh, obwohl gar keine Kuh da ist!« Sie bricht in johlendes Gelächter aus. Oben in der Luft kreisen Geier. Hasen rennen in die Steppe hinaus.

Die Autoren

Michael Asher war Fallschirmjäger, Lehrer und Entwicklungshelfer im Sudan, bevor er Schriftsteller wurde. Fünf Tage nach der Heirat mit seiner italienischen Frau Mariantonietta Peru, einer Arabistin und Fotografin, brach er mit ihr zur knapp 7000 km langen Hochzeitsreise per Kamel in die Sahara auf. Der Bericht über diese aufregenden Flitterwochen erschien unter dem Titel »Zu zweit gegen die Sahara« (dt. 1993).

Ingeborg Bachmann, geb. 1926 in Klagenfurt, gest. 1973 in Rom. Die Lyrikerin, Erzählerin und Essayistin lebte nach Aufenthalten in München und Zürich viele Jahre in Rom. 1952 erste Lesung bei der Gruppe 47. 1953 erschien ihr erster Gedichtband »Die gestundete Zeit«, 1956 »Anrufung des Großen Bären«; 1961 der Erzählungsband »Das dreißigste Jahr«, 1971 »Malina«, der einzige zu Lebzeiten der Autorin veröffentlichte Roman. Zahlreiche Literaturpreise, u.a. Büchner-Preis und Großer Österreichischer Staatspreis. Ingeborg Bachmann zählt zu den bedeutendsten Dichterinnen der Gegenwart.

Bruno Baumann, geb. 1955 in der Steiermark, studierte Ethnologie und Geschichte und gilt als einer der besten Tibet-Kenner. Er bereiste ausgiebig den Himalaya und das höchste Gebirge der Sahara, das Tibesti. 1994 gelang ihm die Durchquerung der Wüste Gobi zu Fuß. Baumann lebt als Autor, Fotograf und Filmemacher in München. Zuletzt veröffentlichte er »Karawane ohne Wiederkehr. Das Drama in der Wüste Takla Makan« (2000) über seine Expedition auf den Spuren Sven Hedins.

Calixthe Beyala, geb. 1961 in einem Armenviertel von Duala/Kamerun, ging mit 17 Jahren nach Frankreich und studierte dort und in Spanien. 1987 erschien ihr erster Roman, »Wen die Sonne liebt, den tötet sie« (dt. 1989). Auf deutsch liegen von ihr außerdem vor: »Der kleine Prinz aus der Vorstadt«, »Nahes, fernes Afrika« und »Jenseits von Duala«. Calixthe Beyala lebt in Paris.

Tania Blixen, eigentl. Karen Blixen-Finecke, geb. 1885 in Dänemark als Karen Dinesen, gest. 1962. Sie studierte in Kopenhagen, Paris und Rom Malerei. Nach der Heirat mit dem schwedischen Baron Bror Blixen siedelte sie 1914 nach Kenia über, wo das Ehepaar eine Kaffeefarm übernahm. 1931 kehrte Tania Blixen, die auch unter dem Namen Isak Dinesen schrieb, in ihre Heimat zurück. Weltweite Berühmtheit erlangten ihre 1940 erschienenen Lebenserinnerungen »Afrika – dunkel lockende Welt«, die unter dem Titel »Jenseits von Afrika« von Sydney Pollack verfilmt wurden.

Paul Bowles, geb. 1910 in New York, studierte Musik in Paris und Berlin und begann bereits 1929, literarische Texte zu veröffentlichen. Er schrieb mehrere vielbeachtete Romane über Amerikaner auf der Flucht vor der westlichen Zivilisation, die er in Nordafrika ansiedelte und von denen der berühmteste, »Himmel über der Wüste«

(dt. 1952), von Bernardo Bertolucci verfilmt wurde. Bowles, der als einer der wichtigsten zeitgenössischen amerikanischen Schriftsteller gilt, lebt seit vielen Jahren in Marokko.

Albert Camus, geb. 1913 in Mondovi/Algerien, gest. 1960 bei Villeblevin. Studium der Philosophie, vorübergehend Mitglied der KP. Arbeitete als Lehrer, Journalist, Schauspieler, Dramatiker und Autor. 1942 schloß er sich der Résistance an. 1943 war er Mitbegründer der illegalen Zeitung Combat, 1944-47 deren Chefredakteur und gleichzeitig Verlagslektor bei Gallimard. Anläßlich des philosophischen Essays »Der Mensch in der Revolte« (dt. 1953) kam es zum Bruch mit Sartre. 1956, zwei Jahre nach Ausbruch des Algerienkrieges, reiste Camus erneut nach Algerien. Er erhielt 1957 den Nobelpreis für Literatur. Hauptwerke u.a.: »Der Fremde« (dt. 1948), »Die Pest« (dt. 1948), »Die Gerechten« (dt. 1950).

Elias Canetti, geb. 1905 in Rustschuk/Bulgarien als Sohn spanisch-jüdischer Eltern, gest. 1994 in Zürich. Nach dem Studium der Naturwissenschaften in Wien emigrierte Canetti 1938 über Paris nach England. Seit den frühen 30er Jahren veröffentlichte er mehrere Dramen (u.a. »Hochzeit« und »Komödie der Eitelkeit«), Essays und Reiseaufzeichnungen. Die größte Beachtung fanden sein Roman »Die Blendung« (1936) sowie sein Alterswerk, die dreibändige Autobiographie »Die gerettete Zunge« (1977), »Die Fackel im Ohr« (1980) und »Das Augenspiel« (1985). Er wurde mit zahlreichen Preisen ausgezeichnet, u.a. 1972 mit dem Georg-Büchner-Preis und 1981 mit dem Nobelpreis für Literatur.

Paul Celan, eigentl. Paul Anczel, geb. 1920 in Czernowitz in der Bukowina, gest. 1970 in Paris. Er entkam dem Holocaust, floh nach Kriegsende nach Bukarest und Wien und lebte seit 1948 in Paris. Im selben Jahr erschien sein erster Gedichtband »Der Sand aus den Urnen«; zahlreiche weitere Sammlungen wie »Mohn und Gedächtnis« (1952), »Von Schwelle zu Schwelle« (1955), »Atemwende« (1967) und »Fadensonnen« (1968) folgten, die Celan als einen der größten Lyriker der Nachkriegszeit ausweisen. 1960 wurde er für sein lyrisches Werk und seine Übersetzungen mit dem Büchner-Preis ausgezeichnet.

Waris Dirie, geb. bei einem Nomadenstamm in Somalia, erlebte im Alter von 5 Jahren die Qualen der Beschneidung. Mit 14 verließ sie ihre Heimat. Sie jobbte u. a. bei McDonald's, ehe sie mit 18 in London von einem Modefotografen entdeckt wurde. Ihre 1998 veröffentlichte Lebensgeschichte mit dem Titel »Wüstenblume« wurde ein internationaler Erfolg. Heute kämpft das Topmodel als UNO-Sonderbotschafterin gegen die Genitalverstümmelung von Frauen.

Isabelle Eberhardt, geb. 1877 bei Genf, gest. 1904 in Algerien. Isabelle Eberhardt, die in sehr unkonventionellen Verhältnissen aufwuchs, weigerte sich schon als Kind, Mädchenkleider zu tragen. Im Alter von 20 Jahren trat sie zum Islam über und reiste mit ihrer Mutter, einer adeligen russischen Emigrantin, nach Algier. Als Araber verkleidet besuchte Isabelle Eberhardt die Drogenhöhlen und Bordelle der Stadt ebenso wie entlegenste Wüstenregionen und einsame Beduinensiedlungen. Mit ihren in der Sahara geschriebenen Texten machte sie sich auch literarisch einen Namen; sie veröffentlichte in erster Linie Erzählungen und Reportagen.

Nuruddin Farah, geb. 1945 in Baidoa, Somalia. Farah wuchs dort und in Äthiopien auf, studierte in Indien Philosophie und Literatur und kehrte dann als Lehrer nach Mogadischu zurück. 1976 zog er nach Rom und lebt seitdem an wechselnden Orten, u.a. in Nigeria, dem Sudan und Gambia, im Exil. Bereits 1970 sorgte sein erster Roman »Aus einer Rippe gebaut« für große Aufmerksamkeit. In allen seinen Büchern beschäftigt sich Farah mit den Menschen seines Heimatlandes Somalia. Auf deutsch sind außerdem erschienen: »Wie eine nackte Nadel«, »Geheimnisse« und »Bruder Zwilling«.

Kuki Gallmann, in der Nähe von Venedig geboren, studierte in Padua politische Wissenschaften. 1970 sah sie Kenia zum erstenmal, 1972 machte sie es zu ihrer neuen Heimat. Nach dem tragischen Tod ihres Mannes und ihres Sohnes wandelte Kuki Gallmann die Familienfarm in eine Stiftung um. Sie lebt heute mit ihrer Tochter in Laikipia, Kenia. Ihr bekanntestes Buch »Ich träumte von Afrika« (dt. 1992) war in vielen Ländern ein Bestseller und wurde verfilmt.

Romain Gary, geb. 1914 in Wilna als Roman Kacev, gest. 1980 in Paris. Kacev wuchs in Rußland, Nizza, Italien und Warschau auf und leistete nach dem Jurastudium seinen Militärdienst bei der französischen Luftwaffe. 1940 entkam er aus Nordafrika nach England. Von André Malraux ermutigt, begann er mit dem Schreiben. Für seinen Roman »Die Wurzeln des Himmels«, den er unter dem Namen Romain Gary veröffentlichte, wurde ihm 1956 der Prix

Goncourt verliehen. 1975 wurde »Du hast das Leben noch vor Dir«, der unter seinem zweiten Pseudonym Émile Ajar erschien, mit demselben Preis ausgezeichnet.

Barbara Gowdy, geb. 1950, studierte Theaterwissenschaft und Musik und arbeitete zunächst als Lektorin in einem Literaturverlag, dann frei für verschiedene Zeitschriften und das Fernsehen. Mehrere Veröffentlichungen, u.a. der Roman »Fallende Engel« und »Seltsam wie die Liebe«, eine Sammlung mit Short Stories. Gowdys bislang größter Erfolg, der Roman »Der weiße Knochen« (dt. 1999), erzählt die Odyssee einer Elefantenkuh und ihrer Familie aus der Sicht der Tiere.

Sven Hedin, geb. 1865 in Stockholm, gest. ebd. 1952. Nachdem Hedins Abenteuer- und Entdeckergeist schon in der Jugend erwacht war, studierte er bei dem Geographen und Chinaforscher Ferdinand von Richthofen. Durch zahlreiche Expeditionen trug Hedin zur Erkundung Zentralasiens, insbesondere Tibets, Ostturkestans, der Takla Makan und des Lop-Nor-Gebietes sowie des Transhimalaya bei. Seine Entdeckungen gab er in mehreren wissenschaftlichen Werken wie auch in einer ganzen Reihe von populären Reiseberichten weiter.

Hermann Hesse, geb. 1877 in Calw/Württ., gest. 1962 in Montagnola bei Lugano. Bereits mit seinem ersten Roman »Peter Camenzind« (1904) wurde der damals 26jährige Hesse im ganzen deutschen Sprachgebiet bekannt. »Siddharta«, 1922 erschienen, war das Ergebnis seiner intensiven Auseinandersetzung mit der indischen Religion und Philosophie. Spätestens mit »Der Steppenwolf« (1927) begründete Hesse seinen Weltruf als Schriftsteller, den u.a.

»Narziß und Goldmund« (1929/30) sowie sein Alterswerk »Das Glasperlenspiel« (1943) festigten. 1946 wurde Hesse mit dem Nobelpreis für Literatur, 1955 mit dem Friedenspreis des deutschen Buchhandels geehrt.

Peter Huchel, geb. 1903 in Berlin, gest. 1981 in Staufen bei Freiburg i.B. Nach Kindheit in der Mark Brandenburg und Studium in Berlin, Freiburg und Wien war Huchel als freier Schriftsteller und Mitarbeiter verschiedener Zeitschriften tätig. 1941 Soldat, 1945 Rückkehr aus sowjetischer Kriegsgefangenschaft. 1949-62 Chefredakteur von »Sinn und Form«. Zwischen 1948 und 1967 erschienen vier Gedichtbände, darunter »Chausseen Chausseen« (1963), für die Huchel mehrere große Literaturpreise wie den Fontanepreis und den Großen Kunstpreis von Nordrhein-Westfalen erhielt.

Lieve Joris, gebürtige Belgierin, lebt in Amsterdam. Sie ist eine der herausragenden europäischen Reiseerzählerinnen. In ihren vielfach preisgekrönten Büchern schreibt sie u.a. über ihre Aufenthalte in Syrien, dem Nahen Osten und Schwarzafrika. Auf deutsch liegen von ihr vor: »Mali Blues« (1998), »Die Tore von Damaskus« (1998) und »Die Sängerin von Sansibar« (2000).

Judith Lennox, geb. 1953 in Salisbury, wuchs in einem Cottage auf. Nach dem Studium arbeitete sie u.a. als Ballettpianistin, bevor sie mit dem Schreiben überaus erfolgreicher Romane begann. Auf deutsch liegen von ihr vor: »Das Winterhaus«, »Tildas Geheimnis« und »Picknick im Schatten«. Judith Lennox lebt mit ihrer Familie bei Cambridge.

Nagib Machfus, geb. 1911 in Kairo, zählt zu den bedeutendsten arabischen Gegenwartsautoren. Sein Hauptwerk, der umstrittene und von konservativen Islamisten angefeindete Roman »Die Kinder unseres Viertels«, der 1959 in Beirut erschien, war in Machfus' Heimat Ägypten wegen angeblicher religionskritischer Passagen fast 30 Jahre verboten. 1988 erhielt Nagib Machfus als erster arabischer Autor den Nobelpreis für Literatur.

Beryl Markham, geb. 1900 in Leicestershire, gest. 1986 in Nairobi. Im Alter von drei Jahren zog Beryl Markham mit ihrer Familie nach Britisch-Ostafrika. Als die Eltern sich wenig später trennten und Mutter und Bruder nach England zurückkehrten, blieb sie beim Vater und verbrachte ihre Kindheit auf der Farm Njoro. Als erfolgreiche Pferdetrainerin machte Beryl Markham ebenso von sich reden wie als leidenschaftliche Fliegerin. 1936 überquerte sie als erste Frau den Atlantik von Ost nach West, im ersten Alleinflug von England nach Nordamerika überhaupt. Diese Pioniertat sowie das daraus entstandene Buch »Westwärts mit der Nacht« wurden weltberühmt.

Marlo Morgan studierte Medizin und engagierte sich besonders im Bereich der Gesundheitsvorsorge. Ihre faszinierenden Erfahrungen und Erlebnisse mit einem kleinen Aborigines-Stamm im australischen Busch, aus denen sie völlig verändert hervorging, gab sie in zwei erfolgreichen Büchern weiter, »Traumfänger« und »Traumreisende«. Marlo Morgan lebt heute in Missouri, USA.

Rüdiger Nehberg, geb. 1935, war 25 Jahre lang in Hamburg als Bäcker und Konditor selbständig, bevor er sich durch spektakuläre Expeditionen und Survival-Erfahrungen wie monatelange Wüstendurchquerungen und die dreimalige Überquerung des Atlantiks den Ruf als Deutschlands Abenteurer und Überlebenkünstler No. 1 erwarb. Insbesondere Nehbergs Engagement für die Yanomami erregte weit über Deutschland hinaus Aufsehen. Zahlreiche Buchveröffentlichungen, zuletzt »Survival-Lexikon« (1998) und »Mit dem Baum über den Atlantik« (2000).

Cees Nooteboom, geb. 1933 in Den Haag. Nach Gedichten und Reisereportagen gelang Nooteboom mit seinem dritten Roman »Rituale« (dt. 1984) auch international der Durchbruch als Erzähler. Heute zählt er zu den erfolgreichsten niederländischen Autoren. Zuletzt erschienen von ihm »Allerseelen« (1999) und »Nootebooms Hotel« (2000).

Michael Ondaatje, holländisch-tamilisch-singhalesischer Abstammung, geb. 1943 in Sri Lanka. Nach der Schulausbildung in England übersiedelte er 1962 nach Kanada. Ondaatje unterrichtet am Glendon College in Toronto und hat mehrere Romane, Gedichtbände und Novellen veröffentlicht. Auf deutsch sind erschienen: »In der Haut eines Löwen« (1990), »Es liegt in der Familie« (1992), »Der englische Patient« (1993), der den Booker Prize gewann und in der Verfilmung von Anthony Minghella zu weltweiter Popularität gelangte, »Buddy Boldens Blues« (1995) sowie zuletzt »Anils Geist« (2000).

Marco Polo, geb. 1254, gest. 1324, war der erste große Reisende neuerer Zeit. Seinen Bericht »Die Reisen des Venezianers Marco Polo im 13. Jahrhundert« über die Jahre 1271 bis 1295, die ihn nach Persien, zum Hohen Pamir, durch die Mongolei bis in die chinesische Provinz

Schantung, nach Ceylon und Indien führten, diktierte er 1298/99 seinem Freund und Mithäftling Rustichello in der Gefangenschaft in Genua. Neben sachlich fundierten Informationen enthält Marco Polos Werk etliche Fabeln, Märchen und phantastische Schilderungen.

Rudolf Riedler, geb. 1927 in Kaufbeuren im Allgäu, gest. 1987 in München. Nach dem Studium der Psychologie, Literatur, Musik und Publizistik arbeitete er zunächst als freier Journalist, später als Redakteur verschiedener Tageszeitungen und beim Bayerischen Rundfunk. Seine vielfältigen Erfahrungen auf zahlreichen Reisen nach Südamerika, Afrika, Südostasien und in den Orient hielt Riedler in Jugend- und Sachbüchern sowie in mehreren Lyrik- und Prosabänden (u. a. »Annäherung an Komombo«, »Mit den Haien schwimmen«) fest.

Antoine de Saint-Exupéry, geb. 1900 in Lyon, vermißt 1944 nach einem Aufklärungsflug von Korsika aus. Saint-Exupéry leistete seinen Militärdienst bei einem Fliegerregiment und fand so seinen Beruf: 1926 übernahm er als Pilot einer Fluggesellschaft die Linie Toulouse–Casablanca; zwei Jahre später wurde er Direktor der Luftpost von Buenos Aires. 1935 stürzte er mit seinem Mechaniker Prévot über der ägyptischen Wüste ab, eine Episode, über die er in »Wind, Sand und Sterne« schreibt. Weitere Hauptwerke: »Stadt in der Wüste«, »Flug nach Arras«, »Nachtflug« und »Der kleine Prinz«.

Anne Spoerry, geb. 1918 im Elsaß, gest. 1999 in Nairobi. Sie studierte Medizin in Paris, war im Zweiten Weltkrieg aktiv in der Résistance, wurde 1943 verhaftet und ins KZ Ravensbrück deportiert. Nach einer Spezialausbildung in

Tropenmedizin kam sie über Äthiopien nach Kenia und praktizierte seit 1950 als Landärztin. Mit 46 Jahren lernte sie fliegen und übernahm als fliegende Ärztin die medizinische Versorgung des Landes. Von Anne Spoerrys abenteuerlichem Leben erzählt ihre Autobiographie »Man nennt mich Mama Daktari«.

Paul Theroux, geb. 1941 in Massachusetts. Amerikanischer Romancier und Reiseschriftsteller. Mit Bruce Chatwin zusammen bereiste er Patagonien. Von seinen Erfahrungen in China, das Theroux fast ausschließlich per Eisenbahn kennenlemte, handelt sein Bericht »Das chinesische Abenteuer. Reise durch das Reich der Mitte« (dt. 1989).

Barbara Wood, geb. 1947 in England, wuchs in Kalifornien auf und arbeitete nach ihrem Studium zehn Jahre als OP-Schwester in einer neurochirurgischen Klinik, bevor sie ihr Hobby zum Beruf machte und Schriftstellerin wurde. Mehrere erfolgreiche Romanveröffentlichungen, u.a.: »Rote Sonne, schwarzes Land«, »Haus der Erinnerungen« und »Traumzeit«.

Quellennachweis

Die mit einem * gekennzeichneten Titel stammen von der Herausgeberin

Michael Asher, »Sidi Mohammed, unser Führer durch die Wüste«*. Aus: Michael Asher, »Zu zweit gegen die Sahara«. Aus dem Englischen von Hanna van Laak. © Michael Asher, 1988. Deutsche Ausgabe: Piper Verlag GmbH, München 1993.

Ingeborg Bachmann, »Liebe: Dunkler Erdteil«. Aus: Ingeborg Bachmann, »Sämtliche Gedichte«. © Piper Verlag GmbH, München 1978.

Bruno Baumann, »Kara Buran«. Aus: Bruno Baumann, »Karawane ohne Wiederkehr. Das Drama in der Wüste Takla Makan«. © Piper Verlag GmbH, München 2000.

Calixthe Beyala, »Der Abend meiner Geburt«*. Aus: Calixthe Beyala, »Jenseits von Duala«. Roman. Aus dem Französischen von Giò Waeckerlin Induni. © Editions Albin Michel. S.A., Paris 1996. © der deutschsprachigen Ausgabe by Scherz Verlag, Bern, München, Wien, für den Fretz & Wasmuth Verlag.

Tania Blixen, »Die Ngongfarm« (gekürzt). Aus: Tania Blixen, »Jenseits von Afrika«. Roman. Aus dem Englischen von Rudolf von Scholtz. © 1937, 1938 by Random House,

Isabelle Eberhardt, »In der Düne«. Aus: Isabelle Eberhardt, »Sandmeere 1. Tagwerke. Im heißen Schatten des Islam«. Hrsg. von Christian Bouqueret. Aus dem Französischen übertragen von Grete Osterwald. © Rowohlt Taschenbuch Verlag GmbH, Reinbek bei Hamburg, 1983.

Nuruddin Farah, »Mein Schicksal auf Gottes Tafel«*. Aus: Nuruddin Farah, »Aus einer gekrümmten Rippe«. Aus dem Englischen von Gunter Böhnke. © Lamuv Verlag, Göttingen 1994.

Kuki Gallmann, »Die Dürre«. Aus: Kuki Gallmann, »Ich träumte von Afrika«. Aus dem Amerikanischen von Ulrike Wasel und Klaus Timmermann. Vollständige Taschenbuchausgabe September 1999. © 1991 by Kuki Gallmann. © 1992 der deutschsprachigen Ausgabe bei Droemer Knaur, München.

Romain Gary, »Am Wasserloch«*. Aus: Romain Gary, »Die Wurzeln des Himmels«. Roman. Aus dem Französischen übertragen von Lilly von Sauter. © der Originalausgabe 1956 Gallimard, Paris. © Piper Verlag GmbH, München 1957.

Barbara Gowdy, »Die Gesetze der Verbannung«*. Aus: Barbara Gowdy, »Der weiße Knochen«. Roman. Aus dem Englischen von Ulrike Becker und Claus Varrelmann. © Barbara Gowdy 1998. © für die deutsche Ausgabe Verlag Antje Kunstmann GmbH, München 1999.

Sven Hedin, »Wüstenmärchen«. Aus: Sven Hedin, »Durch Asiens Wüsten«. Neue Ausgabe, 14. Auflage. © Heinrich Albert Verlag GmbH, Wiesbaden 1995.

Hermann Hesse, »Abend auf dem Roten Meer«. Aus: Hermann Hesse, »Die Gedichte«. © Suhrkamp Verlag, Frankfurt am Main 1970.

Peter Huchel, »Münze aus Bir El Abbas«. Aus: Peter Huchel, »Chausseen Chausseen.« Gedichte. © S. Fischer Verlag, Frankfurt am Main 1963.

Lieve Joris, »Von Palmyra zum Wüstenschloß«*. Aus: Lieve Joris, »Die Tore von Damaskus«. Aus dem Niederländischen von Barbara Heller. © Lieve Joris und J. M. Meulenhoff bv, Amsterdam 1993. Deutsche Ausgabe: © Piper Verlag GmbH, München 1998.

Judith Lennox, »In Mesopotamien«*. Aus: Judith Lennox, »Picknick im Schatten«. Roman. Aus dem Englischen von Mechtild Sandberg. © 1999 by Judith Lennox. Copyright der deutschsprachigen Ausgabe: © Kabel Verlag GmbH, München 2000.

Nagib Machfus, »Kasim, der Hirte«*. Aus: Nagib Machfus, »Die Kinder unseres Viertels«. Aus dem Arabischen von Doris Kilias. Unionsverlag Taschenbuch Nr. 50. © by Nagib Machfus 1959. © der deutschen Ausgabe Unionsverlag, Zürich 1995.

Beryl Markham, »Frag nur dein Herz« (gekürzt). Aus: Beryl Markham, »Rivalen der Wüste und andere Erzählungen aus Afrika«. Aus dem Englischen von Christa Seibicke. © by North Point Press, San Francisco 1987. © für die deutsche Ausgabe: 1988 by nymphenburger in der F. A. Herbig Verlagsbuchhandlung GmbH, München.

Marlo Morgan, »Was ist Sozialversicherung?«. Aus: Marlo Morgan, »Traumfänger. Die Reise einer Frau in die Welt der Aborigines«. Aus dem Amerikanischen von Anne Rademacher. © der Originalausgabe 1991, 1994 by Marlo Morgan. Alle Rechte der deutschsprachigen Ausgabe beim Wilhelm Goldmann Verlag, München, in der Verlagsgruppe Bertelsmann GmbH.

Rüdiger Nehberg, »Zu Fuß durchs australische Outback«*. Aus: Rüdiger Nehberg, »Mit dem Baum über den Atlantik – The Tree. Der Australienmarsch. Gefangen in Jordanien«. © Kabel Verlag GmbH, München 2000.

Cees Nooteboom, »Persische Moschee«*. Aus: Cees Nooteboom, »Im Frühling der Tau. Östliche Reisen«. Aus dem Niederländischen von Helga von Beuningen. © Cees Nooteboom 1995. © der deutschen Ausgabe Suhrkamp Verlag, Frankfurt am Main 1995.

Michael Ondaatje, »In der Höhle der Schwimmer«*. Aus: Michael Ondaatje, »Der englische Patient«. Roman. Deutsch von Adelheid Dormagen. © 1992 Michael Ondaatje. © 1993 der deutschsprachigen Ausgabe: Carl Hanser Verlag, München-Wien.

Marco Polo, »Die Wüste spricht«. Aus: »Die Reisen des Venezianers Marco Polo im 13. Jahrhundert«. Bearbeitet und herausgegeben von Hans Lemke, Hamburg 1907.

Rudolf Riedler, »Häuser« und »Notiz aus Tunesien«. Aus: Rudolf Riedler, »Mit den Haien schwimmen«. Gedichte und Prosa. © 1983 Schneekluth Verlag GmbH, München.

Antoine de Saint-Exupéry, »Die Wüste« (gekürzt). Aus: Antoine de Saint-Exupéry, »Wind, Sand und Sterne«. Ins Deutsche übertragen von Henrik Becker, © 1939 Librairie Gallimard, Paris. © 1939 und 1956 Karl Rauch Verlag, Düsseldorf.

Anne Spoerry, »Als fliegende Ärztin in der Wüste«*. Aus: Anne Spoerry, »Man nennt mich Mama Daktari. Als fliegende Ärztin in Kenia«. In Zusammenarbeit mit Claude Chebel. Aus dem Französischen von Angelika Steiner. Ungekürzte Taschenbuchausgabe, Piper Verlag GmbH, München, Juni 1999. © 1994 Editions Jean-Claude Lattès, Paris. © der deutschsprachigen Ausgabe: 1997 Gütersloher Verlagshaus, Gütersloh.

Paul Theroux, »Mit dem Eisernen Gockel nach Turfan«. Aus: Paul Theroux, »Das chinesische Abenteuer. Reise durch das Reich der Mitte«. Aus dem Amerikanischen (anonym). © by Claassen Verlag, München 1989.

Barbara Wood, »Licht in der Dunkelheit«*. Aus: Barbara Wood, »Rote Sonne, schwarzes Land«. Roman. Aus dem Amerikanischen von Manfred Ohl und Hans Sartorius. © 1988 Barbara Wood. © 1989 S. Fischer Verlag GmbH, Frankfurt am Main.

MALIK

Bruno Baumann

Karawane ohne Wiederkehr

Das Drama in der Wüste Takla Makan.
Mit 135 Farbfotos. 318 Seiten. Geb.

Die Takla Makan in China ist mit 338.000 km^2 Ausdehnung die größte zusammenhängende Sandwüste der Welt. Extreme Temperaturschwankungen von mehr als 60^0 und verheerende Sandstürme machen dieses »Meer aus Sand« zu einem der feindseligsten und zugleich faszinierendsten Orte. Der erste, der das Unmögliche versuchte und sich an eine Durchquerung der Takla Makan wagte, war vor über 100 Jahren der schwedische Entdecker Sven Hedin. Obwohl er seine Karawane ins Verderben führte, wurde er zum Mythos, sein Buch »Durch Asiens Wüsten« zum Welterfolg und Klassiker, trotz aller Widersprüchlichkeiten und Rätsel.
Bruno Baumann, der jetzt das lebensgefährliche Unternehmen wiederholt hat, dokumentiert seine eigene Expedition – und legt auf erschütternde Weise offen, wie das Wüstendrama damals wirklich verlaufen sein muß.